CODE

DE

JUSTICE MILITAIRE

POUR L'ARMÉE DE TERRE

(9 JUIN 1857)

ANNEXES, FORMULES, MODÈLES ET DISPOSITIONS DIVERSES

6ᵉ édition, mise à jour des textes en vigueur
jusqu'au 1ᵉʳ octobre 1908.

PARIS

Henri CHARLES-LAVAUZELLE

Éditeur militaire

10, Rue Danton, Boulevard Saint-Germain, 118

(MÊME MAISON A LIMOGES)

CODE

DE

JUSTICE MILITAIRE

POUR L'ARMÉE DE TERRE

(9 JUIN 1857)

———

ANNEXES, FORMULES, MODÈLES ET DISPOSITIONS DIVERSES

———

6ᵉ édition, mise à jour des textes en vigueur
jusqu'au 1ᵉʳ octobre 1908.

PARIS

Henri CHARLES-LAVAUZELLE

Éditeur militaire

10, Rue Danton, Boulevard Saint-Germain, 118

———

(MÊME MAISON A LIMOGES)

CODE DE JUSTICE MILITAIRE

POUR

L'ARMÉE DE TERRE

N° 1. *Code de justice militaire pour l'armée de terre* (1).

Paris, 9 juin 1857.

NAPOLÉON, par la grâce de Dieu, etc. . . . .
. . . .

LOI.

(Extrait du procès-verbal du Corps législatif.)

LE CORPS LÉGISLATIF A ADOPTÉ LE PROJET DE LOI dont la teneur suit :

LIVRE PREMIER.

DE L'ORGANISATION DES TRIBUNAUX MILITAIRES.

Dispositions préliminaires.

Art. 1er. La justice militaire est rendue :

1° Par des conseils de guerre ;
2° Par des conseils de revision.

. Des prévôtés sont établies aux armées dans les cas prévus par le présent Code.

---

(1) Mis à jour par l'incorporation dans le texte des modifications qui ont été apportées à divers articles par les lois des 16 mai 1872, 26 juillet 1873, 18 mai 1875 et 2 avril 1901.

TITRE I.

DES CONSEILS DE GUERRE ET DES CONSEILS DE REVISION PERMANENTS DANS LES CIRCONSCRIPTIONS TERRITORIALES.

CHAPITRE Ier.

DES CONSEILS DE GUERRE PERMANENTS DANS LES CIRCONSCRIPTIONS TERRITORIALES.

Art. 2. Il y a un conseil de guerre permanent au chef-lieu de chacune des circonscriptions militaires territoriales formées, à l'intérieur, sous le titre de régions de corps d'armée ou de commandement supérieur, et, en Algérie, sous le titre de division militaire.

Si les besoins du service l'exigent, d'autres conseils de guerre permanents peuvent être établis dans la circonscription par un décret du chef de l'Etat, qui fixe le siège de chacun de ces conseils et en détermine le ressort (1).

Art. 3. Le conseil de guerre permanent est composé d'un colonel ou lieutenant-colonel, président, et de six juges, savoir :

Un chef de bataillon, ou chef d'escadron, ou major ;
Deux capitaines ;
Un lieutenant et un sous-lieutenant ou, à défaut, un deuxième lieutenant (2) ;
Un sous-officier.

Art. 4. Il y a près chaque conseil de guerre un commissaire du gouvernement, un rapporteur et un greffier.

Il peut être nommé un ou plusieurs substituts du commissaire du gouvernement et du rapporteur, et un ou plusieurs commis-greffiers.

Art. 5. Les commissaires du gouvernement et leurs substituts remplissent près les conseils de guerre les fonctions du ministère public.

Les rapporteurs et leurs substituts sont chargés de l'instruction.

Les greffiers et commis-greffiers font les écritures.

(1) Texte donné par la loi du 18 mai 1875.
(2) Loi du 12 avril 1892, permettant l'adjonction d'un deuxième lieutenant, à défaut de sous-lieutenant dans la circonscription.

Art. 6. Les présidents et les juges sont pris parmi les officiers et sous-officiers en activité dans la circonscription : ils peuvent être remplacés tous les six mois, et même dans un délai moindre, s'ils cessent d'être employés dans la circonscription.

Art. 7. Les commissaires du gouvernement et les rapporteurs sont pris parmi les officiers supérieurs, les capitaines, les sous-intendants militaires ou adjoints, soit en activité, soit en retraite.

Les substituts sont pris parmi les officiers en activité dans la circonscription.

Exceptionnellement et lorsque les besoins du service l'exigent, il peut être dérogé à cette règle en vertu d'une décision du Ministre de la guerre (1).

Art. 8. Le président et les juges des conseils de guerre sont nommés par le général commandant la circonscription.

La nomination est faite par le Ministre de la guerre s'il s'agit du jugement d'un colonel, d'un officier général ou d'un maréchal de France.

Art. 9. Les commissaires du gouvernement et les rapporteurs sont nommés par le Ministre de la guerre.

Lorsqu'ils sont choisis parmi les officiers en activité, ils sont nommés sur une liste de présentation dressée par le général commandant la circonscription où siège le conseil de guerre.

Les substituts sont nommés par le général commandant la circonscription.

Un règlement d'administration publique détermine les conditions et les formes de la nomination des greffiers et commis-greffiers.

Art. 10. La composition des conseils de guerre, déterminée par l'article 3 du présent Code, est maintenue ou modifiée suivant le grade de l'accusé, conformément au tableau ci-après :

---

(1) Texte donné par la loi du 18 mai 1875.

GRADE DE L'ACCUSÉ.	GRADE DU PRÉSIDENT.	GRADES DES JUGES.
Sous-officier, caporal ou brigadier, soldat.	Colonel ou lieute-nant-colonel......	1 chef de bataillon, ou chef d'escadron ou major. 2 capitaines. 1 lieutenant.) ou deux 1 sous-lieutenant. } lieutenants. 1 sous-officier.
Sous-lieutenant	Colonel ou lieute-nant-colonel......	1 chef de bataillon, ou chef d'escadron, ou major. 2 capitaines. 1 lieutenant. 2 sous-lieutenants.
Lieutenant.........	Colonel ou lieute-nant-colonel......	1 chef de bataillon, ou chef d'escadron, ou major. 3 capitaines. 2 lieutenants.
Capitaine	Colonel	1 lieutenant-colonel. 3 chefs de bataillon, ou chefs d'escadron, ou majors. 2 capitaines.
Chef de bataillon, chef d'escadron, major..	Général de brigade.	2 colonels. 2 lieutenants-colonels. 2 chefs de bataillon, ou chefs d'escadron, ou majors.
Lieutenant-colonel..	Général de brigade.	4 colonels. 2 lieutenants-colonels.
Colonel	Général de division.	4 généraux de brigade. 2 colonels.
Général de brigade..	Maréchal de France.	4 généraux de division. 2 généraux de brigade.
Général de division..	Maréchal de France.	2 maréchaux de France. 4 généraux de division.
Maréchal de France.	Maréchal de France.	3 maréchaux de France, ou amiraux. 3 généraux de division.

En cas d'insuffisance, dans la circonscription, d'officiers ayant le grade exigé pour la composition du conseil de guerre, le général commandant la circonscription appelle à siéger au conseil de guerre des officiers d'un grade égal à celui de l'accusé ou d'un grade immédiatement inférieur.

Lorsqu'une affaire paraîtra de nature à entraîner de longs débats, le Ministre de la guerre ou le général commandant la circonscription, suivant le cas, pourra, avant l'ouverture des débats, désigner dans chaque catégorie ou grade devant composer le conseil de guerre un ou deux juges supplémentaires.

Ces juges seront pris, d'après l'ordre d'ancienneté, à la suite des juges appelés à siéger au conseil de guerre. Ils assisteront aux débats, dans les mêmes conditions que les autres juges ; mais ils ne prendront part aux délibérations dans la chambre du conseil que dans le cas où ils auraient remplacé un juge empêché, ainsi qu'il est dit ci-après.

Si, par une cause régulièrement constatée, un juge était empêché de siéger, il sera remplacé par le juge supplémentaire ou le plus ancien des deux juges supplémentaires de son grade ou de sa catégorie.

Cette disposition est applicable aux conseils de guerre créés en conformité du Code de justice militaire, ainsi que des lois du 7 août 1871 et du 16 mai 1872 (1).

Art. 11. Pour juger un général de division ou un maréchal de France, les maréchaux et les généraux de division sont appelés, suivant l'ordre de l'ancienneté, à siéger dans le conseil de guerre, à moins d'empêchements admis par le Ministre de la guerre.

Le président du conseil de guerre est choisi parmi les maréchaux désignés en vertu du paragraphe précédent, ou, à défaut d'un maréchal, parmi les juges désignés dans les conditions que détermine l'article 12 (2).

Art. 12. A défaut d'un nombre suffisant de maréchaux, sont appelés à faire partie du conseil de guerre, d'après leur rang d'ancienneté et dans l'ordre suivant :

1° Des amiraux ;

2° Des officiers généraux ayant commandé en chef devant l'ennemi. — Ces officiers généraux seront nommés par le Ministre de la guerre, qui restera juge des cas d'empêchement.

Les fonctions de commissaire du gouvernement peuvent être remplies par un général de division, et celles de rapporteur sont exercées par un officier général (3).

Art. 13. Pour juger un membre du corps de l'intendance militaire, un médecin, un pharmacien, un officier d'administration, un vétérinaire ou tout autre individu assimilé aux militaires, le conseil de guerre est composé suivant le grade auquel le rang de l'accusé correspond (4).

Art. 14. S'il y a plusieurs accusés de différents grades ou rangs, la composition du conseil de guerre est déterminée par le grade ou le rang le plus élevé.

Art. 15. Lorsqu'à raison du grade ou du rang de l'accusé, un ou plusieurs membres du conseil de guerre sont remplacés, les autres membres, les rapporteurs et les greffiers continuent de droit leurs fonctions, sauf le cas prévu par l'article 12 ci-dessus.

Art. 16. Les fonctions de commissaire du gouvernement sont remplies par un officier d'un grade ou d'un rang au moins égal à celui de l'accusé, sauf le cas prévu par l'article 12.

(1) Les quatre derniers paragraphes de l'article 10 ont été ajoutés par la loi du 26 juillet 1873.
(2) Texte donné par la loi du 16 mai 1872.
(3) Texte donné par la loi du 16 mai 1872.
(4) Texte donné par la loi du 18 mai 1875.

Lorsqu'un commissaire du gouvernement est spécialement nommé pour le jugement d'une affaire, il est assisté du commissaire ordinaire près le conseil de guerre, ou de l'un de ses substituts.

Art. 17. Les conseils de guerre appelés à juger des prisonniers de guerre sont composés, comme pour le jugement des militaires français, d'après les assimilations de grade.

Art. 18. Lorsque, dans les cas prévus par les lois, il y a lieu de traduire devant un conseil de guerre soit comme auteur principal, soit comme complice, un individu qui n'est ni militaire ni assimilé aux militaires, le conseil reste composé, suivant le cas, comme il est dit aux articles 3 et 33 pour les sous-officiers, caporaux et soldats, à moins que le grade ou le rang d'un co-accusé militaire n'exige une autre composition (1).

Art. 19. Le général commandant chaque circonscription territoriale dresse, sur la présentation des chefs de corps, un tableau par grade et par ancienneté des officiers et sous-officiers de la circonscription qui peuvent être appelés à siéger comme juges dans le conseil de guerre.

Ce tableau est rectifié au fur et à mesure des mutations. Une expédition en est déposée au greffe du conseil de guerre.

Les officiers et sous-officiers sont appelés successivement, et dans l'ordre de leur inscription, à siéger dans le conseil de guerre, à moins d'empêchement admis par une décision du général commandant la circonscription.

Art. 20. En cas d'empêchement accidentel du président ou d'un juge, le général commandant la circonscription le remplace provisoirement, selon les cas, par un officier de même grade ou par un sous-officier, dans l'ordre du tableau dressé en exécution de l'article précédent.

Dans le cas d'empêchement du commissaire du gouvernement, du rapporteur et de leurs substituts, du greffier et du commis-greffier, il est provisoirement pourvu au remplacement par le général commandant la circonscription.

Art. 21. S'il ne se trouve pas dans la circonscription des officiers généraux ou supérieurs en nombre suffisant pour compléter le conseil de guerre, le Ministre de la guerre y pourvoit en appelant, par rang d'ancienneté, des officiers généraux ou supérieurs employés dans les circonscriptions territoriales les plus voisines.

Art. 22. Nul ne peut faire partie d'un conseil de guerre, à un titre quelconque, s'il n'est Français ou naturalisé Français et âgé de vingt-cinq ans accomplis.

Art. 23. Les parents et alliés, jusqu'au degré d'oncle et de neveu inclusivement, ne peuvent être membres du même conseil de guerre, ou remplir près ce corps les fonctions de commissaire du gouvernement, de rapporteur ou de greffier.

_____

(1) Texte donné par la loi du 18 mai 1875.

Art. 24. Nul ne peut siéger comme président ou juge, ni remplir les fonctions de rapporteur dans une affaire soumise au conseil de guerre :

1° S'il est parent ou allié de l'accusé jusqu'au degré de cousin issu de germain inclusivement;

2° S'il a porté la plainte, donné l'ordre d'information ou déposé comme témoin ;

3° Si, dans les cinq ans qui ont précédé la mise en jugement, il a été engagé comme plaignant, partie civile ou prévenu dans un procès criminel contre l'accusé ;

4° S'il a précédemment connu de l'affaire comme administrateur ou comme membre d'un tribunal militaire.

Art. 25. Avant d'entrer en fonctions, les commissaires du gouvernement et les rapporteurs pris en dehors de l'activité prêtent, entre les mains du général commandant la circonscription, le serment suivant :

« *Je jure obéissance à la Constitution et fidélité au Chef de l'Etat.* »

CHAPITRE II.

DES CONSEILS DE REVISION PERMANENTS DANS LES CIRCONSCRIPTIONS TERRITORIALES.

Art. 26. Il est établi, pour les circonscriptions territoriales, des conseils de revision permanents dont le nombre, le siège et le ressort sont déterminés par décret du Chef de l'Etat, inséré au *Bulletin des lois* (1) (2)

Art. 27. Les conseils de revision sont composés d'un président, général de brigade, et de quatre juges, savoir :

---

(1) Loi de finances du 17 avril 1906 :

Art. 44. — La cour de cassation prononcera, au lieu et place des conseils et tribunaux de revision sur les recours formés en temps de paix contre les jugements des conseils de guerre et tribunaux maritimes siégeant à l'intérieur du territoire, en Algérie et en Tunisie.

Elle prononcera, même en temps de guerre, sur les recours formés :

1° Contre les jugements des tribunaux maritimes commerciaux prévus par l'article 11 de la loi du 10 mars 1891 sur les accidents et collisions en mer;

2° Contre les jugements des tribunaux maritimes spéciaux prévus par l'article 10 de la loi du 30 mai 1854 sur l'exécution des travaux forcés.

Les jugements rendus sur la compétence et autres exceptions ou incidents soulevés au cours des débats devant le conseil de guerre ou le tribunal maritime ne pourront être déférés à la cour de cassation que dans les conditions déterminées par l'article 123 du Code de justice militaire et l'article 159 du Code de justice maritime.

Les condamnés ont trois jours francs pour se pourvoir en cassation. Il n'y a pas lieu à consignation d'amende.

En attendant qu'une loi ait adopté les modifications nécessaires à l'organisation et au fonctionnement de la cour de cassation, un décret rendu, sur la proposition du Garde des sceaux, des Ministres de la guerre et de la marine, pourvoira à l'exécution des présentes dispositions.

(2) Voir le décret du 6 juin 1906, p. 273 du présent ouvrage.

Deux colonels ou lieutenants-colonels;

Deux chefs de bataillon, ou chefs d'escadron, ou majors.

Il y a près chaque conseil de revision un commissaire du gouvernement et un greffier.

Les fonctions de commissaire du gouvernement sont remplies par un officier supérieur ou un sous-intendant militaire.

Il peut être nommé un substitut du commissaire du gouvernement et un commis-greffier, si les besoins du service l'exigent.

Art. 28. Le président et les juges du conseil de revision sont pris parmi les officiers en activité dans la circonscription où siège le conseil, et nommés par le général commandant la circonscription. Ils peuvent être remplacés tous les six mois, et même dans un délai moindre, s'ils cessent d'être employés dans la circonscription.

Un tableau est dressé pour les juges conformément à l'article 19 du présent Code.

Les articles 20 et 21 sont également applicables aux conseils de revision.

Art. 29. Les commissaires du gouvernement sont pris parmi les officiers supérieurs ou parmi les sous-intendants militaires en activité de service ou en retraite; ils sont nommés par le Ministre de la guerre.

Les substituts sont pris parmi les officiers ou parmi les membres de l'intendance militaire en activité de service; ils sont nommés par le général commandant la circonscription.

Les conditions et les formes de la nomination des greffiers et commis-greffiers sont déterminées par le règlement d'administration publique prévu par l'article 19 du présent Code.

Art. 30. Lorsque le conseil de guerre, dont le jugement est attaqué, a été présidé par un général de division ou par un maréchal de France, le conseil de revision est également présidé par un général de division, ou par un maréchal de France, ou, à défaut d'un maréchal, par un officier général désigné suivant les conditions déterminées par l'article 12. Le général de brigade siège alors comme juge, et le chef de bataillon, ou le chef d'escadron, ou le major, le moins ancien de grade, ou, à égalité d'ancienneté, le moins âgé, ne prend point part au jugement de l'affaire (1).

Art. 31. Nul ne peut faire partie d'un conseil de revision s'il n'est Français ou naturalisé Français et âgé de trente ans accomplis.

Les articles 23 et 24 du présent Code sont applicables aux membres des conseils de revision.

Art. 32. Avant leur entrée en fonctions, les commissaires du gouvernement pris en dehors de l'activité prêtent, entre les mains du général commandant la circonscription, le serment prescrit par l'article 25 du présent Code.

---

(1) Texte donné par la loi du 16 mai 1872.

TITRE II.

DES CONSEILS DE GUERRE ET DES CONSEILS DE REVISION AUX ARMÉES, DANS LES COMMUNES ET LES DEPARTEMENTS EN ÉTAT DE SIÈGE ET DANS LES PLACES DE GUERRE ASSIÉGÉES OU INVESTIES.

CHAPITRE Ier.

DES CONSEILS DE GUERRE AUX ARMÉES.

Art. 33. Lorsqu'un corps d'armée est appelé, ou que plusieurs corps d'armée réunis en armée sont appelés à opérer, soit sur le territoire, soit au dehors, un ou deux conseils de guerre sont établis, sur l'ordre du Ministre de la guerre, dans chaque division active, ainsi qu'au quartier général de l'armée, et, s'il y a lieu, au quartier général de chaque corps d'armée.

Si une division active, ou un détachement de troupe de la force d'un bataillon au moins, est appelé à opérer isolément, un ou deux conseils de guerre peuvent également être formés dans la division ou dans le détachement.

Ces conseils de guerre sont composés de cinq juges seulement, conformément au tableau ci-après, suivant le grade de l'accusé, jusqu'à celui de lieutenant-colonel inclusivement.

GRADE DE L'ACCUSÉ.	GRADE DU PRÉSIDENT.	GRADES DES JUGES.
Sous-officier, caporal ou brigadier, soldat.	Colonel ou lieutenant-colonel	1 chef de bataillon, chef d'escadron, ou major. 1 capitaine. 1 lieutenant ou sous-lieutenant. 1 sous-officier.
Sous-lieutenant	Colonel ou lieutenant-colonel	1 chef de bataillon, chef d'escadron, ou major. 1 capitaine. 1 lieutenant. 1 sous-lieutenant.
Lieutenant..........	Colonel ou lieutenant-colonel......	1 chef de bataillon, chef d'escadron, ou major. 1 capitaine. 2 lieutenants.
Capitaine	Colonel	1 lieutenant-colonel. 1 chef de bataillon, chef d'escadron, ou major. 2 capitaines.
Chef de bataillon, chef d'escadron, major..	Général de brigade.	1 colonel. 1 lieutenant-colonel. 2 chefs de bataillon, chefs d'escadron, ou majors.
Lieutenant-colonel...	Général de brigade.	2 colonels. 2 lieutenants-colonels.

Il y a près de chaque conseil un commissaire du gouvernement rapporteur, remplissant à la fois les fonctions de magistrat instructeur et celles du ministère public, et un greffier.

Il peut être nommé un ou plusieurs substituts du commissaire du gouvernement rapporteur et un ou plusieurs commis-greffiers.

Les articles 11, 12, 13, 14, 16, 17 et 18 du présent Code sont applicables aux conseils de guerre ainsi composés.

Il n'est rien changé à la composition des conseils déterminés par l'article 10 du présent Code, pour les autres grades, à partir de celui de colonel (1).

Art. 34. Les membres des conseils de guerre, ainsi que les commissaires du gouvernement rapporteurs, les substituts, les greffiers et commis-greffiers, sont pris parmi les officiers et les sous-officiers employés dans l'armée, le corps d'armée, la division ou le détachement près desquels ces conseils sont établis (1).

Art. 35. Les membres des conseils de guerre sont nommés et remplacés, savoir :

Dans la division, par le général commandant la division ;

Au quartier général de l'armée, par le général en chef ;

Au quartier général du corps d'armée, par le général commandant le corps d'armée ;

Dans le détachement de troupe, par le commandant de ce détachement.

S'il ne se trouve pas, soit dans la division, soit dans l'armée, soit dans le corps d'armée, soit dans le détachement où se forment les conseils de guerre, un nombre suffisant d'officiers du grade requis pour leur composition, il y est suppléé en descendant dans la hiérarchie, même jusqu'au grade inférieur à celui de l'accusé, si cela est nécessaire, mais sans que plus de deux juges puissent être pris dans cette catégorie.

Si, nonobstant la disposition du paragraphe précédent, il y a dans les divisions, corps d'armée et détachements, insuffisance de militaires du grade requis pour composer les conseils de guerre qui y sont attachés, il y est pourvu par le général en chef au moyen d'officiers pris dans l'armée.

En cas d'impossibilité absolue pour le général en chef de composer le conseil de guerre du quartier général, il y est pourvu par le Ministre de la guerre, qui compose ce conseil conformément aux dispositions de l'article 21 du présent Code, ou renvoie l'officier inculpé devant l'un des conseils de guerre permanents des circonscriptions territoriales voisines (1).

Art. 36. Si un maréchal de France ou un général de division ayant commandé une armée ou un corps d'armée est mis en juge-

---

(1) Texte donné par la loi du 18 mai 1875.

ment à raison d'un fait commis pendant la durée de son commandement, aucun des généraux ayant été sous ses ordres dans l'armée ou le corps d'armée ne peut faire partie du conseil de guerre.

Art. 37. Les articles 15, 22, 23 et 24 du présent Code sont applicables aux conseils de guerre siégeant aux armées (1).

CHAPITRE II.

DES CONSEILS DE REVISION AUX ARMÉES.

Art. 38. Il est établi un conseil de revision au quartier général de l'armée.

Le général en chef de l'armée ou le général commandant un corps d'armée peut, en outre, selon les besoins du service, établir un conseil de revision pour une ou plusieurs divisions, pour un ou plusieurs détachements.

Art. 39. Les membres des conseils de revision sont pris parmi les officiers employés dans les armées, corps d'armée, divisions ou détachements près desquels ces conseils sont établis.

Ils sont nommés et remplacés par les commandants de ces armées, corps d'armée, divisions ou détachements.

Art. 40. Les articles 23, 24, 27, 29, 30 et 31 du présent Code sont applicables aux conseils de revision siégeant aux armées.

Art. 41. S'il ne se trouve pas, soit au quartier général, soit dans l'armée, soit dans le corps d'armée, soit dans la division, soit dans le détachement où se forme le conseil de revision, un nombre suffisant d'officiers du grade requis, le conseil est composé de *trois juges*, lesquels peuvent être pris, savoir :

Le président, parmi les colonels ou lieutenants-colonels ;

Les deux juges, parmi les chefs de bataillon, les chefs d'escadron ou les majors.

Les fonctions de commissaire du gouvernement peuvent être remplies par un capitaine ou un adjoint de l'intendance militaire.

Dans tous les cas, le président du conseil de revision doit être d'un grade au moins égal à celui de l'accusé.

CHAPITRE III.

DISPOSITIONS COMMUNES AUX DEUX CHAPITRES PRÉCÉDENTS.

Art. 42. Lorsque des armées, corps d'armée, divisions actives ou détachements de troupes sont appelés à opérer, soit sur le ter-

---

(1) Texte donné par la loi du 18 mai 1875.

ritoire, soit au dehors, les conseils de guerre et de revision permanents qui se trouvent déjà organisés dans les circonscriptions territoriales connaissent de toutes les affaires de la compétence des conseils de guerre et de revision aux armées, tant que des conseils d'armée n'ont pas été créés, conformément aux chapitres 1 et 2 du présent titre (1).

CHAPITRE IV.

DES CONSEILS DE GUERRE DANS LES COMMUNES ET LES DÉPARTEMENTS EN ÉTAT DE SIÈGE, ET DANS LES PLACES DE GUERRE ASSIÉGÉES OU INVESTIES.

Art. 43. Lorsqu'une ou plusieurs communes, un ou plusieurs départements ont été déclarés en état de siège, les conseils de guerre permanents des circonscriptions territoriales dont font partie ces communes ou ces départements, indépendamment de leurs attributions ordinaires statuent sur les crimes et délits dont la connaissance leur est déférée par le présent Code et par les lois sur l'état de siège.

Le siège de ces conseils peut être transféré par décret du Chef de l'Etat dans l'une de ces communes ou dans l'un de ces départements.

Art. 44. Il est établi deux conseils de guerre dans toute place de guerre assiégée ou investie.

La formation de ces conseils est mise à l'ordre du jour de la place.

Leurs fonctions cessent dès que l'état de siège est levé, sauf en ce qui concerne le jugement des crimes et délits dont la poursuite leur a été déférée (2).

Art. 45. Les membres des conseils de guerre établis dans les places de guerre, en vertu de l'article précédent, sont nommés et remplacés par le gouverneur ou le commandant supérieur de la place, qui, à défaut de militaires en activité, peut les prendre parmi les officiers et les sous-officiers en non-activité, en congé ou en retraite. Dans ce cas, ils prêtent, entre les mains du commandant supérieur, le serment prescrit par l'article 25 du présent Code.

S'il ne se trouve pas dans la place un nombre suffisant d'officiers des grades exigés pour la formation des conseils, il y est suppléé par des officiers et sous-officiers des grades inférieurs les plus rapprochés (1).

---

(1) Texte donné par la loi du 18 mai 1875.
(2) Art. 13. Loi du 9 août 1849, sur l'état de siège.
Le texte de cet article a été donné par la loi du 18 mai 1875.

Art. 46. Les conseils de guerre établis dans les places de guerre en vertu de l'article 44 sont composés comme les conseils de guerre aux armées.

Les articles 11, 12, 13, 14, 15, 16, 17, 18, 22, 23, 24, 33 et 34 du présent Code leur sont applicables (1).

CHAPITRE V.

DES CONSEILS DE REVISION DANS LES COMMUNES ET LES DÉPARTEMENTS EN ÉTAT DE SIÈGE, ET DANS LES PLACES DE GUERRE ASSIÉGÉES OU INVESTIES.

Art. 47. Lorsqu'une ou plusieurs communes, un ou plusieurs départements ont été déclarés en état de siège, chaque conseil de revision *permanent* connaît des recours formés contre tous les jugements des conseils de guerre *placés dans sa circonscription.*

Le siège du conseil de revision peut être transféré, par décret du Chef de l'Etat, dans l'une de ces communes, ou dans l'un de ces départements.

Art 48. Il est établi un conseil de revision dans toute place de guerre assiégée ou investie.

Les membres de ce conseil sont nommés et remplacés par le gouverneur ou le commandant supérieur de la place. Ils sont pris dans les catégories indiquées dans l'article 45 du présent Code.

En cas d'insuffisance, le conseil est réduit à trois juges, conformément à l'article 41 (1).

Art. 49. Les articles 27, 30, 31 et 32 du présent Code sont applicables aux conseils de revision siégeant dans les places de guerre assiégées ou investies (1).

CHAPITRE VI.

DISPOSITIONS COMMUNES AUX DEUX CHAPITRES PRÉCÉDENTS.

Art. 50. S'il existe déjà, dans la place de guerre assiégée ou investie, des conseils de guerre ou de revision, l'organisation en est modifiée et complétée, s'il y a lieu, conformément aux dispositions des deux chapitres précédents (1).

TITRE III.

DES PRÉVOTÉS.

Art. 51. Lorsqu'une armée est sur le territoire étranger, les grands prévôts et les prévôts, indépendamment des attributions de police qui leur sont déférées par les règlements militaires,

(1) Texte donné par la loi du 18 mai 1875.

exercent une juridiction dont les limites et les règles sont déterminées par le présent Code.

Art. 52. Le grand prévôt exerce sa juridiction, soit par lui-même, soit par les prévôts, sur tout le territoire occupé par l'armée et sur les flancs et les derrières de l'armée.

Chaque prévôt exerce sa juridiction dans la division ou le détachement auxquels il appartient, ainsi que sur les flancs et les derrières de cette division ou de ce détachement.

Le grand prévôt, ainsi que les prévôts, jugent seuls, assistés d'un greffier, qu'ils choisissent parmi les sous-officiers et brigadiers de gendarmerie.

LIVRE II.

DE LA COMPÉTENCE DES TRIBUNAUX MILITAIRES.

Dispositions générales.

Art. 53. Les tribunaux militaires ne statuent que sur l'action publique, sauf les cas prévus par l'article 75 du présent Code.

Ils peuvent néanmoins ordonner, au profit des propriétaires, la restitution des objets saisis ou des pièces de conviction, lorsqu'il n'y a pas lieu d'en prononcer la confiscation.

Art. 54. L'action civile ne peut être poursuivie que devant les tribunaux civils ; l'exercice en est suspendu tant qu'il n'a pas été prononcé définitivement sur l'action publique intentée avant ou pendant la poursuite de l'action civile.

TITRE I.

COMPÉTENCE DES CONSEILS DE GUERRE.

CHAPITRE Ier.

COMPÉTENCE DES CONSEILS DE GUERRE PERMANENTS DANS LES CIRCONSCRIPTIONS TERRITORIALES EN ÉTAT DE PAIX.

Art. 55. Tout individu appartenant à l'armée en vertu, soit de la loi de recrutement, soit d'un brevet ou d'une commission, est justiciable des conseils de guerre permanents dans les circonscriptions territoriales en état de paix, selon les distinctions établies dans les articles suivants.

Art. 56. Sont justiciables des conseils de guerre des circonscriptions territoriales en état de paix pour tous crimes et délits, sauf les exceptions portées au titre IV du présent livre :

1° Les officiers de tous grades, les sous-officiers, caporaux et brigadiers, les soldats, les musiciens et les enfants de troupe ;

Les membres du corps de l'intendance militaire;

Les médecins, les pharmaciens, les vétérinaires militaires et les officiers d'administration;

Les individus assimilés aux militaires par les ordonnances ou décrets d'organisation;

Pendant qu'ils sont en activité de service ou portés présents sur les contrôles de l'armée ou détachés pour un service spécial.

2° Les militaires, les jeunes soldats, les remplaçants (1), les engagés volontaires et les individus assimilés aux militaires, placés dans les hôpitaux civils et militaires. ou envoyant sous la conduite de la force publique, ou détenus dans les établissements, prisons et pénitenciers militaires;

3° Les officiers de tous grades et les sous-officiers caporaux et soldats inscrits sur les contrôles de l'hôtel national des Invalides;

4° Les jeunes soldats laissés dans leurs foyers, et les militaires envoyés en congé illimité, lorsqu'ils sont réunis pour ses revues ou exercices prévus par l'article 30 de la loi du 21 mars 1832 (2).

Les prisonniers de guerre sont aussi justiciables des conseils de guerre.

Art. 57. Sont également justiciables des conseils de guerre des divisions territoriales en état de paix, mais seulement pour les crimes et délits prévus par le titre II du livre IV, les militaires de tous grades, les membres de l'intendance militaire et tous individus assimilés aux militaires:

1° Lorsque, sans être employés, ils reçoivent un traitement et restent à la diposition du gouvernement;

2° Lorsqu'ils sont en congé ou en permission.

Art. 58. Les jeunes soldats, les engagés volontaires et les remplaçants (1) ne sont, depuis l'instant où ils ont reçu leur ordre de route jusqu'à celui de leur réunion en détachement ou de leur arrivée au corps, justiciables des mêmes conseils de guerre que pour les faits d'insoumission, sauf les cas prévus par les numéros 2 et 4 de l'article 56 ci-dessus.

Art. 59. Les officiers de la gendarmerie, les sous-officiers et les gendarmes ne sont pas justiciables des conseils de guerre pour les crimes et délits commis dans l'exercice de leurs fonctions relatives à la police judiciaire et à la constatation des contraventions en matière administrative.

Art. 60. Lorsqu'un justiciable des conseils de guerre est poursuivi en même temps pour un crime ou un délit de la compétence

---

(1) Remplaçants supprimés par la loi du 27 juillet 1872.
(2) Aujourd'hui hommes de la réserve et de l'armée territoriale.

des conseils de guerre et pour un autre crime ou délit de la compétence des tribunaux ordinaires, il est traduit d'abord devant le tribunal auquel appartient la connaissance du fait emportant la peine la plus grave, et renvoyé ensuite, s'il y a lieu, pour l'autre fait, devant le tribunal compétent.

En cas de double condamnation, la peine la plus forte est seule subie.

Si les deux crimes ou délits emportent la même peine, le prévenu est d'abord jugé pour le fait de la compétence des tribunaux militaires.

Art. 61. Le prévenu est traduit, soit devant le conseil de guerre dans le ressort duquel le crime ou délit a été commis, soit devant celui dans le ressort duquel il a été arrêté, soit devant celui de la garnison de son corps ou de son détachement.

CHAPITRE II.

DE LA COMPÉTENCE DES CONSEILS DE GUERRE AUX ARMÉES ET DANS LES CIRCONSCRIPTIONS TERRITORIALES EN ÉTAT DE GUERRE.

Art. 62. Sont justiciables des conseils de guerre aux armées pour tout crime ou délit :

1º Les justiciables des conseils de guerre dans les circonscriptions territoriales en état de paix ;

2º Les individus employés, à quelque titre que ce soit, dans les états-majors et dans les administrations et services qui dépendent de l'armée.

3º Les vivandiers et vivandières, cantiniers et cantinières, les blanchisseuses, les marchands, les domestiques et autres individus à la suite de l'armée *en vertu de permissions.*

Art. 63. Sont justiciables des conseils de guerre, si l'armée est sur le *territoire ennemi,* tous individus prévenus, soit comme auteurs, soit comme complices, d'un des crimes ou délits prévus par le titre II du livre IV du présent Code.

Art. 64. Sont également justiciables des conseils de guerre, lorsque l'armée se trouve sur le *territoire français,* en présence de l'ennemi, pour crimes et délits commis dans l'arrondissement de cette armée :

1º Les *étrangers* prévenus de crimes et délits prévus par l'article précédent (*de l'article 204 à l'article 266 inclus*);

2º Tous individus prévenus comme auteurs ou complices des crimes prévus par les articles 204, 205, 206, 207, 208, 249, 250, 251, 252, 253 et 254 du présent Code.

Art. 65. Sont traduits devant le conseil de guerre de la division ou du détachement dont ils font partie, les militaires *jusqu'au grade de capitaine inclusivement, et les assimilés des rangs correspondants.*

Art. 66. Sont traduits devant le conseil de guerre du quartier général de leur corps d'armée :

1º Les militaires attachés au quartier général jusqu'au grade de colonel inclusivement, et les assimilés de rangs correspondants attachés à ce quartier général ;

2º Les chefs de bataillon, les chefs d'escadron et les majors, les lieutenants-colonels et les colonels, et les assimilés de rangs correspondants attachés aux divisions composant le corps d'armée.

Art. 67. Sont traduits devant le conseil de guerre du quartier général de l'armée :

1º Les militaires et les assimilés désignés dans l'article précédent, lorsqu'il n'a pas été établi de conseil de guerre au quartier général de leur corps d'armée;

2º Les militaires et les individus attachés au quartier général de l'armée;

3º Les militaires et les individus assimilés aux militaires, qui ne font partie d'aucune des divisions ou d'aucun des corps d'armée;

4º Les officiers généraux et les individus des rangs correspondants employés dans l'armée. Toutefois le général en chef peut, s'il le juge nécessaire, les mettre à la disposition du Ministre de la guerre et, dans ce cas, ils sont traduits devant le conseil de guerre d'une des circonscriptions territoriales les plus rapprochées.

Art. 68. Tout individu justiciable des conseils de guerre aux armées, qui n'est ni militaire, ni assimilé aux militaires, est traduit devant l'un des conseils de guerre de l'armée les plus voisins du lieu dans lequel le crime ou le délit a été commis, ou du lieu dans lequel le prévenu a été arrêté.

Art. 69. Les règles de compétence établies pour les conseils de guerre aux armées sont observées dans les circonscriptions territoriales déclarées en état de guerre par un décret du Chef de l'Etat.

CHAPITRE III.

COMPÉTENCE DES CONSEILS DE GUERRE DANS LES COMMUNES ET LES DÉPARTEMENTS EN ÉTAT DE SIÈGE ET DANS LES PLACES DE GUERRE ASSIÉGÉES OU INVESTIES.

Art. 70. Les conseils de guerre dans le ressort desquels se trouvent les communes et les départements déclarés en état de siège et les places de guerre assiégées ou investies connaissent de tous les crimes et délits commis par les justiciables des conseils de guerre aux armées, conformément aux articles 63 et 64 ci-dessus, sans préjudice de l'application de la loi du 9 août 1849 sur l'état de siège (1).

CHAPITRE IV.

DISPOSITIONS COMMUNES AUX TROIS CHAPITRES PRÉCÉDENTS.

Art. 71. Les jugements rendus par les conseils de guerre peuvent être attaqués par recours devant les conseils de revision (2).

La faculté, pour les condamnés, de former un recours en revision contre les jugements des conseils de guerre établis conformément au 3e paragraphe de l'article 33, peut être temporairement suspendue aux armées, par un décret du Chef de l'Etat, rendu en conseil des ministres.

Le commandant supérieur d'une place assiégée ou investie a toujours le droit d'ordonner cette suspension.

Dans tous les cas, lorsque cette mesure est prise, elle est portée à la connaissance des troupes par la voie de l'ordre, et, au besoin, à la connaissance de la population par voie d'affiches. Elle n'a d'effet qu'à l'égard des condamnés jugés pour des crimes ou délits commis après cette publication, et les condamnations, soit à la peine de mort, soit à toute autre peine infamante, ne sont exécutées que sur un ordre signé de l'officier qui a ordonné la mise en jugement (1).

TITRE II.

COMPÉTENCE DES CONSEILS DE REVISION (2).

Art. 72. Les conseils de revision prononcent sur les recours formés contre les jugements des conseils de guerre établis dans leur ressort.

Art. 73. Les conseils de revision ne connaissent pas du fond des affaires.

Art. 74. Les conseils de revision ne peuvent annuler les jugements que dans les cas suivants :

1° Lorsque le conseil de guerre n'a pas été composé conformément aux dispositions du présent Code;

2° Lorsque les règles de la compétence ont été violées;

3° Lorsque la peine prononcée par la loi n'a pas été appliquée aux faits déclarés constants par le conseil de guerre, ou lorsqu'une peine a été prononcée en dehors des cas prévus par la loi;

---

(1) Texte donné par la loi du 18 mai 1875.
(2) L'article 44 de la loi de finances du 17 avril 1906 a substitué la Cour de cassation aux conseils de revision pour prononcer sur les recours formés en temps de paix (voir le renvoi de la page 9).

4° Lorsqu'il y a eu violation ou omission des formes prescrites à peine de nullité;

5° Lorsque le conseil de guerre a omis de statuer sur une demande de l'accusé ou une réquisition du commisaire du gouvernement tendant à user d'une faculté ou d'un droit accordé par la loi.

TITRE III.

COMPÉTENCE DES PRÉVÔTÉS.

Art. 75. Les prévôtés ont juridiction :

1° Sur les vivandiers, vivandières, cantiniers, cantinières, blanchisseuses, marchands, domestiques, et toutes personnes à la suite de l'armée en vertu de permissions;

2° Sur les vagabonds et gens sans aveu;

3° Sur les prisonniers de guerre qui ne sont pas officiers.

Elles connaissent à l'égard des individus ci-dessus désignés dans l'étendue de leur ressort :

1° Des infractions prévues par l'article 271 du présent Code;

2° De toute infraction dont la peine ne peut excéder six mois d'emprisonnement et deux cents francs d'amende, ou l'une de ces peines;

3° Des demandes en dommages-intérêts qui n'exèdent pas cent cinquante francs, lorsqu'elles se rattachent à une infraction de leur compétence.

Les décisions des prévôtés ne sont susceptibles d'aucun recours.

TITRE IV.

COMPÉTENCE EN CAS DE COMPLICITÉ.

Art. 76. Lorsque la poursuite d'un crime, d'un délit ou d'une contravention comprend des individus non justiciables des tribunaux militaires et des militaires ou autres individus justiciables de ces tribunaux, tous les prévenus indistinctement sont traduits devant les tribunaux ordinaires, sauf les cas exceptés par l'article suivant ou par toute autre disposition expresse de la loi.

Art. 77. *Tous* les prévenus indistinctement sont traduits devant les tribunaux militaires :

1° Lorsqu'ils sont tous militaires ou assimilés aux militaires, alors même qu'un ou plusieurs d'entre eux ne seraient pas justiciables de ces tribunaux, en raison de leur position au moment du crime ou du délit;

2° S'il s'agit de crimes ou de délits commis par des justiciables des conseils de guerre et *par des étrangers;*

3° S'il s'agit de crimes ou de délits commis aux armées en pays étranger;

4° S'il s'agit des crimes ou des délits commis à l'armée, sur le territoire *français, en présence de l'ennemi.*

Art. 78. Lorsqu'un crime ou un délit a été commis de complicité par des individus justiciables des tribunaux de l'armée de terre et par des individus justiciables des tribunaux de la marine, la connaissance en est attribuée aux juridictions maritimes, si le fait a été commis sur les vaisseaux et autres navires de l'Etat ou dans l'enceinte des ports militaires, arsenaux ou autres établissements maritimes.

Art. 79. Si le crime ou le délit a été commis en tous autres lieux que ceux qui sont indiqués dans l'article précédent, les tribunaux de l'armée de terre sont seuls compétents. Il en est de même si les vaisseaux, ports, arsenaux ou autres établissements maritimes où le fait a été commis se trouvent dans une circonscription en état de siège.

TITRE V.

DES POURVOIS DEVANT LA COUR DE CASSATION.

Art. 80. Ne peuvent, en aucun cas, se pourvoir en cassation contre les jugements des conseils de guerre et des conseils de revision :

1° Les militaires, les assimilés aux militaires et tous autres individus désignés dans les articles 55, 56 et 57 ci-dessus ;

2° Les individus soumis, à raison de leur position, aux lois et règlements militaires ;

3° Les justiciables des conseils de guerre dans les cas prévus par les articles 62, 63 et 64 ci-dessus ;

4° Tous individus enfermés dans une place de guerre en état de siège.

Art. 81. Les accusés ou condamnés qui ne sont pas compris dans les désignations de l'article précédent peuvent attaquer les jugements des conseils de guerre et des conseils de revision devant la Cour de cassation, mais pour cause d'incompétence seulement.

Le pourvoi en cassation ne peut être formé avant qu'il ait été statué sur le recours en revision, ou avant l'expiration du délai fixé pour l'exercice de ce recours.

Les pourvois en cassation contre les jugements des conseils de guerre sont absolument interdits en temps de guerre, pour tous les condamnés sans exception, lorsque le recours en revision a été suspendu, comme il est dit au 2e paragraphe de l'article 71 (1).

Art. 82. Les dispositions des articles 441, 442, 443, 444, 445, 446, 447 et 542 § 1er, du Code d'instruction criminelle, sont applicables aux jugements des tribunaux militaires. Il n'est pas dérogé aux dispositions de l'article 527 du même Code.

LIVRE III.

DE LA PROCÉDURE DEVANT LES TRIBUNAUX MILITAIRES.

TITRE I.

PROCÉDURE DEVANT LES CONSEILS DE GUERRE.

CHAPITRE Ier.

PROCÉDURE DEVANT LES CONSEILS DE GUERRE DANS LES CIRCONSCRIPTIONS TERRITORIALES EN ÉTAT DE PAIX.

SECTION PREMIÈRE.

DE LA POLICE JUDICIAIRE ET DE L'INSTRUCTION.

Art. 83. La police judiciaire militaire recherche les crimes ou les délits, en rassemble les preuves, et en livre les auteurs à l'autorité chargée d'en poursuivre la répression devant les tribunaux militaires.

Art. 84. La police judiciaire militaire est exercée, sous l'autorité du général commandant la circonscription :

1º Par les adjudants de place ;

2º Par les officiers, sous-officiers et commandants de brigade de gendarmerie ;

3º Par les chefs de poste ;

4º Par les gardes de l'artillerie et du génie (2) ;

5º Par les rapporteurs près les conseils de guerre, en cas de flagrant délit.

Art. 85. Les commandants et majors de place, les chefs de corps, de dépôt et de détachement, les chefs de service d'artillerie et du génie, les membres de l'intendance militaire, peuvent faire personnellement, ou requérir les officiers de police judiciaire, cha-

---

(1) Texte donné par la loi du 18 mai 1875.
(2) Aujourd'hui officiers d'administration des services de l'artillerie et du génie.

cun en ce qui le concerne, de faire tous les actes nécessaires à l'effet de constater les crimes et les délits, et d'en livrer les auteurs aux tribunaux chargés de les punir.

Les chefs de corps peuvent déléguer les pouvoirs qui leur sont donnés par le précédent paragraphe à l'un des officiers sous leurs ordres (1).

Art. 86. Les officiers de police judiciaire reçoivent, en cette qualité, les dénonciations et les plaintes qui leur sont adressées.

Ils rédigent les procès-verbaux nécessaires pour constater le corps du délit et l'état des lieux.

Ils reçoivent les déclarations des personnes présentes ou qui auraient des renseignements à donner.

Ils se saisissent des armes, effets, papiers et pièces tant à charge qu'à décharge, et, en général, de tout ce qui peut servir à la manifestation de la vérité, en se conformant aux articles 31, 33, 36, 37, 38, 39 et 65 du Code d'instruction criminelle.

Art. 87. Dans les cas de flagrant délit, tout officier de police judiciaire militaire ou ordinaire peut faire saisir les militaires ou les individus justiciables des tribunaux militaires, inculpés d'un crime ou d'un délit. Il les fait conduire immédiatement devant l'autorité militaire et dresse procès-verbal de l'arrestation, en y consignant leurs moms, qualités et signalement.

Art. 88. Hors le cas de flagrant délit, tout militaire ou tout individu justiciable des conseils de guerre, en activité de service, inculpé d'un crime ou d'un délit, ne peut être arrêté qu'en vertu de l'ordre de ses supérieurs.

Art. 89. Lorsque l'autorité militaire est appelée, hors le cas de flagrant délit, à constater, dans un établissement civil, un crime ou un délit de la compétence des tribunaux militaires, ou à y faire arrêter un de ses justiciables, elle adresse à l'autorité civile ou judiciaire compétente ses réquisitions tendant, soit à obtenir l'entrée de cet établissement, soit à assurer l'arrestation de l'inculpé.

L'autorité judiciaire ordinaire est tenue de déférer à ses réquisitions, et, dans le cas de conflit, de s'assurer de la personne de l'inculpé.

Lorsqu'il s'agit d'un établissement maritime, la réquisition est adressée à l'autorité maritime.

Art. 90. Les mêmes réquisitions sont adressées par l'autorité civile à l'autorité militaire, lorsqu'il y a lieu, soit de constater un crime ou un délit de la compétence des tribunaux ordinaires

---

(1) Le dernier paragraphe a été ajouté par la loi du 18 mai 1875. Voir la circulaire du 28 novembre 1906, page 275, relative à l'étendue du droit de délégation des pouvoirs d'officier de police judiciaire.

dans un établissement militaire, soit d'y arrêter un individu justiciable de ces tribunaux.

L'autorité militaire est tenue de déférer à ces réquisitions, et, dans le cas de conflit, de s'assurer de la personne de l'inculpé.

Art. 91. Les officiers de police judiciaire militaire ne peuvent s'introduire dans une maison particulière, si ce n'est avec l'assistance soit du juge de paix, soit de son suppléant, soit du maire, soit de son adjoint, soit du commissaire de police.

Art. 92. Chaque feuillet du procès-verbal dressé par un officier de police judiciaire militaire est signé par lui et par les personnes qui y ont assisté. En cas de refus ou d'impossibilité de signer de la part de celles-ci, il en est fait mention.

Art. 93. A défaut d'officier de police judiciaire militaire présent sur les lieux, les officiers de police judiciaire ordinaire recherchent et constatent les crimes et les délits soumis à la juridiction des conseils de guerre.

Art. 94. Dans le cas d'insoumission, la plainte est dressée par le commandant du dépôt de recrutement du département auquel appartient l'insoumis.

La plainte énonce l'époque à laquelle l'insoumis aurait dû rejoindre.

Sont annexés à la plainte :

1° La copie de la notification faite à domicile de la lettre de mise en activité;

2° La copie des pièces énonçant que l'insoumis n'est pas arrivé à la destination qui lui avait été assignée ;

3° L'exposé des circonstances qui ont accompagné l'insoumission.

S'il s'agit d'un engagé volontaire ou d'un remplaçant qui n'a pas rejoint le corps, une expédition de l'acte de l'engagement ou du remplacement est annexée à la plainte.

Art. 95. Dans le cas de désertion, la plainte est dressée par le chef du corps ou du détachement auquel le déserteur appartient.

Sont annexés à cet acte :

1° Un extrait du registre matricule du corps ;

2° Un état indicatif des armes et des objets qui auraient été emportés par l'inculpé ;

3° L'exposé des circonstances qui ont accompagné la désertion.

Art. 96. Il n'est pas dérogé par les articles précédents aux lois, décrets et règlements relatifs aux devoirs imposés à la gendarmerie, aux chefs de poste et autres militaires dans l'exercice de leurs fonctions ou pendant le service.

Art. 97. Les actes et procès-verbaux dressés par les officiers de police judiciaire militaire sont transmis sans délai, avec les pièces et documents, au général commandant la circonscription.

Les actes et procès-verbaux émanés des officiers de police ordinaire sont transmis directement au procureur de la République, qui les adresse sans délai au général commandant la circonscription.

Art. 98. S'il s'agit d'un individu justiciable des tribunaux ordinaires, le général commandant envoie les pièces au procureur de la République près le tribunal du chef-lieu de la circonscription militaire ; et, si l'inculpé est arrêté, il le met à la disposition de ce magistrat et en informe le Ministre de la guerre.

Art. 99. La poursuite des crimes et délits ne peut avoir lieu, à peine de nullité, que sur un ordre d'informer donné par le général commandant la circonscription soit d'office, soit d'après les rapports, actes ou procès-verbaux dressés conformément aux articles précédents.

L'ordre d'informer est donné par le Ministre de la guerre, si l'inculpé est colonel, officier général ou maréchal de France (1).

Art. 100. L'ordre d'informer pour chaque affaire est adressé au commissaire du gouvernement près le conseil de guerre qui doit en connaître, avec les rapports, procès-verbaux, pièces, objets saisis et autres documents à l'appui.

Le commissaire du gouvernement transmet immédiatement toutes les pièces au rapporteur.

Art. 101. Le rapporteur procède à l'interrogatoire du prévenu.

Il l'interroge sur ses nom, prénoms, âge, lieu de naissance, profession, domicile, et sur les circonstances du délit ; il lui fait représenter toutes les pièces pouvant servir à conviction, et il l'interpelle pour qu'il ait à déclarer s'il les reconnaît.

S'il y a plusieurs prévenus du même délit, chacun d'eux est interrogé séparément, sauf à les confronter, s'il y a lieu.

L'interrogatoire fini, il en est donné lecture au prévenu, afin qu'il déclare si ses réponses ont été fidèlement transcrites, si elles contiennent la vérité et s'il y persiste. L'interrogatoire est signé par le prévenu et clos par la signature du rapporteur et celle du greffier.

Si le prévenu refuse de signer, mention est faite de son refus.

Il est pareillement donné lecture au prévenu des procès-verbaux de l'information.

Art. 102. Le rapporteur cite les témoins par le ministère des agents de la force publique et les entend ; il décerne les commissions rogatoires et fait les autres actes d'instruction que l'affaire peut exiger, en se conformant aux articles 73, 74, 75, 76, 78, 79, 82, 83 et 85 du Code d'instruction criminelle.

Si les témoins résident hors du lieu où se fait l'information, le

_____

(1) Voir, page 199 du présent ouvrage, la circulaire du 3 janvier 1902 relative aux devoirs imposés aux autorités militaires par l'article 99 du Code de justice militaire.

rapporteur peut requérir, par commission rogatoire, soit le rapporteur près le conseil de guerre, soit le juge d'instruction, soit le juge de paix du lieu dans lequel ces témoins sont résidants, à l'effet de recevoir leur déposition.

Le rapporteur saisi de l'affaire peut également adresser des commissions rogatoires aux fonctionnaires ci-dessus mentionnés lorsqu'il faut procéder hors du lieu où se fait l'information, soit aux recherches prévues par l'article 86 du présent Code, soit à tout autre acte d'instruction.

Art. 103. Toute personne citée pour être entendue en témoignage est tenue de comparaître et de satisfaire à la citation. Si elle ne comparaît pas, le rapporteur peut, sur les conclusions du commissaire du gouvernement, sans autre formalité ni délai, prononcer une amende qui n'excède pas cent francs, et peut ordonner que la personne citée sera contrainte par corps à venir donner son témoignage.

Le témoin ainsi condamné à l'amende sur le premier défaut, et qui, sur la seconde citation, produira devant le rapporteur des excuses légitimes, pourra, sur les conclusions du commissaire du gouvernement, être déchargé de l'amende.

Art. 104. Si les déclarations ont été recueillies par un magistrat ou un officier de police judiciaire avant l'ordre d'informer, le rapporteur peut se dispenser d'entendre ou de faire entendre les témoins qui auront déjà déposé.

Art. 105. Si le prévenu n'est pas arrêté, le rapporteur peut décerner contre lui soit un mandat de comparution, soit un mandat d'amener (1).

---

(1) *Circulaire relative aux mandats de dépôt à délivrer contre les militaires en état d'arrestation.*

Paris, le 29 juillet 1899

Mon cher Général, aux termes de l'article 105 du Code de justice militaire, les rapporteurs près les conseils de guerre sont autorisés à convertir en mandat de dépôt le mandat de comparution ou d'amener décerné par ces magistrats militaires à l'égard du prévenu non encore arrêté qu'ils ont interrogé.

Des doutes se sont élevés sur les dispositions à prendre vis-à-vis des militaires dont l'arrestation a été opérée en dehors de tout mandat de justice, soit sur l'ordre de leurs chefs, par mesure de sûreté ou de discipline, soit en cas de flagrant délit.

Il est à remarquer que, le cas échéant, l'arrestation n'a, comme le fait justement remarquer V. Foucher dans son *Commentaire* (n° 537), qu'un caractère administratif, et que la détention ne peut plus juridiquement se continuer, une fois le militaire mis à la disposition de l'autorité judiciaire, qu'en vertu d'un mandat de dépôt.

La circonstance que le prévenu est déjà en état d'arrestation ne dispense pas de cette formalité, ainsi que cela ressort expressément de l'article 97 (2e alinéa) du Code d'instruction criminelle.

Je vous prie, mon cher Général, de vouloir bien rappeler ces dispositions aux officiers du parquet de votre région.

GALLIFFET.

Le mandat est adressé par le commissaire du gouvernement au commandant militaire du lieu, qui le fait exécuter.

Après l'interrogatoire du prévenu, le mandat de comparution ou d'amener peut être converti en mandat de dépôt.

Le mandat de dépôt est exécuté sur l'exhibition qui en est faite au concierge de la prison.

Le commissaire du gouvernement rend compte au général commandant la circonscription des mandats de comparution, d'amener ou de dépôt qui ont été décernés par le rapporteur.

Art. 106. S'il résulte de l'instruction que le prévenu a des complices justiciables des conseils de guerre, le rapporteur en réfère, par l'intermédiaire du commissaire du gouvernement, au général commandant la circonscription, et il est procédé à l'égard des prévenus de complicité conformément à l'article 99.

Si les complices, ou l'un d'eux, ne sont pas justiciables des conseils de guerre, le commissaire du gouvernement en donne avis sur-le-champ au général commandant la circonscription qui renvoie l'affaire à l'autorité compétente.

Art. 107. Pendant le cours de l'instruction, le commissaire du gouvernement peut prendre connaissance des pièces de la procédure et faire toutes les réquisitions qu'il juge convenables.

SECTION II.

DE LA MISE EN JUGEMENT ET DE LA CONVOCATION DU CONSEIL DE GUERRE.

Art. 108. L'instruction terminée, le rapporteur transmet les pièces, avec son rapport et son avis, au commissaire du gouvernement, lequel les adresse immédiatement, avec ses conclusions, au général commandant la circonscription, qui prononce sur la mise en jugement.

Lorsque c'est le Ministre de la guerre qui a donné l'ordre d'informer, les pièces lui sont adressées par le général commandant la circonscription, et il statue directement sur la mise en jugement.

Art. 109. L'ordre de mise en jugement ou, suivant le cas, l'ordonnance de non-lieu, est adressé au commissaire du gouvernement avec toutes les pièces de la procédure. S'il y a mise en jugement, le commissaire du gouvernement, trois jours au moins avant la réunion du conseil de guerre, notifie cet ordre à l'accusé, en lui faisant connaître le crime ou le délit pour lequel il est mis en jugement, le texte de la loi applicable, et les noms des témoins qu'il se propose de faire citer.

Il l'avertit, en outre, à peine de nullité, que s'il ne fait pas choix d'un défenseur, il lui en sera nommé un d'office par le président (1).

Art. 110. Le défenseur doit être pris, soit parmi les militaires,

_____

(1) Texte donné par la loi du 18 mai 1875.

soit parmi les avocats et les avoués, à moins que l'accusé n'obtienne du président la permission de prendre pour défenseur un de ses parents ou amis (1).

Art. 111. Le général commandant la circonscription, en adressant l'ordre de mise en jugement, ordonne de convoquer le conseil de guerre et fixe le jour et l'heure de sa réunion; il en donne avis au président et au commissaire du gouvernement qui fait les convocations nécessaires.

Art. 112. Le défenseur de l'accusé peut communiquer avec lui aussitôt l'accomplissement des formalités prescrites par l'article 109; il peut aussi prendre communication sans déplacement ou obtenir copie, à ses frais, de tout ou partie des pièces de la procédure, sans néanmoins que la réunion du conseil de guerre puisse être retardée.

SECTION III.
DE L'EXAMEN ET DU JUGEMENT.

Art. 113. Le conseil de guerre se réunit au jour et à l'heure fixés par l'ordre de convocation.

Des exemplaires du présent Code, du Code d'instruction criminelle et du Code pénal ordinaire sont déposés sur le bureau.

Les séances sont publiques, à peine de nullité; néanmoins, si cette publicité paraît dangereuse pour l'ordre ou pour les mœurs, le conseil ordonne que les débats aient lieu à huis clos. Dans tous les cas, le jugement est prononcé publiquement.

Le conseil peut interdire le compte rendu de l'affaire : cette interdiction ne peut s'appliquer au jugement.

Art. 114. Le président a la police de l'audience.

Art. 115. Les assistants sont sans armes; ils se tiennent découverts, dans le respect et le silence. Lorsque les assistants donnent des signes d'approbation ou d'improbation, le président les fait expulser. S'ils résistent à ses ordres, le président ordonne leur arrestation et leur détention pendant un temps qui ne peut excéder quinze jours. Les individus justiciables des conseils de guerre sont conduits dans la prison militaire, et les autres individus à la maison d'arrêt civile. Il est fait mention, dans le procès-verbal, de l'ordre du président, et, sur l'exhibition qui est faite de cet ordre au gardien de la prison, les perturbateurs y sont reçus.

Si le trouble ou le tumulte a pour but de mettre obstacle au cours de la justice, les perturbateurs, quels qu'ils soient, sont, audience tenante, déclarés coupables de rébellion par le conseil de guerre, et punis d'un emprisonnement qui ne peut excéder deux ans.

Lorsque les assistants ou les témoins se rendent coupables, en-

(1) Voir, page 201 du présent ouvrage, la circulaire du 13 novembre 1902, interprétative de cet article.

vers le conseil de guerre ou l'un de ses membres, de voies de fait ou d'outrages ou menaces par propos ou gestes, ils sont condamnés séance tenante :

1° S'ils sont militaires ou assimilés aux militaires, quels que soient leurs grades ou rangs, aux peines prononcées par le présent Code contre ces crimes ou délits, lorsqu'ils ont été commis envers des supérieurs pendant le service ;

2° S'ils ne sont ni militaires ni assimilés aux militaires, aux peines portées par le Code pénal ordinaire.

Art. 116. Lorsque des crimes ou des délits autres que ceux prévus par l'article précédent sont commis dans le lieu des séances, il est procédé de la manière suivante :

1° Si l'auteur du crime ou du délit est justiciable des tribunaux militaires, il est jugé immédiatement ;

2° Si l'auteur du crime ou du délit n'est point justiciable des tribunaux militaires, le président, après avoir fait dresser procès-verbal des faits et des dépositions des témoins, renvoie les pièces et l'inculpé devant l'autorité compétente.

Art. 117. Le président fait amener l'accusé, lequel comparaît sous garde suffisante, libre et sans fers, assisté de son défenseur ; il lui demande ses nom et prénoms, son âge, sa profession, sa demeure et le lieu de sa naissance ; si l'accusé refuse de répondre, il est passé outre.

Art. 118. Si l'accusé refuse de comparaître, sommation d'obéir à la justice lui est faite au nom de la loi par un agent de la force publique commis à cet effet par le président. Cet agent dresse procès-verbal de la sommation et de la réponse de l'accusé. Si l'accusé n'obtempère pas à la sommation, le président peut ordonner qu'il soit amené par la force devant le conseil ; il peut également, après lecture faite à l'audience du procès-verbal constatant sa résistance, ordonner que, nonobstant son absence, il soit passé outre aux débats.

Après chaque audience, il est, par le greffier du conseil de guerre, donné lecture à l'accusé qui n'a pas comparu du procès-verbal des débats, et il lui est signifié copie des réquisitions du commissaire du gouvernement, ainsi que des jugements rendus, qui sont tous réputés contradictoires.

Art. 119. Le président peut faire retirer de l'audience et reconduire en prison tout accusé qui, par des clameurs ou par tout autre moyen propre à causer du tumulte, met obstacle au libre cours de la justice, et il est procédé aux débats et au jugement comme si l'accusé était présent. L'accusé peut être condamné, séance tenante, pour ce seul fait, à un emprisonnement qui ne peut excéder deux ans.

Si l'accusé militaire ou assimilé aux militaires se rend coupable de voies de fait ou d'outrages ou menaces par propos ou gestes, envers le conseil ou l'un de ses membres, il est condamné, séance tenante, aux peines prononcées par le présent Code contre ces crimes ou délits, lorsqu'ils ont été commis envers des supérieurs pendant le service.

Dans le cas prévu par le paragraphe précédent, si l'accusé n'est ni militaire ni assimilé aux militaires, il est condamné aux peines portées par le Code pénal ordinaire.

Art. 120. Dans les cas prévus par les articles 115, 116 et 119 du présent Code, le jugement rendu, le greffier en donne lecture à l'accusé et l'avertit du droit qu'il a de former un recours en revision dans les vingt-quatre heures. Il dresse procès-verbal, le tout à peine de nullité.

Art. 121. Le président fait lire par le greffier l'ordre de convocation, le rapport prescrit par l'article 108 du présent Code, et les pièces dont il lui paraît nécessaire de donner connaissance au conseil; il fait connaître à l'accusé le crime ou le délit pour lequel il est poursuivi; il l'avertit que la loi lui donne le droit de dire tout ce qui est utile à sa défense; il avertit aussi le défenseur de l'accusé qu'il ne peut rien dire contre sa conscience ou contre le respect qui est dû aux lois, et qu'il doit s'exprimer avec décence et modération.

Art. 122. Aucune exception tirée de la composition du conseil, aucune récusation ne peuvent être proposées contre les membres du conseil de guerre, sans préjudice du droit pour l'accusé de former un recours en revision, dans les cas prévus par l'article 74, n° 1, du présent Code.

Art. 123. Si l'accusé a des moyens d'incompétence à faire valoir, il ne peut les proposer devant le conseil de guerre qu'avant l'audition des témoins.

Cette exception est jugée sur-le-champ.

Si l'exception est rejetée, le conseil passe au jugement de l'affaire, sauf à l'accusé à se pourvoir contre le jugement sur la compétence en même temps que contre la décision rendue sur le fond.

Il en est de même pour le jugement de toute autre exception ou de tout incident soulevé dans le cours des débats.

Art. 124. Les jugements sur les exceptions, les moyens d'incompétence et les incidents sont rendus à la majorité des voix.

Art. 125. Le président est investi d'un pouvoir discrétionnaire pour la direction des débats et la découverte de la vérité.

Il peut, dans le cours des débats, appeler, même par mandats de comparution ou d'amener, toute personne dont l'audition lui paraît nécessaire; il peut aussi faire apporter toute pièce qui lui paraîtrait utile à la manifestation de la vérité.

Les personnes ainsi appelées ne prêtent pas serment, et leurs déclarations ne sont considérées que comme renseignements.

Art. 126. Dans le cas où l'un des témoins ne se présente pas, le conseil de guerre peut passer outre aux débats, et lecture est donnée de la déposition du témoin absent.

Art. 127. Si, d'après les débats, la déposition d'un témoin paraît fausse, le président peut, sur la réquisition soit du commissaire du gouvernement, soit de l'accusé, et même d'office, faire sur-le-champ mettre le témoin en état d'arrestation. Si le témoin est justiciable des conseils de guerre, le président, ou l'un des juges nommés par lui, procède à l'instruction. Quand elle est terminée, elle est envoyée au général commandant la circonscription.

Si le témoin n'est pas justiciable des conseils de guerre, le président, après avoir dressé procès-verbal et avoir fait arrêter l'inculpé, s'il y a lieu, le renvoie, avec le procès-verbal, devant le procureur de la République du lieu où siège le conseil de guerre.

Art. 128. Les dispositions des articles 315, 316, 317, 318, 319, 320, 321, 322, 323, 324, 325, 326, 327, 328, 329, 332, 333, 334, 354, 355 du Code d'instruction criminelle sont observées devant les conseils de guerre.

Art. 129. L'examen et les débats sont continués sans interruption, et le président ne peut les suspendre que pendant les intervalles nécessaires pour le repos des juges, des témoins et des accusés.

Les débats peuvent être encore suspendus si un témoin dont la déposition est essentielle ne s'est pas présenté, ou si, la déclaration d'un témoin ayant paru fausse, son arrestation a été ordonnée, ou lorsqu'un fait important reste à éclaircir.

Le conseil prononce sur la suspension des débats à la majorité des voix, et, dans le cas où la suspension dure plus de quarante-huit heures, les débats sont recommencés en entier.

Art. 130. Le président procède à l'interrogatoire de l'accusé et reçoit les dépositions des témoins.

Le commissaire du gouvernement est entendu dans ses réquisitions et développe les moyens qui appuient l'accusation.

L'accusé et son défenseur sont entendus dans leur défense.

Le commissaire du gouvernement réplique, s'il le juge convenable ; mais l'accusé et son défenseur ont toujours la parole les derniers.

Le président demande à l'accusé s'il n'a rien à ajouter à sa défense, et déclare ensuite que les débats sont terminés.

Art. 131. Le président fait retirer l'accusé.

Les juges se rendent dans la chambre du conseil, ou, si les localités ne le permettent pas, le président fait retirer l'auditoire.

Les juges ne peuvent plus communiquer avec personne, ni se séparer avant que le jugement ait été rendu. Ils délibèrent hors de la présence du commissaire du gouvernement et du greffier.

Ils ont sous les yeux les pièces de la procédure.

Le président recueille les voix, en commençant par le grade inférieur ; il émet son opinion le dernier.

Art. 132. Les questions sont posées par le président dans l'ordre suivant pour chacun des accusés :

1° L'accusé est-il coupable du fait qui lui est imputé ?

2° Ce fait a-t-il été commis avec telle ou telle circonstance aggravante ?

3° Ce fait a-t-il été commis dans telle ou telle circonstance qui le rend excusable d'après la loi ?

Si l'accusé est âgé de moins de seize ans, le président pose cette question : L'accusé a-t-il agi avec discernement ?

Art. 133. Les questions indiquées par l'article précédent ne peuvent être résolues contre l'accusé qu'à la majorité de cinq voix contre deux.

Art. 134. Si l'accusé est déclaré coupable, le conseil de guerre délibère sur l'application de la peine.

Dans le cas où la loi autorise l'admission de circonstances atténuantes, si le conseil de guerre reconnaît qu'il en existe en faveur de l'accusé, il le déclare à la majorité absolue des voix.

La peine est prononcée à la majorité de cinq voix contre deux.

Si aucune peine ne réunit cette majorité, l'avis le plus favorable sur l'application de la peine est adopté.

Art. 135. En cas de conviction de plusieurs crimes ou délits, la peine la plus forte est seule prononcée.

Art. 136. Le jugement est prononcé en séance publique.

Le président donne lecture des motifs et du dispositif.

Si l'accusé n'est pas reconnu coupable, le conseil prononce son acquittement, et le président ordonne qu'il soit mis en liberté, s'il n'est retenu pour autre cause.

Si le conseil de guerre déclare que le fait commis par l'accusé ne donne lieu à l'application d'aucune peine, il prononce son absolution, et le président ordonne qu'il sera mis en liberté à l'expiration du délai fixé pour le recours en revision.

Art. 137. Tout individu acquitté ou absous ne peut être repris ni accusé à raison du même fait.

Art. 138. Si le condamné est membre de l'ordre national de la Légion d'honneur ou décoré de la médaille militaire, le jugement déclare, dans les cas prévus par les lois, qu'il cesse de faire partie de la Légion d'honneur ou d'être décoré de la médaille militaire.

Art. 139. Le jugement qui prononce une peine contre l'accusé le condamne aux frais envers l'Etat. Il ordonne, en outre, dans les cas prévus par la loi, la confiscation des objets saisis et la restitution, soit au profit de l'Etat, soit au profit des propriétaires, de tous objets saisis ou produits au procès comme pièces de conviction.

Art. 140. Le jugement fait mention de l'accomplissement de toutes les formalités prescrites par la présente section.

Il ne reproduit ni les réponses de l'accusé ni les dépositions des témoins.

Il contient les décisions rendues sur les moyens d'incompétence, les exceptions et les incidents.

Il énonce, à peine de nullité :

1° Les noms et grades des juges ;

2° Les nom, prénoms, âge, profession et domicile de l'accusé ;

3° Le crime ou délit pour lequel l'accusé a été traduit devant le conseil de guerre ;

4° La prestation de serment des témoins ;

5° Les réquisitions du commissaire du gouvernement ;

6° Les questions posées, les décisions et le nombre des voix ;

7° Le texte de la loi appliquée ;

8° La publicité des séances ou la décision qui a ordonné le huis-clos ;

9° La publicité de la lecture du jugement faite par le président.

Le jugement, écrit par le greffier, est signé sans désemparer par le président, les juges et le greffier.

Art. 141. Le commissaire du gouvernement fait donner lecture du jugement à l'accusé par le greffier, en sa présence et devant la garde rassemblée sous les armes.

Aussitôt après cette lecture, il avertit le condamné que la loi lui accorde vingt-quatre heures pour exercer son recours devant le conseil de révision.

Le greffier dresse du tout un procès-verbal signé par lui et par le commissaire du gouvernement.

Art. 142. Lorsqu'il résulte soit des pièces produites, soit des dépositions des témoins entendus dans les débats, que l'accusé peut être poursuivi pour d'autres crimes ou délits que ceux qui ont fait l'objet de l'accusation, le conseil de guerre, après le prononcé du jugement, renvoie, sur les réquisitions du commissaire du gouvernement, ou même d'office, le condamné au général qui a donné l'ordre de mise en jugement, pour être procédé, s'il y a lieu, à l'instruction. S'il y a eu condamnation, il est sursis à l'exécution du jugement.

S'il y a eu acquittement ou absolution, le conseil de guerre ordonne que l'accusé demeure en état d'arrestation jusqu'à ce qu'il ait été statué sur les faits nouvellement découverts.

Art. 143. Le délai de vingt-quatre heures accordé au condamné pour se pourvoir en révision court à partir de l'expiration du jour où le jugement lui a été lu.

La déclaration du recours est reçue par le greffier ou par le directeur de l'établissement où est détenu le condamné. La déclaration peut être faite par le défenseur du condamné.

Art. 144. Dans le cas d'acquittement ou d'absolution de l'accusé, l'annulation du jugement ne pourra être poursuivie par le commissaire du gouvernement que conformément aux articles 409 et 410 du Code d'instruction criminelle.

Le recours du commissaire du gouvernement est formé, au greffe, dans le délai prescrit par l'article précédent.

Art. 145. S'il n'y a pas de recours en revision, et si, aux termes de l'article 80 du présent Code, le pourvoi en cassation est interdit, le jugement est exécutoire dans les vingt-quatre heures après l'expiration du délai fixé pour le recours.

S'il y a recours en revision, il est sursis à l'exécution du jugement.

Art. 146. Si le recours en revision est rejeté, et si, aux termes de l'article 80 du présent Code, le pourvoi en cassation est interdit, le jugement de condamnation est exécuté dans les vingt-quatre heures après la réception du jugement qui a rejeté le recours.

Art. 147. Lorsque la voie du pourvoi en cassation est ouverte, aux termes de l'article 81 du présent Code, le condamné doit former son pourvoi dans les trois jours qui suivent la notification de la décision du conseil de revision, et s'il n'y a pas eu recours devant ce conseil, dans les trois jours qui suivent l'expiration du délai accordé pour l'exercer.

Le pourvoi en cassation est reçu par le greffier ou par le directeur de l'établissement où est détenu le condamné.

Art. 148. Dans le cas où le pourvoi en cassation est autorisé par l'article 81 du présent Code, s'il n'y a pas eu pourvoi, le jugement de condamnation est exécuté dans les vingt-quatre heures après l'expiration du délai fixé pour le pourvoi, et, s'il y a eu pourvoi, dans les vingt-quatre heures après la réception de l'arrêt qui l'a rejeté.

Art. 149. Le commissaire du gouvernement rend compte au général commandant la circonscription, suivant les cas, soit du jugement de rejet du conseil de revision, soit de l'arrêt de rejet de la Cour de cassation soit du jugement du conseil de guerre. S'il n'y a eu, dans les délais, ni recours en revision ni pourvoi en cassation, il requiert l'exécution du jugement.

Art. 150. Le général commandant la circonscription peut suspendre l'exécution du jugement, à la charge d'en informer sur-le-champ le Ministre de la guerre.

Art. 151. Les jugements des conseils de guerre sont exécutés sur les ordres du général commandant la circonscription et à la diligence du commissaire du gouvernement, en présence du greffier, qui dresse procès-verbal.

La minute de ce procès-verbal est annexée à la minute du jugement, en marge de laquelle il est fait mention de l'exécution.

Dans les trois jours de l'exécution, le commissaire du gouvernement est tenu d'adresser une expédition du jugement au chef du corps dont faisait partie le condamné.

Si le condamné est membre de la Légion d'honneur, décoré de la médaille militaire ou d'un ordre étranger, il est également adressé une expédition au grand chancelier.

Toute expédition de jugement de condamnation fait mention de l'exécution.

CHAPITRE II.

PROCÉDURE DEVANT LES CONSEILS DE GUERRE AUX ARMÉES, DANS LES CIRCONSCRIPTIONS TERRITORIALES EN ÉTAT DE GUERRE, DANS LES COMMUNES ET LES DÉPARTEMENTS EN ÉTAT DE SIÈGE, ET DANS LES PLACES DE GUERRE ASSIÉGÉES OU INVESTIES.

Art. 152. La procédure établie pour les conseils de guerre dans les divisions territoriales en état de paix est suivie dans les conseils de guerre aux armées, dans les divisions territoriales en état de guerre, dans les communes et les départements en état de siège, et les places de guerre assiégées ou investies, sauf les modifications portées dans les articles suivants.

Art. 153. Lorsqu'un officier de police judiciaire militaire, dans les cas prévus par les articles 89 et 91 du présent Code, doit pénétrer dans un établissement civil ou dans une habitation particulière, et qu'il ne se trouve sur les lieux aucune autorité civile chargée de l'assister, il peut passer outre, et mention en est faite dans le procès-verbal.

Art. 154. L'ordre d'informer est donné :

Par le général en chef à l'égard des inculpés justiciables du conseil de guerre du quartier général de l'armée ;

Par le général commandant le corps d'armée à l'égard des inculpés justiciables du conseil de guerre du corps d'armée.

Par le général commandant la division à l'égard des inculpés justiciables du conseil de guerre de la division ;

Par le commandant du détachement de troupes à l'égard des inculpés justiciables du conseil de guerre formé dans le détachement ;

Par le gouverneur ou commandant supérieur dans les places de guerre assiégées ou investies.

Art. 155. L'ordre de mise en jugement et de convocation du conseil de guerre est donné par l'officier qui a ordonné l'information.

Art. 156. Aux armées, dans les circonscriptions territoriales en état de guerre et dans les places de guerre assiégées ou investies, l'accusé peut être traduit directement, et sans instruction préalable, devant le conseil de guerre.

La procédure est réglée comme il suit, à partir de l'ordre de mise en jugement, qu'il y ait eu ou non instruction préalable :

1° La citation est faite à l'accusé vingt-quatre heures au moins avant la réunion du conseil ; elle contient notification de l'ordre de convocation ; elle indique, conformément à l'article 109, le crime ou le délit pour lequel il est mis en jugement, le texte de la loi applicable et les noms dès témoins que le commissaire rapporteur se propose de faire entendre.

Le commissaire rapporteur désigne un défenseur d'office avant la citation. L'accusé peut en présenter un de son choix jusqu'à l'ouverture des débats ; la citation doit notifier à l'accusé le nom du défenseur désigné et l'avertir qu'il peut en choisir un autre ;

2° Le défenseur peut prendre connaissance de l'affaire et de tous les documents et renseignements recueillis ; à partir du moment où la citation a été donnée, il peut communiquer avec l'accusé ;

3° Le conseil de guerre se réunit au jour indiqué et procède au jugement de l'accusé dans les formes prescrites par les articles 113 et suivants du présent Code. L'accusé a le droit, sans formalités ni citations préalables, de faire entendre à sa décharge tout témoin présent à l'audience et qu'il aura désigné au commissaire du gouvernement rapporteur avant l'ouverture des débats ;

4° Les questions indiquées à l'article 132 sont résolues, et la peine est prononcée, à la majorité de cinq voix contre deux ou trois voix contre deux, selon que le conseil de guerre est composé de sept juges ou seulement de cinq ;

Le condamné pourra se pourvoir en revision dans le délai et suivant les formes prévus aux articles 143, 159 et suivants du présent Code, à moins que le droit de former ce recours n'ait été suspendu par application de l'article 71 (1).

Art. 157. Le général en chef a, dans l'étendue de son commandement, toutes les attributions dévolues au Ministre de la guerre dans les circonscriptions territoriales, par les articles 99, 106, 108 et 150 du présent Code, sauf les cas prévus par les articles 209 et 210.

Les mêmes pouvoirs sont accordés au gouverneur et au commandant supérieur dans les places de guerre assiégées ou investies.

Art. 158. Les conseils de guerre aux armées, dans les circonscriptions territoriales en état de guerre, dans les communes et les départements en état de siège et les places de guerre assiégées ou investies statuent, séance tenante, sur tous les crimes et délits commis à l'audience, alors même que le coupable ne serait pas leur justiciable.

_____

(1) Texte donné par la loi du 18 mai 1875.

TITRE II.

PROCÉDURE DEVANT LES CONSEILS DE REVISION (1).

Art. 159. Après la déclaration du recours, le commissaire du gouvernement près le conseil de guerre adresse sans retard au commissaire du gouvernement près le conseil de revision une expédition du jugement et de l'acte de recours. Il y joint les pièces de la procédure et la requête de l'accusé, si elle a été déposée.

Art. 160. Le commissaire du gouvernement près le conseil de revision envoie sur-le-champ les pièces de la procédure au greffe du conseil, où elles restent déposées pendant vingt-quatre heures.

Le défenseur de l'accusé peut en prendre communication sans déplacement et produire avant le jugement les requêtes, mémoires et pièces qu'il juge utiles.

Le greffier tient un registre sur lequel il mentionne à leur date les productions faites par le commissaire du gouvernement et par le condamné.

Art. 161. A l'expiration du délai de vingt-quatre heures, les pièces de l'affaire sont renvoyées par le président à l'un de ses juges, pour en faire le rapport.

Art. 162. Le conseil de revision prononce dans les trois jours, à dater du dépôt des pièces.

Art. 163. Dans le cas d'une des incapacités prévues par l'article 31 du présent Code, l'exception doit être proposée avant l'ouverture des débats, et elle est jugée par le conseil de revision, dont la décision est sans recours.

Art. 164. Le rapporteur expose les moyens de recours ; il présente ses observations, sans toutefois faire connaître son opinion. Après le rapport, le défenseur du condamné est entendu ; il ne peut plaider sur le fond de l'affaire.

Le commissaire du gouvernement discute les moyens présentés dans la requête ou à l'audience, ainsi que ceux qu'il croit devoir proposer d'office, et il donne ses conclusions, sur lesquelles le défenseur est admis à présenter ses observations.

Art. 165. Les juges se retirent dans la chambre du conseil ; si les localités ne le permettent pas, ils font retirer l'auditoire ; ils délibèrent hors de la présence du commissaire du gouvernement et du greffier.

Ils statuent, sans désemparer et à la majorité des voix, sur chacun des moyens proposés.

Le président recueille les voix, en commençant par le grade inférieur. Toutefois, le rapporteur opine toujours le premier.

_____

(1) Voir à la page 9 l'extrait de la loi de finances du 17 avril 1906.

Le jugement est motivé. En cas d'annulation, le texte de la loi violée ou faussement appliquée est transcrit dans le jugement.

Le jugement est prononcé, par le président, en audience publique.

La minute est signée par le président et par le greffier.

Art. 166. Si le recours est rejeté, le commissaire du gouvernement transmet le jugement du conseil de revision et les pièces au commissaire du gouvernement près le conseil de guerre qui a rendu le jugement, et il en donne avis au général commandant la circonscription.

Art. 167. Si le conseil de revision annule le jugement pour incompétence, il prononce le renvoi devant la juridiction compétente, et s'il l'annule pour tout autre motif, il renvoie l'affaire devant le conseil de guerre de la circonscription qui n'en a pas connu, ou, à défaut d'un second conseil de guerre dans la circonscription, devant celui d'une des circonscriptions voisines.

Art. 168. Le commissaire du gouvernement près le conseil de revision envoie au commissaire du gouvernement près le conseil de guerre dont le jugement est annulé une expédition du jugement d'annulation.

Ce jugement est, à la diligence du commissaire du gouvernement, transcrit sur les registres du conseil de guerre. Il en est fait mention en marge du jugement annulé.

Art. 169. Le commissaire du gouvernement près le conseil de revision transmet sans délai les pièces du procès, avec une expédition du jugement d'annulation, au commissaire du gouvernement près le conseil de guerre devant lequel l'affaire est renvoyée.

Si le jugement a été annulé pour cause d'incompétence de la juridiction militaire, les pièces sont transmises au procureur de la République près le tribunal du lieu où siège le conseil de revision. Il est procédé, pour le surplus, comme à l'article 98 du présent Code.

Art. 170. Si l'annulation a été prononcée pour inobservation des formes, la procédure est recommencée, à partir du premier acte nul. Il est procédé à de nouveaux débats.

Néanmoins, si l'annulation n'est prononcée que pour fausse application de la peine aux faits dont l'accusé a été déclaré coupable, la déclaration de la culpabilité est maintenue, et l'affaire n'est renvoyée devant le nouveau conseil de guerre que pour l'application de la peine.

Art. 171. Si le deuxième jugement est annulé, l'affaire doit être renvoyée devant un conseil de guerre qui n'en ait point connu.

Art. 172. Les dispositions des articles 110, 113, 114 et 115 du présent Code, relatifs aux conseils de guerre, sont applicables aux conseils de revision.

Dans les cas prévus par l'article 116, il est procédé comme au dernier paragraphe de cet article.

Dans tous les cas, les décisions sont prises à la majorité indiquée par l'article 165.

TITRE III.

PROCÉDURE DEVANT LES PRÉVOTÉS.

Art. 173. Les prévotés sont saisies par le renvoi que leur fait l'autorité militaire ou par la plainte de la partie lésée.

Dans le cas de flagrant délit, ou même en cas d'urgence, elles peuvent procéder d'office.

Art. 174. Les prévenus sont amenés devant la prévôté, qui juge publiquement.

La partie plaignante expose sa demande.

Les témoins prêtent serment.

Les prévenus présentent leur défense.

Le jugement est motivé; il est signé par le prévôt et par le greffier; il est exécutoire sur minute.

TITRE IV.

DE LA CONTUMACE ET DES JUGEMENTS PAR DÉFAUT.

Art. 175. Lorsqu'après l'ordre de mise en jugement, l'accusé d'un fait qualifié crime n'a pu être saisi, ou lorsqu'après avoir été saisi il s'est évadé, le président du conseil de guerre rend une ordonnance indiquant le crime pour lequel l'accusé est poursuivi et portant qu'il sera tenu de se présenter dans un délai de dix jours.

Cette ordonnance est mise à l'ordre du jour.

Art. 176. Après l'expiration du délai de dix jours, à partir de la mise à l'ordre du jour de l'ordonnance du président, il est procédé, sur l'ordre du général commandant la circonscription, au jugement par contumace.

Nul défenseur ne peut se présenter pour l'accusé contumax.

Les rapports et procès-verbaux, la déposition des témoins et les autres pièces de l'instruction sont lus en entier à l'audience.

Le jugement est rendu dans la forme ordinaire, mis à l'ordre du jour et affiché à la porte du lieu où siège le conseil de guerre et à la mairie du domicile du condamné.

Le greffier et le maire dressent procès-verbal, chacun en ce qui le concerne.

Ces formalités tiennent lieu de l'exécution du jugement par effigie.

Art. 177. Le recours en revision contre les jugements par contumace n'est ouvert qu'au commissaire du gouvernement.

Art. 178. Les articles 471, 474, 475, 476, 477 et 478 du Code d'instruction criminelle sont applicables aux jugements par contumace rendus par les conseils de guerre.

Art. 179. Lorsqu'il s'agit d'un fait qualifié délit par la loi, si l'accusé n'est pas présent, il est jugé par défaut.

Le jugement, rendu dans la forme ordinaire, est mis à l'ordre du jour de la place, affiché à la porte du lieu où siège le conseil de guerre, et signifié à l'accusé ou à son domicile.

Dans les cinq jours, à partir de la signification, outre un jour par cinq myriamètres, l'accusé peut former opposition.

Ce délai expiré sans qu'il ait été formé d'opposition, le jugement est réputé contradictoire.

TITRE V.

DISPOSITIONS GÉNÉRALES.

180. La reconnaissance de l'identité d'un individu condamné par un conseil de guerre, évadé et repris, est faite par le conseil de guerre de la circonscription où se trouve le corps dont fait partie le condamné.

Si le condamné n'appartient à aucun corps, la reconnaissance est faite par le conseil de guerre qui a prononcé la condamnation, et, si le conseil a cessé ses fonctions, par le conseil de guerre de la circonscription sur le territoire de laquelle le condamné a été repris.

Le conseil statue sur la reconnaissance en audience publique, en présence de l'individu repris, après avoir entendu les témoins appelés tant par le commissaire du gouvernement que par l'individu repris; le tout à peine de nullité.

Le commissaire du gouvernement et l'individu repris ont la faculté de se pourvoir en revision contre le jugement qui statue sur la reconnaissance de l'identité.

Les dispositions des paragraphes 1 et 2 ci-dessus sont applicables au jugement des condamnés par contumace qui se représentent ou qui sont arrêtés.

Art. 181. Lorsqu'après l'annulation d'un jugement, un second jugement rendu contre le même accusé est annulé pour les mêmes motifs que le premier, l'affaire est renvoyée devant un conseil de guerre d'une des circonscriptions voisines. Le conseil doit se conformer à la décision du conseil de revision sur le point de droit.

Toutefois, s'il s'agit de l'application de la peine, il doit adopter l'interprétation la plus favorable à l'accusé.

Le troisième jugement ne peut plus être attaqué par les mêmes moyens, si ce n'est par la voie de cassation dans l'intérêt de la loi, aux termes des articles 441 et 442 du Code d'instruction criminelle.

Art. 182. Lorsque les conseils de guerre ou de revision aux armées, dans les circonscriptions territoriales en état de guerre, dans les communes et les départements en état de siège et les places de guerre assiégées ou investies, cessent leurs fonctions, les affaires dont l'information est commencée sont portées devant les conseils de guerre des circonscriptions territoriales désignées par le Ministre de la guerre.

Art. 183. Toutes assignations, citations et notifications aux témoins, inculpés ou accusés, sont faites sans frais par la gendarmerie ou par tous autres agents de la force publique.

Art. 184. Les dispositions du chapitre V du titre VII du livre II du Code d'instruction criminelle, relatives à la prescription, sont applicables à l'action publique résultant d'un crime ou délit de la compétence des juridictions militaires, ainsi qu'aux peines résultant des jugements rendus par ces tribunaux.

Toutefois, la prescription contre l'action publique résultant de l'insoumission ou de la désertion ne commence à courir que du jour où l'insoumis ou le déserteur a atteint l'âge de quarante-sept ans.

A quelque époque que l'insoumis ou le déserteur soit arrêté, il est mis à la disposition du Ministre de la guerre, pour compléter, s'il y a lieu, le temps de service qu'il doit encore à l'État.

LIVRE IV.
DES CRIMES, DES DÉLITS ET DES PEINES.

TITRE I.
DES PEINES ET DE LEURS EFFETS.

Art. 185. Les peines qui peuvent être appliquées par les tribunaux militaires en matière de crime sont :

La mort,
Les travaux forcés à perpétuité,
La déportation,
Les travaux forcés à temps,
La détention,
La réclusion,
Le bannissement,
La dégradation militaire.

Art. 186. Les peines en matière de délit sont :

La destitution,

Les travaux publics,

L'emprisonnement,

L'amende.

Art. 187. Tout individu condamné à la peine de mort par un conseil de guerre est fusillé.

Art. 188. Lorsque la condamnation à la peine de mort est prononcée contre un militaire en vertu des lois pénales ordinaires, elle entraîne de plein droit la dégradation militaire.

Art. 189. Les peines des travaux forcés, de la déportation, de la détention, de la réclusion et du bannissement sont appliquées conformément aux dispositions du Code pénal ordinaire.

Elles ont les effets déterminés par ce Code et emportent, en outre, la dégradation militaire.

Art. 190. Tout militaire qui doit subir la dégradation militaire, soit comme peine principale, soit comme accessoire d'une peine autre que la mort, est conduit devant la troupe sous les armes. Après la lecture du jugement. le commandant prononce ces mots à haute voix : « N*** N*** (*nom et prénoms du condamné*), vous êtes indigne de porter les armes ; au nom du peuple français, nous vous dégradons. »

Aussitôt après, tous les insignes militaires et les décorations dont le condamné est revêtu sont enlevés ; et s'il est officier, son épée est brisée et jetée à terre devant lui.

La dégradation militaire entraîne :

1° La privation du grade et du droit d'en porter les insignes et l'uniforme ;

2° L'incapacité absolue de servir dans l'armée à quelque titre que ce soit, et les autres incapacités prononcées par les articles 28 et 34 du Code pénal ordinaire ;

3° La privation du droit de porter aucune décoration et la déchéance de tout droit à pension et à récompense pour les services antérieurs.

Art. 191. La dégradation militaire, prononcée comme peine principale, est toujours accompagnée d'un emprisonnement dont la durée, fixée par le jugement, n'excède pas cinq années.

Art. 192. La destitution entraîne la privation du grade ou du rang, et du droit d'en porter les insignes distinctifs et l'uniforme.

L'officier destitué ne peut obtenir ni pension ni récompense à raison de ses services antérieurs.

Art. 193. Le condamné à la peine des travaux publics est conduit à la parade revêtu de l'habillement déterminé par les règlements.

Il y entend devant les troupes la lecture de son jugement.

Il est employé aux travaux d'utilité publique. Il ne peut, en aucun cas, être placé dans les mêmes ateliers que les condamnés aux travaux forcés.

La durée de la peine est de deux ans au moins et de dix au plus.

Art. 194. La durée de l'emprisonnement est de six jours au moins et de cinq ans au plus.

Art. 195. Lorsque les lois pénales prononcent la peine de l'amende, les tribunaux militaires peuvent remplacer cette peine par un emprisonnement de six jours à six mois.

Art. 196. Dans les cas prévus par les articles 76, 77, 78 et 79 du présent Code, le tribunal compétent applique aux militaires et aux individus assimilés aux militaires les peines prononcées par les lois militaires; aux individus appartenant à l'armée de mer, les peines prononcées par les lois maritimes, et à tous autres individus les peines prononcées par les lois ordinaires, à moins qu'il n'en soit autrement ordonné par une disposition expresse de la loi.

Les peines prononcées contre les militaires sont exécutées conformément aux dispositions du présent Code et à la diligence de l'autorité militaire.

Art. 197. Dans les mêmes cas, si les individus non militaires et non assimilés aux militaires sont déclarés coupables d'un crime ou d'un délit non prévu par les lois pénales ordinaires, ils sont condamnés aux peines portées par le présent Code contre ce crime ou ce délit.

Toutefois, les peines militaires sont remplacées à leur égard ainsi qu'il suit :

1° La dégradation militaire prononcée comme peine principale, par la dégradation civique ;

2° La destitution et les travaux publics, par un emprisonnement d'un an à cinq ans.

Art. 198. Lorsque des individus non militaires ou non assimilés aux militaires sont traduits devant un conseil de guerre, ce conseil peut leur faire application de l'article 463 du Code pénal ordinaire (1).

Art. 199. Les dispositions des articles 66, 67 et 69 du Code pénal ordinaire, concernant les individus âgés de moins de seize ans, sont observées par les tribunaux militaires.

S'il est décidé que l'accusé a agi avec discernement, les peines de la dégradation militaire, de la destitution et des travaux pu-

_____

(1) Voir, page 198 du présent ouvrage, la loi du 19 juillet 1901 rendant applicable l'article 463 du Code pénal, relatif aux circonstances atténuantes, à tous les crimes et délits réprimés par les Codes de justice militaire de l'armée de terre et de l'armée de mer.

blics sont remplacées par un emprisonnement d'un an à cinq ans dans une maison de correction.

Art. 200 (1). Les peines prononcées par les tribunaux militaires commencent à courir, savoir :

Celles des travaux forcés, de la déportation, de la détention, de la réclusion et du bannissement, à partir du jour de la dégradation militaire ;

Celles des travaux publics, à partir du jour de la lecture du jugement devant les troupes ;

Celle de l'emprisonnement, à partir du jour où le condamné est détenu en vertu de la condamnation, devenue irrévocable, qui prononce la peine ;

Celles de la dégradation militaire et de la destitution, prononcées comme peines principales, à partir du jour où la condamnation est devenue irrévocable. Quand les peines de la dégradation ou de la destitution sont encourues accessoirement à une autre peine, elles commencent à courir le même jour que la peine principale.

Quand il y a eu détention préventive suivie d'une condamnation aux travaux forcés, à la déportation, à la détention, à la réclusion, au bannissement, aux travaux publics ou à l'emprisonnement, cette détention préventive est intégralement déduite de la durée de la peine qu'a prononcée le jugement, à moins que les juges n'aient ordonné, par disposition spéciale et motivée, que cette imputation n'ait point lieu ou qu'elle n'ait lieu que pour partie. En ce qui concerne la détention préventive comprise entre la date du jugement et le moment où la condamnation commence à courir, elle est toujours imputée dans les deux cas suivants :

1° Si le condamné n'a pas exercé de recours contre le jugement ;

2° Si, ayant exercé un recours, sa peine est réduite.

Est réputé en état de détention préventive tout individu privé de sa liberté sous inculpation d'un crime ou d'un délit.

Art. 201. Toute condamnation prononcée contre un officier, par quelque tribunal que ce soit, pour l'un des délits prévus par les articles 401, 402, 403, 405, 406, 407 et 408 du Code pénal ordinaire, entraîne la perte du grade (2).

Art. 202. Les articles 2, 3, 59, 60, 61, 62, 63, 64 et 65 du Code pénal ordinaire, relatifs à la tentative de crime ou de délit, à la complicité et aux cas d'excuses, sont applicables devant les tri-

(1) Modifié par la loi du 2 avril 1901. (Voir, pages 197, 269 et 270 du présent ouvrage, les circulaires des 22 mai 1901, 18 juillet et 5 août 1904, relatives à l'application de cette loi.)

(2) Pour les hommes de la réserve et de l'armée territoriale, voir le tableau D, qui fait suite à l'extrait de la loi sur le recrutement, page 117.

bunaux militaires, sauf les dérogations prévues par le présent Code.

Art. 203. Les fonctionnaires, agents, employés militaires et autres assimilés aux militaires sont, pour l'application des peines, considérés comme officiers, sous-officiers ou soldats, suivant le grade auquel leur rang correspond.

TITRE II.

DES CRIMES, DES DÉLITS ET DE LEUR PUNITION.

CHAPITRE Ier.

TRAHISON, ESPIONNAGE ET EMBAUCHAGE.

Art. 204. Est puni de mort, avec dégradation militaire, tout militaire français ou au service de la France, qui porte les armes contre la France.

Est puni de mort tout prisonnier de guerre qui, ayant faussé sa parole, est repris les armes à la main.

Art. 205. Est puni de mort, avec dégradation militaire, tout militaire :

1° Qui livre à l'ennemi, ou dans l'intérêt de l'ennemi soit la troupe qu'il commande, soit la place qui lui est confiée, soit les approvisionnements de l'armée, soit les plans des places de guerre ou des arsenaux maritimes, des ports ou rades, soit le mot d'ordre ou le secret d'une opération, d'une expédition ou d'une négociation ;

2° Qui entretient des intelligences avec l'ennemi dans le but de favoriser ses entreprises ;

3° Qui participe à des complots dans le but de forcer le commandant d'une place assiégée à se rendre ou à capituler ;

4° Qui provoque à la fuite ou empêche le ralliement en présence de l'ennemi.

Art. 206. Est considéré comme espion et puni de mort, avec dégradation militaire :

1° Tout militaire qui s'introduit dans une place de guerre, dans un poste ou établissement militaire, dans les travaux, camps, bivouacs ou cantonnements d'une armée, pour s'y procurer des documents ou renseignements dans l'intérêt de l'ennemi ;

2° Tout militaire qui procure à l'ennemi des documents ou renseignements susceptibles de nuire aux opérations de l'armée ou de compromettre la sûreté des places, postes ou autres établissements militaires ;

3° Tout militaire qui, sciemment, recèle ou fait recéler les espions ou les ennemis envoyés à la découverte.

Art. 207. Est puni de mort tout ennemi qui s'introduit déguisé dans un des lieux désignés dans l'article précédent.

Art. 208. Est considéré comme embaucheur et puni de mort tout individu convaincu d'avoir provoqué des militaires à passer à l'ennemi ou aux rebelles armés, de leur en avoir sciemment facilité les moyens, ou d'avoir fait des enrôlements pour une puissance en guerre avec la France.

Si le coupable est militaire, il est en outre puni de la dégradation militaire.

CHAPITRE II.

CRIMES OU DÉLITS CONTRE LE DEVOIR MILITAIRE.

Art. 209. Est puni de mort, avec dégradation militaire, tout gouverneur ou commandant qui, mis en jugement par *avis d'un conseil d'enquête*, est reconnu coupable d'avoir capitulé avec l'ennemi et rendu la place qui lui était confiée, sans avoir épuisé tous les moyens de défense dont il disposait, et sans avoir fait tout ce que prescrivaient le devoir et l'honneur.

Art. 210. Tout général, tout commandant d'une troupe armée qui capitule en rase campagne est puni :

1° De la peine de mort, avec dégradation militaire, si la capitulation a eu pour résultat de faire poser les armes à sa troupe, ou si, avant de traiter verbalement ou par écrit, il n'a pas fait tout ce que lui prescrivaient le devoir et l'honneur ;

2° De la destitution dans tous les autres cas.

Art. 211. Tout militaire qui, étant en faction ou en vedette, abandonne son poste sans avoir rempli sa consigne, est puni :

1° De la peine de mort, s'il était en présence de l'ennemi ou de rebelles armés ;

2° De deux ans à cinq ans de travaux publics si, hors le cas prévu par le paragraphe précédent, il était sur un territoire en état de guerre ou en état de siège ;

3° D'un emprisonnement de deux mois à un an dans tous les autres cas.

Art. 212. Tout militaire qui, étant en faction ou en vedette, est trouvé endormi, est puni :

1° De deux ans à cinq ans de travaux publics, s'il était en présence de l'ennemi ou de rebelles armés ;

2° De six mois à un an d'emprisonnement, si, hors le cas prévu par le paragraphe précédent, il était sur un territoire en état de guerre ou en état de siège ;

3° De deux à six mois d'emprisonnement dans tous les autres cas.

Art. 213. Tout militaire qui abandonne son poste est puni :

1° De la peine de mort, si l'abandon a eu lieu en présence de l'ennemi ou de rebelles armés ;

2⁾ De deux ans à cinq ans d'emprisonnement si, hors le cas prévu par le paragraphe précédent, l'abandon a eu lieu sur un territoire en état de guerre ou en état de siège;

3° De deux mois à six mois d'emprisonnement dans tous les autres cas.

Si le coupable est chef de poste, le maximum de la peine lui est toujours infligé.

Art. 214. En temps de guerre, aux armées, ainsi que dans les communes et les départements en état de siège et les places de guerre assiégées ou investies, tout militaire qui ne se rend pas à son poste en cas d'alerte, ou lorsque la générale est battue, est puni de six mois à deux ans d'emprisonnement; s'il est officier, la peine est celle de la destitution.

Art. 215. Tout militaire qui, hors le cas d'excuse légitime, ne se rend pas au conseil de guerre où il est appelé à siéger, est puni d'un emprisonnement de deux mois à six mois.

En cas de refus, si le coupable est officier, il peut être puni de la destitution.

Art. 216. Les dispositions des articles 237, 238, 239, 240, 241, 242, 243, 247 et 248 du Code pénal ordinaire sont applicables aux militaires qui laissent évader des prisonniers de guerre ou d'autres individus arrêtés, détenus ou confiés à leur garde, ou qui favorisent ou procurent l'évasion de ces individus ou les recèlent ou les font recéler.

CHAPITRE III.

RÉVOLTE, INSUBORDINATION ET RÉBELLION.

Art. 217. Sont considérés comme en état de révolte et punis de mort:

1° Les militaires sous les armes qui, réunis au nombre de quatre au moins et agissant de concert, refusent à la première sommation d'obéir aux ordres de leurs chefs;

2° Les militaires qui, au nombre de quatre au moins, prennent les armes sans autorisation et agissent contre les ordres de leurs chefs;

3° Les militaires qui, réunis au nombre de huit au moins, se livrent à des violences en faisant usage de leurs armes, et refusent, à la voix de leurs supérieurs, de se disperser ou de rentrer dans l'ordre.

Néanmoins, dans tous les cas prévus par le présent article, la peine de mort n'est infligée qu'aux instigateurs ou chefs de la révolte, et au militaire le plus élevé en grade. Les autres coupables sont punis de cinq ans à dix ans de travaux publics, ou, s'ils sont officiers, de la destitution, avec emprisonnement de deux à cinq ans.

Dans le cas prévu par le n° 3 du présent article, si les coupables se livrent à des violences sans faire usage de leurs armes, ils sont punis de cinq ans à dix ans de travaux publics, ou, s'ils sont officiers, de la destitution, avec emprisonnement de deux à cinq ans.

Art. 218. Est puni de mort avec dégradation militaire tout militaire qui refuse d'obéir, lorsqu'il est commandé pour marcher contre l'ennemi, ou pour tout autre service ordonné par son chef en présence de l'ennemi ou de rebelles armés.

Si, hors le cas prévu par le paragraphe précédent, la désobéissance a eu lieu sur un territoire en état de guerre ou de siège, la peine est de cinq ans à dix ans de travaux publics, ou, si le coupable est officier, de la destitution, avec emprisonnement de deux à cinq ans.

Dans tous les autres cas, la peine est celle de l'emprisonnement d'un an à deux ans, ou, si le coupable est officier, celle de la destitution.

Art. 219. Tout militaire qui viole ou force une consigne est puni :

1° De la peine de la détention, si la consigne a été violée ou forcée en présence de l'ennemi ou de rebelles armés;

2° De deux ans à dix ans de travaux publics, ou, si le coupable est officier, de la destitution, avec emprisonnement de un an à cinq ans, quand, hors le cas prévu par le paragraphe précédent, le fait a eu lieu sur un territoire en état de guerre ou de siège;

3° D'un emprisonnement de deux mois à trois ans dans tous les autres cas.

Art. 220. Est puni de mort tout militaire coupable de violence à main armée envers une sentinelle ou vedette.

Si les violences n'ont pas eu lieu à main armée et ont été commises par un militaire assisté d'une ou plusieurs personnes, la peine est de cinq à dix ans de travaux publics. Si, parmi les coupables, il se trouve un officier, il est puni de la destitution, avec emprisonnement de deux ans à cinq ans.

La peine est réduite à un emprisonnement d'un an à cinq ans, si les violences ont été commises par un militaire seul et sans armes.

Est puni de six jours à un an d'emprisonnement tout militaire qui insulte une sentinelle par paroles, gestes ou menaces.

Art. 221. Est punie de mort, avec dégradation militaire, toute voie de fait commise avec préméditation ou guet-apens par un militaire envers son supérieur.

Art. 222. Est punie de mort toute voie de fait commise sous les armes par un militaire envers son supérieur.

Art. 223. Les voies de fait exercées, pendant le service ou à l'occasion du service, par un militaire envers son supérieur, sont punies de mort.

Si les voies de fait n'ont pas eu lieu pendant le service ou à l'occasion du service le coupable est puni de la destitution, avec emprisonnement de deux ans à cinq ans s'il est officier, et de cinq ans à dix ans de travaux publics, s'il est sous-officier, caporal, brigadier ou soldat.

Art. 224. Tout militaire qui, pendant le service ou à l'occasion du service, outrage son supérieur par paroles, gestes ou menaces, est puni de la destitution avec emprisonnement d'un an à cinq ans si ce militaire est officier, et de cinq ans à dix ans de travaux publics s'il est sous-officier, caporal, brigadier ou soldat.

Si les outrages n'ont pas eu lieu pendant le service ou à l'occasion du service, la peine est de un an à cinq ans d'emprisonnement.

Art. 225. Tout militaire coupable de rébellion envers la force armée et les agents de l'autorité est puni de deux mois à six mois d'emprisonnement, et de six mois à deux ans de la même peine si la rébellion a eu lieu avec armes.

Si la rébellion a été commise par plus de deux militaires, sans armes, les coupables sont punis de deux ans à cinq ans d'emprisonnement, et de la réclusion si la rébellion a eu lieu avec armes.

Toute rébellion commise par des militaires armés au nombre de huit au moins est punie conformément aux paragraphes 3 et 5 de l'article 217 du présent Code.

Le maximum de la peine est toujours infligé aux instigateurs ou chefs de rébellion et au militaire le plus élevé en grade.

CHAPITRE IV.

ABUS D'AUTORITÉ.

Art. 226. Est puni de mort tout chef militaire qui, sans provocation, ordre ou autorisation, dirige ou fait diriger une attaque à main armée contre des troupes ou des sujets quelconques d'une puissance alliée ou neutre.

Est puni de la destitution tout chef militaire qui, sans provocation, ordre ou autorisation, commet un acte d'hostilité quelconque sur un territoire allié ou neutre.

Art. 227. Est puni de mort tout chef militaire qui prolonge les hostilités après avoir reçu l'avis officiel de la paix, d'une trêve ou d'un armistice.

Art. 228. Est puni de mort tout militaire qui prend un commandement sans ordre ou motif légitime, ou qui le retient contre l'ordre de ses chefs.

Art. 229. Est puni d'un emprisonnement de deux mois à cinq ans tout militaire qui frappe son inférieur hors les cas de la légitime défense de soi-même ou d'autrui, ou du ralliement des fuyards, ou de la nécessité d'arrêter le pillage ou la dévastation.

CHAPITRE V.

INSOUMISSION ET DÉSERTION.

SECTION PREMIÈRE.

INSOUMISSION.

Art. 230. Sont considérés comme insoumis et punis d'un emprisonnement d'un mois à un an les engagés volontaires et les hommes appelés par la loi qui, n'ayant pas déjà servi, ne sont pas rendus à leur destination, hors le cas de force majeure, dans le mois qui suit le jour fixé par leur ordre de route.

Sont également considérés comme insoumis et punis de la même peine les hommes de la disponibilité et de la réserve de l'armée active, de l'armée territoriale et de la réserve de cette armée à quelque catégorie qu'ils appartiennent, qui, ayant déjà servi, et étant appelés à l'activité par ordre individuel, ne sont pas rendus à leur destination, hors le cas de force majeure, dans les quinze jours qui suivent celui fixé par leur ordre de route.

Les délais ci-dessus déterminés sont portés : 1° à deux mois pour les hommes demeurant en Algérie et en Europe; 2° à six mois pour ceux demeurant dans tout autre pays.

En temps de guerre ou en cas de mobilisation par voie d'affiches et de publications sur la voie publique les délais ci-dessus sont réduits à deux jours pour les hommes dont il est parlé aux 1er et 2° paragraphes du présent article, et diminués de moitié pour ceux que le 3e paragraphe concerne.

En temps de guerre, la peine est de deux ans à cinq ans d'emprisonnement, sans préjudice des dispositions spéciales édictées par l'article 61 de la loi du 27 juillet 1872 (1).

Conformément au dernier paragraphe de l'article 68 de cette même loi (2), les peines prononcées par le présent article pourront être modifiées par l'application de l'article 463 du Code pénal (3).

---

(1) Remplacé par l'article 83 de la loi du 21 mars 1905.
(2) Aujourd'hui, article 88 de la loi du 21 mars 1905.
(3) Texte donné par la loi du 18 mai 1875.

SECTION II.

DÉSERTION A L'INTÉRIEUR.

Art. 231. Est considéré comme déserteur à l'intérieur :

1° Six jours après celui de l'absence constatée, tout sous-officier, caporal, brigadier ou soldat qui s'absente de son corps ou détachement sans autorisation : néanmoins, si le soldat n'a pas trois mois de service, il ne peut être considéré comme déserteur qu'après un mois d'absence.

2° Tout sous-officier, caporal, brigadier ou soldat voyageant isolément d'un corps à un autre ou dont le congé ou la permission est expiré, et qui, dans les quinze jours qui suivent celui qui a été fixé pour son retour ou son arrivée au corps, ne s'y est pas présenté (1).

Art. 232. Tout sous-officier, caporal, brigadier ou soldat coupable de désertion à l'intérieur en temps de paix est puni de deux ans à cinq ans d'emprisonnement, et deux ans à cinq ans de travaux publics si la désertion a eu lieu en temps de guerre ou d'un territoire en état de guerre ou de siège.

La peine ne peut être moindre de trois ans d'emprisonnement ou de travaux publics, suivant les cas, dans les circonstances suivántes :

1° Si le coupable a emporté une de ses armes, un objet d'équipement ou d'habillement, ou s'il a emmené son cheval;

2° S'il a déserté étant de service, sauf les cas prévus par les articles 211 et 213 du présent Code;

3° S'il a déserté antérieurement.

Art. 233. Est puni de six mois à un an d'emprisonnement tout officier *absent de son corps ou de son poste* sans autorisation depuis plus de six jours, ou qui ne s'y présente pas quinze jours après l'expiration de son congé ou de sa permission, sans préjudice de l'application, s'il y a lieu, des dispositions de l'article 1er de la loi du 19 mai 1834, sur l'état des officiers.

Tout officier qui abandonne son corps ou son poste sur un territoire en état de guerre ou de siège est déclaré déserteur après les délais déterminés par le paragraphe précédent, et puni de la destitution avec emprisonnement de deux ans à cinq ans.

Art. 234. En temps de guerre, tous les délais fixés par les articles 231 et 233 précédents sont réduits des deux tiers (1).

---

(1) Texte donné par la loi du 18 mai 1875.

SECTION III.

DÉSERTION A L'ÉTRANGER.

Art. 235. Est déclaré déserteur à l'étranger, en temps de paix, trois jours et, en temps de guerre, un jour après celui de l'absence constatée, tout militaire qui franchit sans autorisation les limites du territoire français, ou qui, hors de France, abandonne le corps auquel il appartient (1).

Art. 236. Tout sous-officier, caporal, brigadier ou soldat, coupable de désertion à l'étranger, est puni de deux ans à cinq ans de travaux publics, si la désertion a eu lieu en temps de paix.

Il est puni de cinq ans à dix ans de la même peine, si la désertion a eu lieu en temps de guerre, ou d'un territoire en état de guerre ou de siège.

La peine ne peut être moindre de trois ans de travaux publics dans le cas prévu par le paragraphe 1er, et de sept ans dans le cas du paragraphe 2, dans les circonstances suivantes :

1° Si le coupable a emporté une de ses armes, un objet d'habillement ou d'équipement, ou s'il a emmené son cheval ,

2° S'il a déserté étant de service, sauf les cas prévus par les articles 211 et 213;

3° S'il a déserté antérieurement.

Art. 237. Tout officier coupable de désertion à l'étranger est puni de la destitution, avec emprisonnement d'un an à cinq ans, si la désertion a eu lieu en temps de paix, et de la détention si la désertion a eu lieu en temps de guerre ou d'un territoire en état de guerre ou de siège.

SECTION IV.

DÉSERTION A L'ENNEMI OU EN PRÉSENCE DE L'ENNEMI.

Art. 238. Est puni de mort, avec dégradation militaire, tout militaire coupable de désertion à l'ennemi.

Art. 239. Est puni de la détention tout déserteur en présence de l'ennemi.

SECTION V.

DISPOSITIONS COMMUNES AUX SECTIONS PRÉCÉDENTES.

Art. 240. Est réputée désertion avec complot toute désertion effectuée de concert par plus de deux militaires.

---

(1) Texte donné par la loi du 18 mai 1875.

Art. 241. Est puni de mort :

1° Le coupable de désertion avec complot en présence de l'en-nemi ;

2° Le chef du complot de désertion à l'étranger.

Le chef du complot de désertion à l'intérieur est puni de cinq ans à dix ans de travaux publics, s'il est sous-officier, caporal, brigadier ou soldat, et de la détention s'il est officier.

Dans tous les autres cas, le coupable de désertion avec complot est puni du maximum de la peine portée par les dispositions des sections précédentes, suivant la nature et les circonstances du crime ou du délit.

Art. 242. Tout militaire qui provoque ou favorise la désertion est puni de la peine encourue par le déserteur, selon les distinc-tions établies au présent chapitre.

Tout individu non militaire ou non assimilé aux militaires qui, sans être embaucheur pour l'ennemi ou pour les rebelles, provo-que ou favorise la désertion, est puni par le tribunal compétent d'un emprisonnement de deux mois à cinq ans.

Art. 243. Si un militaire reconnu coupable de désertion est condamné par le même jugement pour un fait entraînant une peine plus grave, cette peine ne peut être réduite par l'admission de circonstances atténuantes.

CHAPITRE VI.

VENTE, DÉTOURNEMENT, MISE EN GAGE ET RECEL DES EFFETS MILITAIRES.

Art. 244. Est puni d'un an à cinq ans d'emprisonnement tout militaire qui vend son cheval, ses effets d'armement, d'équipe-ment ou d'habillement, des munitions, ou tout autre objet à lui confié pour le service.

Est puni de la même peine tout militaire qui sciemment achète ou recèle lesdits effets.

La peine est de six mois à un an d'emprisonnement, s'il s'agit d'effets de petit équipement.

Art. 245. Est puni de six mois à deux ans d'emprisonnement tout militaire :

1° Qui dissipe ou détourne les armes, munitions, effets et autres objets à lui remis pour le service ;

2° Qui, acquitté du fait de désertion, ne représente pas le cheval qu'il aurait emmené, ou les armes ou effets qu'il aurait emportés.

Art 246. Est puni de six mois à un an d'emprisonnement tout militaire qui met en gage tout ou partie de ses effets d'armement,

de grand équipement, d'habillement ou tout autre objet à lui confié pour le service.

La peine est de deux mois à six mois d'emprisonnement s'il
s'agit d'effets de petit équipement.

Art. 247. *Tout individu* qui achète, recèle ou reçoit en gage des
armes, munitions, effets d'habillement, de grand ou petit équipement, ou tout autre objet militaire, dans des cas autres que ceux
où les règlements autorisent leur mise en vente, est puni par le
tribunal compétent de la même peine que l'auteur du délit.

CHAPITRE VII.

VOL.

Art. 248. Le vol des armes et des munitions appartenant à l'Etat,
celui de l'argent de l'ordinaire, de la solde, des deniers ou effets
quelconques appartenant à des militaires ou à l'Etat, commis par
des militaires qui en sont comptables, est puni des travaux forcés à
temps.

Si le coupable n'en est pas comptable, la peine est celle de la
réclusion.

S'il existe des circonstances atténuantes, la peine est celle de
la réclusion ou d'un emprisonnement de trois ans à cinq ans, dans
le cas du premier paragraphe, et celle d'un emprisonnement d'un
an à cinq ans, dans le cas du deuxième paragraphe.

En cas de condamnation à l'emprisonnement, l'officier coupable
est, en outre, puni de la destitution.

Est puni de la peine de la réclusion, et, en cas de circonstances
atténuantes, d'un emprisonnement d'un an à cinq ans, tout militaire qui commet un vol au préjudice de l habitant chez lequel il
est logé.

Les dispositions du Code pénal ordinaire sont applicables aux
vols prévus par les paragraphes précédents, toutes les fois qu'en
raison des circonstances, les peines qui y sont portées sont plus
fortes que les peines prescrites par le présent Code.

Art. 249. Est puni de la réclusion tout militaire qui dépouille un
blessé.

Le coupable est puni de mort si, pour dépouiller un blessé, il
lui fait de nouvelles blessures.

CHAPITRE VIII.

PILLAGE, DESTRUCTION, DÉVASTATION D'ÉDIFICES.

Art. 250. Est puni de mort, avec dégradation militaire, tout
pillage ou dégât de denrées, marchandises ou effets, commis par

des militaires en bandes, soit avec armes ou à force ouverte, soit avec bris de portes et clôtures extérieures, soit avec violences envers les personnes.

Le pillage en bande est puni de la réclusion dans tous les autres cas.

Néanmoins si, dans les cas prévus par le premier paragraphe, il existe parmi les coupables un ou plusieurs instigateurs, un ou plusieurs militaires pourvus de grades, la peine de mort n'est infligée qu'aux instigateurs et aux militaires les plus élevés en grade. Les autres coupables sont punis de la peine des travaux forcés à temps.

S'il existe des circonstances atténuantes, la peine de mort est réduite à celle des travaux forcés à temps, la peine des travaux forcés à temps à celle de la réclusion, et la peine de la réclusion à celle d'un emprisonnement d'un an à cinq ans.

En cas de condamnation à l'emprisonnement, l'officier coupable est, en outre, puni de la destitution.

Art. 251. Est puni de mort, avec dégradation militaire, tout militaire qui, volontairement, incendie, par un moyen quelconque, ou détruit par l'explosion d'une mine, des édifices, bâtiments, ouvrages militaires, magasins, chantiers, vaisseaux, navires ou bateaux à l'usage de l'armée.

S'il existe des circonstances atténuantes, la peine est celle des travaux forcés à temps.

Art. 252. Est puni des travaux forcés à temps tout militaire qui, volontairement, détruit ou dévaste, par d'autres moyens que l'incendie ou l'explosion d'une mine, des édifices, bâtiments, ouvrages militaires, magasins, chantiers, vaisseaux, navires ou bateaux à l'usage de l'armée.

S'il existe des circonstances atténuantes, la peine est celle de la réclusion, ou même de deux ans à cinq ans d'emprisonnement, et, en outre, de la destitution si le coupable est officier.

Art. 253. Est puni de mort, avec dégradation militaire, tout militaire qui, dans un but coupable, détruit ou fait détruire, en présence de l'ennemi, des moyens de défense, tout ou partie d'un matériel de guerre, des approvisionnements en armes, vivres, munitions, effets de campement, d'équipement ou d'habillement.

La peine est celle de la détention, si le crime n'a pas eu lieu en présence de l'ennemi.

Art. 254. Est puni de deux ans à cinq ans de travaux publics tout militaire qui, volontairement, détruit ou brise des armes, des effets de campement, de casernement, d'équipement ou d'habillement appartenant à l'Etat, soit que ces objets lui eussent été confiés pour le service, soit qu'ils fussent à l'usage d'autres militaires, ou qui estropie ou tue un cheval ou une bête de trait ou de somme employée au service de l'armée.

Si le coupable est officier, la peine est celle de la destitution ou d'un emprisonnement de deux ans à cinq ans.

S'il existe des circonstances atténuantes, la peine est réduite à un emprisonnement de deux mois à cinq ans.

Art. 255. Est puni de la réclusion tout militaire qui, volontairement, détruit, brûle ou lacère des registres, minutes ou actes originaux de l'autorité militaire.

S'il existe des circonstances atténuantes, la peine est celle d'un emprisonnement de deux ans à cinq ans, et, en outre, de la destitution, si le coupable est officier.

Art. 256. Tout militaire coupable de meurtre sur l'habitant chez lequel il reçoit le logement, sur sa femme ou sur ses enfants, est puni de mort.

CHAPITRE IX.

FAUX EN MATIÈRE D'ADMINISTRATION MILITAIRE.

Art. 257. Est puni des travaux forcés à temps tout militaire, tout administrateur ou comptable militaire qui porte sciemment sur les rôles, les états de situation ou de revue, un nombre d'hommes, de chevaux ou de journées de présence au delà de l'effectif réel, qui exagère le montant des consommations, ou commet tout autre faux dans ses comptes.

S'il existe des circonstances atténuantes, la peine est la réclusion ou un emprisonnement de deux ans à cinq ans.

En cas de condamnation, l'officier coupable est, en outre, puni de la destitution.

Art. 258. Est puni d'un an à cinq ans d'emprisonnement, tout militaire, tout administrateur ou comptable militaire qui fait sciemment usage, dans son service, de faux poids ou de fausses mesures.

Art. 259. Est puni de la réclusion tout militaire, tout administrateur ou comptable militaire qui contrefait ou tente de contrefaire les sceaux, timbres ou marques militaires destinés à être apposés, soit sur les actes ou pièces authentiques relatifs au service militaire, soit sur des effets ou objets quelconques appartenant à l'armée, où qui en fait sciemment usage.

Art. 260. Est puni de la dégradation militaire tout militaire, tout administrateur ou comptable militaire qui, s'étant procuré les vrais sceaux, timbres ou marques ayant l'une des destinations indiquées à l'article précédent, en fait ou tente d'en faire une application frauduleuse ou un usage préjudiciable aux droits et aux intérêts de l'Etat ou des militaires.

CHAPITRE X.

CORRUPTION, PRÉVARICATION ET INFIDÉLITÉ DANS LE SERVICE DE L'ADMINISTRATION MILITAIRE.

Art. 261. Est puni de la dégradation militaire tout militaire, tout administrateur ou comptable militaire coupable de l'un des crimes de corruption ou de contrainte prévus par les articles 177 et 179 du Code pénal ordinaire.

Dans le cas où la corruption ou la contrainte aurait pour objet un fait criminel emportant une peine plus forte que la dégradation militaire, cette peine plus forte est appliquée au coupable.

S'il existe des circonstances atténuantes, le coupable est puni de trois mois à deux ans d'emprisonnement.

Toutefois, si la tentative de contrainte ou de corruption n'a eu aucun effet, la peine est de trois mois à six mois d'emprisonnement.

Art. 262. Est puni d'un an à quatre ans d'emprisonnement tout médecin militaire qui, dans l'exercice de ses fonctions et pour favoriser quelqu'un, certifie faussement ou dissimule l'existence de maladies ou infirmités. Il peut, en outre, être puni de la destitution.

S'il a été mû par des dons ou promesses, il est puni de la dégradation militaire. Les corrupteurs sont, en ce cas, punis de la même peine.

Art. 263. Est puni des travaux forcés à temps tout militaire, tout administrateur ou comptable militaire qui s'est rendu coupable des crimes ou délits prévus par les articles 169, 170, 174 et 175 du Code pénal ordinaire, relatif à des soustractions commises par les dépositaires publics.

S'il existe des circonstances atténuantes, la peine est celle de la réclusion ou de deux ans à cinq ans d'emprisonnement, et, dans ce dernier cas, de la destitution, si le coupable est officier.

Art. 264. Tout militaire, tout administrateur ou comptable militaire qui, hors les cas prévus par l'article précédent, trafique, à son profit, des fonds ou des deniers appartenant à l'État ou à des militaires, est puni d'un emprisonnement de un an à cinq ans.

Art. 265. Est puni de la réclusion tout militaire, tout administrateur ou comptable militaire qui falsifie ou fait falsifier des substances, matières, denrées ou liquides confiés à sa garde ou placés sous sa surveillance, ou qui, sciemment, distribue ou fait distribuer lesdites substances, matières, denrées ou liquides falsifiés.

La peine de la réclusion est également prononcée contre tout militaire, tout administrateur ou comptable militaire qui, dans un but coupable, distribue ou fait distribuer des viandes provenant d'animaux atteints de maladies contagieuses, ou des matières, substances, denrées ou liquides corrompus ou gâtés.

S'il existe des circonstances atténuantes, la peine de la réclusion est réduite à celle de l'emprisonnement d'un an à cinq ans, avec destitution, si le coupable est officier.

CHAPITRE XI.

USURPATION D'UNIFORMES, COSTUMES, INSIGNES, DÉCORATIONS ET MÉDAILLES.

Art. 266. Est puni d'un emprisonnement de deux mois à deux ans tout militaire qui porte publiquement des décorations, médailles, insignes, uniformes ou costumes français sans en avoir le droit.

La même peine est prononcée contre tout militaire qui porte des décorations, médailles ou insignes étrangers sans y avoir été préalablement autorisé.

TITRE III.

DISPOSITIONS GÉNÉRALES.

Art. 267. Les tribunaux militaires appliquent les peines portées par les lois pénales ordinaires à tous les crimes ou délits non prévus par le présent Code, et, dans ce cas, s'il existe des circonstances atténuantes, il est fait application aux militaires de l'article 463 du Code pénal.

Art. 268. Dans les cas prévus par les articles 251, 252, 253, 254 et 255 du présent Code, les complices, même non militaires, sont punis de la même peine que les auteurs du crime ou du délit, sauf l'application, s'il y a lieu, de l'article 197 du présent Code.

Art. 269. Aux armées, dans les divisions territoriales en état de guerre, dans les communes, les départements et les places de guerre en état de siège, tout justiciable des tribunaux militaires coupable ou complice d'un des crimes prévus par le chapitre 1er du titre II du présent livre, est puni de la peine qui y est portée.

Art. 270. Les peines prononcées par les articles 41, 43 et 44 de la loi du 21 mars 1832 (1), sur le recrutement de l'armée, sont applicables aux tentatives des délits prévus par ces articles, quelle que soit la juridiction appelée à en connaître. Dans le cas prévu par l'article 45 de la même loi, ceux qui ont fait les dons et pro-

_____

(1) Abrogée par les lois du 15 juillet 1889 et du 21 mars 1905.

messes sont punis des peines portées par ledit article contre les médecins, chirurgiens ou officiers de santé.

Art. 271. Sont laissées à la répression de l'autorité militaire, et punies d'un emprisonnement dont la durée ne peut excéder deux mois :

1° Les contraventions de police commises par les militaires;

2° Les infractions aux règlements relatifs à la discipline.

Toutefois, l'autorité militaire peut toujours, suivant la gravité des faits, déférer le jugement des contraventions de police au conseil de guerre, qui applique la peine déterminée par le présent article.

Art. 272. Si, dans le cas prévu par l'article précédent, il y a une partie plaignante, l'action en dommages-intérêts est portée devant la juridiction civile.

Art. 273. Ne sont pas soumises à la juridiction des conseils de guerre les infractions commises par des militaires aux lois sur la chasse, la pêche, les douanes, les contributions indirectes, les octrois, les forêts et la grande voirie.

Art. 274. Le régime et la police des compagnies de discipline, des établissements pénitentiaires, des ateliers de travaux publics, les lieux de détention militaire, sont réglés par des décrets du Chef de l'Etat.

Art. 275. Sont abrogées, en ce qui concerne l'armée de terre, toutes les dispositions législatives et réglementaires relatives à l'organisation, à la compétence et à la procédure des tribunaux militaires, ainsi qu'à la pénalité en matière de crimes et de délits militaires.

Dispositions transitoires.

Art. 276. Lorsque les peines déterminées par le présent Code sont moins rigoureuses que celles portées par les lois antérieures, elles sont appliquées aux crimes et délits non encore jugés au moment de sa promulgation.

Art. 277. Jusqu'à la promulgation du nouveau Code maritime (1), les conseils de guerre maritimes permanents appliqueront les peines prononcées par le livre IV du présent Code, dans les cas qui y sont prévus.

Délibéré en séance publique, à Paris, le 8 mai 1857.

Le Président,

Signé : SCHNEIDER.

Les secrétaires,

Signé : comte JOACHIM MURAT, TESNIÈRE, ED. DALLOZ, marquis de CHAUMONT-QUITRY.

---

(1) Le Code de justice militaire pour l'armée de mer a été inséré au *Bulletin des lois*, à la date du 4 juin 1858.

Extrait du procès-verbal du Sénat.

Le Sénat ne s'oppose pas à la promulgation de la loi relative au Code de justice militaire pour l'armée de terre.

Délibéré et voté en séance, au palais du Sénat, le 8 juin 1857.

Le Président,
Signé : TROPLONG.

Les secrétaires,
Signé : A. duc DE PADOUE, le comte LE MAROIS, baron T. DE LACROSSE.

Vu et scellé du sceau du Sénat.
Signé : baron T. DE LACROSSE.

Mandons et ordonnons que les présentes, revêtues du sceau de l'Etat et insérées au *Bulletin des lois*, soient adressées aux cours, aux tribunaux et aux autorités administratives, pour qu'ils les inscrivent sur leurs registres, les observent et les fassent observer, et notre Ministre secrétaire d'Etat au Département de la justice est chargé d'en surveiller la publication.

Fait au palais de Saint-Cloud, le 9 juin 1857.

Signé : NAPOLÉON.

Vu et scellé du grand sceau,
Le Garde des sceaux,
Ministre secrétaire d'Etat de la Justice,
Signé : ABBATUCCI.

Par l'Empereur :
Le Ministre d'Etat,
Signé : ACHILLE FOULD.

ANNEXES.

N° 1. *Texte des lois auxquelles renvoie le Code de justice militaire.*

(N° 1.) ART. 70 (1).

LOI SUR L'ÉTAT DE SIÈGE DU 9 AOUT 1849 (2).

Art. 1er et 2.. (3).

Art. 3... (4).

Art. 4. Dans les colonies françaises, la déclaration de l'état de siège est faite par le gouverneur de la colonie.

Il doit en rendre compte immédiatement au gouvernement.

Art. 5. Dans les places de guerre et postes militaires, soit de la frontière, soit de l'intérieur, la déclaration de l'état de siège peut être faite par le commandant militaire, dans les cas prévus par la loi du 10 juillet 1791 (5) et par le décret du 24 décembre 1811 (6).

Le commandant en rend compte immédiatement au Gouvernement.

Art. 6... (7).

Art. 7. Aussitôt l'état de siège déclaré, les pouvoirs dont l'autorité civile était revêtue pour le maintien de l'ordre et de la police passent tout entiers à l'autorité militaire.

L'autorité civile continue néanmoins à exercer ceux de ces pouvoirs dont l'autorité militaire ne l'a pas dessaisie.

Art. 8. Les tribunaux militaires peuvent être saisis de la connaissance des crimes et délits contre la sûreté de la République, contre la Constitution, contre l'ordre et la paix publics, quelle que soit la qualité des auteurs principaux et des complices.

Art. 9. L'autorité militaire a le droit :

1° De faire des perquisitions, de jour et de nuit, dans le domicile des citoyens;

---

(1) Ce chiffre est celui de l'article du Code de justice militaire auquel se rapportent les dispositions spéciales.
(2) Voir la loi du 3 avril 1878.
(3) Art. 1 et 2 abrogés par la loi du 3 avril 1878.
(4) Art. 3 abrogé par la Constitution de 1852.
(5) Titre Ier, art. 11.
(6) Décret remplacé par celui du 4 octobre 1891.
(7) Abrogé par la Constitution de 1852.

2° D'éloigner les repris de justice et les individus qui n'ont pas leur domicile dans les lieux soumis à l'état de siège ;

3° D'ordonner la remise des armes et munitions, et de procéder à leur recherche et à leur enlèvement;

4° D'interdire les publications et les réunions qu'elle juge de nature à exciter ou à entretenir le désordre.

Art. 10. Dans les lieux énoncés en l'article 5, les effets de l'état de siège continuent, en outre, en cas de guerre étrangère, à être déterminés par les dispositions de la loi du 10 juillet 1791 et du décret du 24 décembre 1811 (1).

Art. 11. Les citoyens continuent, nonobstant l'état de siège, à exercer tous ceux des droits garantis par la Constitution, dont la jouissance n'est pas suspendue en vertu des articles précédents.

Art. 12. L'Assemblée nationale a seule le droit de lever l'état de siège, lorsqu'il a été déclaré ou maintenu par elle.

Néanmoins, en cas de prorogation, ce droit appartiendra au Président de la République.

L'état de siège, déclaré conformément aux articles 3, 4 et 5, peut être levé par le Président de la République, tant qu'il n'a pas été maintenu par l'Assemblée nationale.

L'état de siège, déclaré conformément à l'article 4, pourra être levé par les gouverneurs des colonies, aussitôt qu'ils croiront la tranquillité suffisamment rétablie.

Art. 13. Après la levée de l'état de siège, les tribunaux militaires continuent de connaître des crimes et délits dont la poursuite leur avait été déférée.

(N° 2.) ART. 82.

CODE D'INSTRUCTION CRIMINELLE.

Art. 441. Lorsque, sur l'exhibition d'un ordre formel à lui donné par le Ministre de la justice, le procureur général près la Cour de cassation dénoncera à la section criminelle des actes judiciaires, arrêts ou jugements contraires à la loi, ces actes, arrêts ou jugements pourront être annulés, et les officiers de police ou les juges poursuivis, s'il y a lieu, de la manière exprimée au chapitre III du Titre IV du présent livre.

Art. 442. Lorsqu'il aura été rendu par une cour impériale ou d'assises, ou par un tribunal correctionnel ou de police, un arrêt ou jugement en dernier ressort, sujet à cassation, et contre lequel néanmoins aucune des parties n'aurait réclamé dans le délai déterminé, le procureur général près la Cour de cassation pourra aussi d'office, et nonobstant l'expiration du délai, en donner con-

---

(1) Décret remplacé par celui du 4 octobre 1891.

naissance à la Cour de cassation ; l'arrêt ou le jugement sera cassé, sans que les parties puissent s'en prévaloir pour s'opposer à son exécution.

Art. 443. La revision pourra être demandée en matière criminelle ou correctionnelle, quelle que soit la juridiction qui ait statué, dans chacun des cas suivants :

1° Lorsque, après une condamnation pour homicide, des pièces seront représentées propres à faire naître de suffisants indices sur l'existence de la prétendue victime de l'homicide ;

2° Lorsque, après une condamnation pour crime ou délit, un nouvel arrêt ou jugement aura condamné, pour le même fait, un autre accusé ou prévenu, et que les deux condamnations ne pouvant se concilier, leur contradiction sera la preuve de l'innocence de l'un ou de l'autre condamné ;

3° Lorsqu'un des témoins entendus aura été, postérieurement à la condamnation, poursuivi et condamné pour faux témoignage contre l'accusé ou le prévenu.

Le témoin ainsi condamné ne pourra pas être entendu dans les nouveaux débats ;

4° Lorsque, après une condamnation, un fait viendra à se produire ou à se révéler, ou lorsque des pièces inconnues lors des débats seront représentées, de nature à établir l'innocence du condamné.

Art. 444. Le droit de demander la revision appartiendra :

1° Au Ministre de la justice ;

2° Au condamné ;

3° Après la mort du condamné, à son conjoint, à ses enfants, à ses parents, à ses légataires universels ou à titre universel, à ceux qui en ont reçu de lui la mission expresse.

Dans le quatrième cas, au Ministre de la justice seul, qui statuera après avoir pris l'avis d'une commission composée des directeurs de son ministère et de trois magistrats de la Cour de cassation annuellement désignés par elle et pris en dehors de la chambre criminelle.

La demande sera non recevable si elle n'a été inscrite au ministère de la justice ou introduite par le Ministre, sur la demande des parties, dans le délai d'un an à dater du jour où celles-ci auront connu le fait donnant ouverture à revision.

Si l'arrêt ou le jugement de condamnation n'a pas été exécuté, l'exécution sera suspendue de plein droit à partir de la transmission de la demande par le Ministre de la justice à la Cour de cassation.

Si le condamné est en état de détention, l'exécution pourra être suspendue, sur l'ordre du Ministre de la justice, jusqu'à ce que la Cour de cassation ait prononcé, et ensuite, s'il y a lieu, par l'arrêt de cette Cour statuant sur la recevabilité.

Art. 445. En cas de recevabilité, la chambre criminelle statuera sur la demande en revision si l'affaire est en état.

Si l'affaire n'est pas en état, la chambre criminelle procèdera directement, ou par commissions rogatoires, à toutes enquêtes sur le fond, confrontations, reconnaissances d'identité et moyens propres à mettre la vérité en évidence. Après la fin de l'instruction, il sera alors statué par les chambres réunies de la Cour de cassation.

Lorsque l'affaire sera en état, si la chambre criminelle, dans le cas du paragraphe 1er ci-dessus, ou les chambres réunies, dans le cas du paragraphe 2, reconnaissent qu'il peut être procédé à de nouveaux débats contradictoires, elles annuleront les jugements ou arrêts et tous actes qui feraient obstacle à la revision ; elles fixeront les questions qui devront être posées et renverront les accusés ou prévenus, selon les cas, devant une Cour ou un tribunal autres que ceux qui auraient primitivement connu de l'affaire.

Dans les affaires qui devront être soumises au jury, le procureur général près la cour de renvoi dressera un nouvel acte d'accusation.

Lorsqu'il ne pourra être procédé de nouveau à des débats oraux contre toutes les parties, notamment en cas de décès, de contumace, ou de défaut d'un ou plusieurs condamnés, d'irresponsabilité pénale ou d'excusabilité, en cas de prescription de l'action ou de celle de la peine, la Cour de cassation, après avoir constaté expressément cette impossibilité, statuera au fond, sans cassation préalable ni renvoi, en présence des parties civiles s'il y en a au procès, et des curateurs nommés par elle à la mémoire de chacun des morts ; dans ce cas, elle annulera seulement celle des condamnations qui avait été injustement prononcée et déchargera, s'il y a lieu, la mémoire des morts.

Si l'annulation de l'arrêt à l'égard d'un condamné vivant ne laisse rien subsister qui puisse être qualifié crime ou délit, aucun renvoi ne sera prononcé.

Art. 446. L'arrêt ou le jugement de revision d'où résultera l'innocence d'un condamné pourra, sur sa demande, lui allouer des dommages-intérêts, à raison du préjudice que lui aura causé la condamnation.

Si la victime de l'erreur judiciaire est décédée, le droit de demander des dommages-intérêts appartiendra, dans les mêmes conditions, à son conjoint, à ses ascendants et descendants.

Il n'appartiendra aux parents d'un degré plus éloigné qu'autant qu'ils justifieront d'un préjudice matériel résultant pour eux de la condamnation.

La demande sera recevable en tout état de la procédure en revision.

Les dommages-intérêts alloués seront à la charge de l'Etat, sauf son recours contre la partie civile, le dénonciateur ou le faux témoin par la faute desquels la condamnation aura été prononcée. Ils seront payés comme frais de justice criminelle.

Les frais de l'instance en revision seront avancés par le demandeur jusqu'à l'arrêt de recevabilité ; pour les frais postérieurs à cet arrêt, l'avance sera faite par le Trésor.

Si l'arrêt ou le jugement définitif de revision prononce une condamnation, il mettra à la charge du condamné le remboursement des frais envers l'Etat et envers les demandeurs en revision, s'il y a lieu.

Le demandeur en revision qui succombera dans son instance sera condamné à tous les frais.

L'arrêt ou jugement de revision d'où résulte l'innocence d'un condamné sera affiché dans la ville où a été prononcée la condamnation, dans celle où siège la juridiction de revision, dans la commune du lieu où le crime ou le délit aura été commis, dans celle du domicile du demandeur en revision et du dernier domicile de la victime de l'erreur judiciaire, si elle est décédée. Il sera inséré d'office au *Journal officiel* et sa publication dans cinq journaux, au choix du demandeur, sera en outre ordonnée s'il le requiert.

Les frais de la publicité ci-dessus prévue seront à la charge du Trésor.

Art. 447. Dans tous les cas où la connaissance par les parties de la condamnation ou des faits donnant ouverture à revision serait antérieure à la présente loi, les délais fixés pour l'introduction de la demande courront à partir de sa promulgation.

Art. 527. Il y aura lieu également à être réglé de juges par la Cour de cassation, lorsqu'un tribunal militaire ou maritime, ou un officier de police militaire, ou tout autre tribunal d'exception, d'une part, une cour impériale ou d'assises, un tribunal jugeant correctionnellement, un tribunal de police ou un juge d'instruction, d'autre part, seront saisis de la connaissance du même délit, ou de délits connexes, ou de la même contravention.

(N° 3.) ART. 86.

CODE D'INSTRUCTION CRIMINELLE.

Art. 31. Les dénonciations seront rédigées par les dénonciateurs, ou par leurs fondés de procuration spéciale, ou par le procureur impérial s'il en est requis ; elles seront toujours signées par le procureur impérial à chaque feuillet et par les dénonciateurs ou par leurs fondés de pouvoirs.

Si les dénonciateurs ou leurs fondés de pouvoirs ne savent ou ne veulent pas signer, il en sera fait mention.

La procuration demeurera toujours annexée à la dénonciation et le dénonciateur pourra se faire délivrer, mais à ses frais, une copie de sa dénonciation.

Art. 33. Le procureur impérial pourra aussi, dans le cas de l'article précédent, appeler à son procès-verbal les parents, voisins ou domestiques, présumés en état de donner des éclaircissements sur le fait; il recevra leurs déclarations, qu'ils signeront; les déclarations reçues en conséquence du présent article et de l'article précédent seront signées par les parties, ou, en cas de refus, il en sera fait mention.

Art. 36. Si la nature du crime ou du délit est telle que la preuve puisse vraisemblablement être acquise par les papiers ou autres pièces et effets en la possession du prévenu, le procureur impérial se transportera de suite dans le domicile du prévenu, pour y faire la perquisition des objets qu'il jugera utiles à la manifestation de la vérité.

Art. 37. S'il existe, dans le domicile du prévenu, des papiers ou effets qui puissent servir à conviction ou à décharge, le procureur impérial en dressera procès-verbal, et se saisira desdits effets ou papiers.

Art. 38. Les objets saisis seront clos et cachetés, si faire se peut; ou, s'ils ne sont pas susceptibles de recevoir des caractères d'écriture, ils seront mis dans un vase ou dans un sac, sur lequel le procureur impérial attachera une bande de papier qu'il scellera de son sceau.

Art. 39. Les opérations prescrites par les articles précédents seront faites en présence du prévenu, s'il a été arrêté; et s'il ne veut ou ne peut y assister, en présence d'un fondé de pouvoirs qu'il pourra nommer. Les objets lui seront présentés à l'effet de les reconnaître et de les parafer, s'il y a lieu, et au cas de refus, il en sera fait mention au procès-verbal.

Art. 65. Les dispositions de l'article 31 concernant les dénonciations seront communes aux plaintes.

(N° 4.) ART. 102.

CODE D'INSTRUCTION CRIMINELLE.

Art. 73. Ils seront entendus séparément, et hors de la présence du prévenu, par le juge d'instruction, assisté de son greffier.

Art. 74. Ils représenteront, avant d'être entendus, la citation qui leur aura été donnée pour déposer; et il en sera fait mention dans le procès-verbal.

Art. 75. Les témoins prêteront serment de dire toute la vérité, rien que la vérité ; le juge d'instruction leur demandera leurs nom, prénoms, âge, état, profession, demeure, s'ils sont domestiques, parents ou alliés des parties, et à quel degré ; il sera fait mention de la demande et des réponses des témoins.

Art. 76. Les dépositions seront signées du juge, du greffier et du témoin, après que lecture lui en aura été faite et qu'il aura déclaré y persister ; si le témoin ne veut ou ne peut signer, il en sera fait mention.

Chaque page du cahier d'information sera signée par le juge et par le greffier.

Art 78. Aucune interligne ne pourra être faite ; les ratures et les renvois seront approuvés et signés par le juge d'instruction, par le greffier et par le témoin, sous les peines portées en l'article précédent. Les interlignes, ratures et renvois non approuvés, seront réputés non avenus.

Art. 79. Les enfants de l'un et de l'autre sexe, au-dessous de l'âge de quinze ans, pourront être entendus, par forme de déclaration et sans prestation de serment.

Art. 82. Chaque témoin qui demandera une indemnité sera taxé par le juge d'instruction.

Art. 83. Lorsqu'il sera constaté, par le certificat d'un officier de santé, que des témoins se trouvent dans l'impossibilité de comparaître sur la citation qui leur aura été donnée. le juge d'instruction se transportera en leur demeure, quand ils habiteront dans le canton de la justice de paix du domicile du juge d'instruction.

Si les témoins habitent hors du canton, le juge d'instruction pourra commettre le juge de paix de leur habitation à l'effet de recevoir leur déposition. et il enverra au juge de paix des notes et instructions qui feront connaître les faits sur lesquels les témoins devront déposer.

Art. 85. Le juge qui aura reçu les dépositions en conséquence des articles 83 et 84 ci-dessus, les enverra closes et cachetées au juge d'instruction du tribunal saisi de l'affaire (1).

Art 86. Si le témoin auprès duquel le juge se sera transporté dans les cas prévus par les trois articles précédents n'était pas dans l'impossibilité de comparaître sur la citation qui lui avait été

---

(1) Art. 84. Si les témoins résident hors de l'arrondissement du juge d'instruction, celui-ci requerra le juge d'instruction de l'arrondissement dans lequel les témoins sont résidants. de se transporter auprès d'eux pour recevoir leurs dépositions.

Dans le cas où les témoins n'habiteraient pas le canton du juge d'instruction ainsi requis, il pourra commettre le juge de paix de leur habitation, à l'effet de recevoir leurs dépositions, ainsi qu'il est dit dans l'article précédent.

donnée, le juge décernera un mandat de dépôt contre le témoin et l'officier de santé qui aura délivré le certificat ci-dessus mentionné.

La peine portée en pareil cas sera prononcée par le juge d'instruction du même lieu, et sur la réquisition du procureur impérial, en la forme prescrite par l'article 80. (Voir l'article 103 du Code de justice militaire.)

(N° 5.) ARTICLE 128.

CODE D'INSTRUCTION CRIMINELLE.

Art. 315. Le procureur général exposera le sujet de l'accusation ; il présentera ensuite la liste des témoins qui devront être entendus soit à sa requête, soit à la requête de la partie civile, soit à celle de l'accusé.

Cette liste sera lue à haute voix par le greffier.

Elle ne pourra contenir que les témoins dont les noms, profession et résidence auront été notifiés, vingt-quatre heures au moins avant l'examen de ces témoins, à l'accusé, par le procureur général ou la partie civile, et au procureur général par l'accusé, sans préjudice de la faculté accordée au président par l'article 269. (Voir l'article 125 du Code de justice militaire.)

L'accusé et le procureur général pourront, en conséquence, s'opposer à l'audition d'un témoin qui n'aurait pas été indiqué ou qui n'aurait pas été clairement désigné dans l'acte de notification.

La Cour statuera de suite sur cette opposition.

Art. 316. Le président ordonnera aux témoins de se retirer dans la chambre qui leur sera destinée. Ils n'en sortiront que pour déposer. Le président prendra des précautions, s'il en est besoin, pour empêcher les témoins de conférer entre eux du délit et de l'accusé, avant leur déposition.

Art. 317. Les témoins déposeront séparément l'un de l'autre, dans l'ordre établi par le procureur général. Avant de déposer, ils prêteront, à peine de nullité, le serment de parler sans haine et sans crainte, de dire toute la vérité et rien que la vérité.

Le président leur demandera leurs nom, prénoms, âge, profession, leur domicile ou résidence, s'ils connaissaient l'accusé avant le fait mentionné dans l'acte d'accusation, s'ils sont parents ou alliés, soit de l'accusé, soit de la partie civile, et à quel degré ; il leur demandera encore s'ils ne sont pas attachés au service de l'un ou de l'autre ; cela fait, les témoins déposeront oralement.

Art. 318. Le président fera tenir note, par le greffier, des additions, changements ou variations qui pourraient exister entre la déposition d'un témoin et ses précédentes déclarations.

Le procureur général et l'accusé pourront requérir le président de faire tenir les notes de ces changements, additions et variations.

Art. 319. Après chaque déposition, le président demandera au témoin si c'est de l'accusé présent qu'il a entendu parler; il demandera ensuite à l'accusé s'il veut répondre à ce qui vient d'être dit contre lui.

Le témoin ne pourra être interrompu ; l'accusé ou son conseil pourront le questionner par l'organe du président, après sa déposition, et dire, tant contre lui que contre son témoignage, tout ce qui pourra être utile à la défense de l'accusé.

Le président pourra également demander au témoin et à l'accusé tous les éclaircissements qu'il croira nécessaires à la manifestation de la vérité.

Les juges, le procureur général et les jurés auront la même faculté, en demandant la parole au président. La partie civile ne pourra faire de questions, soit au témoin, soit à l'accusé, que par l'organe du président.

Art. 320. Chaque témoin, après sa déposition, restera dans l'auditoire, si le président n'en a ordonné autrement, jusqu'à ce que les jurés se soient retirés pour donner leur déclaration.

Art. 321. Après l'audition des témoins produits par le procureur général et par la partie civile, l'accusé fera entendre ceux dont il aura notifié la liste, soit sur les faits mentionnés dans l'acte d'accusation, soit pour attester qu'il est homme d'honneur, de probité et d'une conduite irréprochable.

Les citations faites à la requête des accusés seront à leurs frais, ainsi que les salaires des témoins cités, s'ils en requièrent ; sauf au procureur général à faire citer à sa requête les témoins qui lui seront indiqués par l'accusé, dans le cas où il jugerait que leur déclaration pût être utile pour la découverte de la vérité.

Art. 322. Ne pourront être reçues les dépositions :

1° Du père, de la mère, de l'aïeul, de l'aïeule, ou de tout autre ascendant de l'accusé, ou de l'un des accusés présents et soumis au même débat;

2° Du fils, fille, petit-fils, petite-fille, ou de tout autre descendant;

3° Des frères et sœurs;

4° Des alliés aux mêmes degrés;

5° Du mari et de la femme, même après le divorce prononcé;

6° Des dénonciateurs dont la dénonciation est récompensée pécuniairement par la loi;

Sans néanmoins que l'audition des personnes ci-dessus désignées puisse opérer une nullité, lorsque, soit le procureur général, soit la partie civile, soit les accusés, ne se sont pas opposés à ce qu'elles soient entendues.

Art. 323. Les dénonciateurs autres que ceux récompensés pécuniairement par la loi pourront être entendus en témoignage ; mais le jury sera averti de leur qualité de dénonciateurs.

Art. 324. Les témoins produits par le procureur général ou par l'accusé seront entendus dans le débat, même lorsqu'ils n'auraient pas préalablement déposé par écrit, lorsqu'ils n'auraient reçu aucune assignation, pourvu, dans tous les cas, que ces témoins soient portés sur la liste mentionnée dans l'article 315.

Art. 325. Les témoins, par quelque partie qu'ils soient produits, ne pourront jamais s'interpeller entre eux.

Art. 326. L'accusé pourra demander, après qu'ils auront déposé, que ceux qu'il désignera se retirent de l'auditoire, et qu'un ou plusieurs d'entre eux soient introduits et entendus de nouveau, soit séparément, soit en présence les uns des autres.

Le procureur général aura la même faculté.

Le président pourra aussi l'ordonner d'office.

Art. 327. Le président pourra, avant, pendant, ou après l'audition d'un témoin, faire retirer un ou plusieurs accusés, et les examiner séparément sur quelques circonstances du procès ; mais il aura soin de ne reprendre la suite des débats généraux qu'après avoir instruit chaque accusé de ce qui se sera fait en son absence, et de ce qui en sera résulté.

Art. 328. Pendant l'examen, les jurés, le procureur général et les juges, pourront prendre note de ce qui leur paraîtra important, soit dans les dépositions des témoins, soit dans la défense de l'accusé, pourvu que la discussion ne soit pas interrompue.

Art. 329. Dans le cours ou à la suite des dépositions, le président fera représenter à l'accusé toutes les pièces relatives au délit, et pouvant servir à conviction ; il l'interpellera de répondre personnellement s'il les reconnaît ; le président les fera aussi représenter aux témoins s'il y a lieu.

Art. 332. Dans le cas où l'accusé, les témoins, ou l'un d'eux, ne parleraient pas la même langue ou le même idiome, le président nommera d'office, à peine de nullité, un interprète âgé de vingt et un ans au moins, et lui fera, sous la même peine, prêter serment de traduire fidèlement les discours à transmettre entre ceux qui parlent des langages différents.

L'accusé et le procureur général pourront récuser l'interprète en motivant leur récusation.

La Cour prononcera.

L'interprète ne pourra à peine de nullité, même du consentement de l'accusé ni du procureur général, être pris parmi les témoins, les juges et les jurés.

Art. 333. Si l'accusé est sourd-muet et ne sait pas écrire, le président nommera d'office, pour son interprète, la personne qui aura le plus d'habitude de converser avec lui.

Il en sera de même à l'égard du témoin sourd-muet.

Le surplus des dispositions du précédent article sera exécuté.

Dans le cas où le sourd-muet saurait écrire, le greffier écrira les questions et observations qui lui seront faites ; elles seront remises à l'accusé ou au témoin, qui donneront par écrit leurs réponses ou déclarations. Il sera fait lecture du tout par le greffier.

Art. 334. Le président déterminera celui des accusés qui devra être soumis le premier aux débats, en commençant par le principal accusé, s'il y en a un.

Il se fera ensuite un débat particulier sur chacun des autres accusés.

Art. 354. Lorsqu'un témoin qui aura été cité ne comparaîtra pas, la Cour pourra, sur la réquisition du procureur général, et avant que les débats soient ouverts par la déposition du premier témoin inscrit sur la liste, renvoyer l'affaire à la prochaine session.

Art. 355. Si, à raison de la non-comparution du témoin, l'affaire est renvoyée à la session suivante, tous les frais de citation, actes, voyages de témoins, et autres ayant pour objet de faire juger l'affaire, seront à la charge de ce témoin, et il y sera contraint, même par corps, sur la réquisition du procureur général, par l'arrêt qui renverra les débats à la session suivante.

Le même arrêt ordonnera, de plus, que ce témoin sera amené par la force publique devant la Cour pour y être entendu.

Et néanmoins, dans tous les cas, le témoin qui ne comparaîtra pas, ou qui refusera, soit de prêter serment, soit de faire sa déposition, sera condamné à la peine portée en l'article 80 (1).

(Nᵒ 6.) ART. 144.

CODE D'INSTRUCTION CRIMINELLE.

Art. 409. Dans le cas d'acquittement de l'accusé, l'annulation de l'ordonnance qui l'aura prononcé et de ce qui l'aura précédé ne pourra être poursuivie par le ministère public que dans l'intérêt de la loi et sans préjudicier à la partie acquittée.

Art. 410. Lorsque la nullité procédera de ce que l'arrêt aura prononcé une peine autre que celle appliquée par la loi à la nature du crime, l'annulation de l'arrêt pourra être poursuivie, tant par le ministère public que par la partie condamnée.

La même action appartiendra au ministère public contre les arrêts d'absolution mentionnés en l'article 364 (2), si l'absolution a été prononcée sur le fondement de la non-existence d'une loi pénale qui pourtant aurait existé.

---

(1) Voir l'article 102 du Code de justice militaire.
(2) Voir l'article 136, 3ᵉ paragraphe du Code de justice militaire.

(N° 7.) ART. 178.

CODE D'INSTRUCTION CRIMINELLE.

Art. 471. Si le contumax est condamné, ses biens seront, à partir de l'exécution de l'arrêt, considérés et régis comme biens d'absent; et le compte du séquestre sera rendu à qui il appartiendra, après que la condamnation sera devenue irrévocable par l'expiration du délai donné pour purger la contumace.

Art. 474. En aucun cas la contumace d'un accusé ne suspendra ni ne retardera de plein droit l'instruction à l'égard de ses coaccusés présents.

La Cour pourra ordonner, après le jugement de ceux-ci, la remise des effets déposés au greffe comme pièce de conviction, lorsqu'ils seront réclamés par les propriétaires ou ayants droit. Elle pourra aussi ne l'ordonner qu'à charge de représenter, s'il y a lieu.

Cette remise sera précédée d'un procès-verbal de description dressé par le greffier, à peine de cent francs d'amende.

Art. 475. Durant le séquestre, il peut être accordé des secours à la femme, aux enfants, au père ou à la mère de l'accusé, s'ils sont dans le besoin.

Ces secours sont réglés par l'autorité administrative.

Art. 476. Si l'accusé se constitue prisonnier ou s'il est arrêté avant que la peine soit éteinte par prescription, le jugement rendu par contumace et les procédures faites contre lui depuis l'ordonnance de prise de corps ou de se représenter seront anéantis de plein droit, et il sera procédé à son égard dans la forme ordinaire.

Si cependant la condamnation par contumace était de nature à emporter la mort civile (1), et si l'accusé n'a été arrêté ou ne s'est représenté qu'après les cinq ans qui ont suivi l'exécution du jugement de contumace, ce jugement, conformément à l'article 30 du Code Napoléon, conservera, pour le passé, les effets que la mort civile aurait produits dans l'intervalle écoulé depuis l'expiration des cinq ans jusqu'au jour de la comparution de l'accusé en justice.

Art. 477. Dans les cas prévus par l'article précédent, si, pour quelque cause que ce soit, des témoins ne peuvent être produits aux débats, leurs dépositions écrites et les réponses écrites des autres accusés du même délit seront lues à l'audience; il en sera de même de toutes les autres pièces qui seront jugées par le pré-

_____

(1) La mort civile a été abrogée par la loi du 31 mai 1854, qui y a substitué les incapacités établies par les articles 28, 29 et 31 du Code pénal.

sident être de nature à répandre la lumière sur le délit et les coupables.

Art. 478. Le contumax qui, après s'être représenté, obtiendrait son renvoi de l'accusation, sera toujours condamné aux frais occasionnés par sa contumace.

Art. 441 et 442 du Code d'instruction criminelle, déjà cités à l'article 82.

CODE D'INSTRUCTION CRIMINELLE.

Art. 635. Les peines portées par les arrêts ou jugements rendus en matière criminelle se prescriront par vingt années révolues à compter de la date des arrêts ou jugements.

Néanmoins, le condamné ne pourra résider dans le département où demeureraient, soit celui sur lequel ou contre la propriété duquel le crime aurait été commis, soit ses héritiers directs.

Le Gouvernement pourra assigner au condamné le lieu de son domicile.

Art. 636. Les peines portées par les arrêts ou jugements rendus en matière correctionnelle se prescriront par cinq années révolues à compter de la date de l'arrêt ou du jugement rendu en dernier ressort ; et à l'égard des peines prononcées par les tribunaux de première instance, à compter du jour où ils ne pourront plus être attaqués par voie de l'appel.

Art. 637. L'action publique et l'action civile résultant d'un crime de nature à entraîner la peine de mort ou des peines afflictives perpétuelles, ou de tout autre crime emportant peine afflictive ou infamante, se prescriront après dix années révolues à compter du jour où le crime aura été commis, si dans cet intervalle il n'a été fait aucun acte d'instruction ni de poursuite.

S'il a été fait, dans cet intervalle, des actes d'instruction ou de poursuite non suivis de jugement, l'action publique et l'action civile ne se prescriront qu'après dix années révolues, à compter du dernier acte, à l'égard même des personnes qui ne seraient pas impliquées dans cet acte d'instruction ou de poursuite.

Art. 638. Dans les deux cas exprimés en l'article précédent, et, suivant les distinctions d'époques qui y sont établies, la durée de la prescription sera réduite à trois années révolues s'il s'agit d'un délit de nature à être puni correctionnellement.

Art. 639. Les peines portées par les jugements rendus pour contraventions de police seront prescrites après deux années révolues, savoir : pour les peines prononcées par arrêt ou jugement en dernier ressort, à compter du jour de l'arrêt ; et, à l'égard des peines prononcées par les tribunaux de première instance, à compter du jour où ils ne pourront plus être attaqués par la voie de l'appel.

Art. 640. L'action publique et l'action civile pour une contravention de police seront prescrites après une année révolue, à compter du jour où elle aura été commise, même lorsqu'il y aura eu procès-verbal, saisie, instruction ou poursuite, si dans cet intervalle il n'est point intervenu de condamnation ; s'il y a eu un jugement définitif de première instance, de nature à être attaqué par la voie de l'appel, l'action publique et l'action civile se prescriront après une année révolue, à compter de la notification de l'appel qui en aura été interjeté.

Art. 641. En aucun cas, les condamnés par défaut ou par contumace, dont la peine est prescrite, ne pourront être admis à se présenter pour purger le défaut ou la contumace.

Art. 642. Les condamnations civiles portées par les arrêts ou par les jugements rendus en matière criminelle, correctionnelle ou de police, et devenus irrévocables, se prescriront d'après les règles établies par le Code Napoléon.

Art. 643. Les dispositions du présent chapitre ne dérogent point aux lois particulières relatives à la prescription des actions résultant de certains délits ou de certaines contraventions.

(N° 10.) ART. 189.

CODE PÉNAL ORDINAIRE.

Art. 15. Les hommes condamnés aux travaux forcés seront employés aux travaux les plus pénibles ; ils traîneront à leurs pieds un boulet, ils seront attachés deux à deux avec une chaîne, lorsque la nature du travail auquel ils seront employés le permettra (1).

Art. 16. Les femmes et les filles condamnées aux travaux forcés n'y seront employées que dans l'intérieur d'une maison de force.

Art. 17. La peine de la déportation consistera à être transporté et à demeurer à perpétuité dans un lieu déterminé par la loi, hors du territoire continental de l'empire (2).

Si le déporté rentre sur le territoire de l'empire, il sera, sur la

---

(1) La loi du 30 mai 1854 a modifié le mode d'exécution des travaux forcés, mais elle n'a pas changé ses effets légaux.

(2) La Nouvelle-Calédonie a été déclarée lieu de déportation par la loi du 23 mars 1872.

seule preuve de son identité, condamné aux travaux forcés à perpétuité.

Le déporté qui ne sera pas rentré sur le territoire de l'empire, mais qui sera saisi dans les pays occupés par les armées françaises, sera conduit dans le lieu de sa déportation.

Tant qu'il n'aura pas été établi un lieu de déportation, le condamné subira à perpétuité la peine de la détention soit dans une prison de la République, soit dans une prison située hors du territoire continental, dans l'une des possessions françaises qui sera déterminée par la loi selon que les juges l'auront expressément décidé par l'arrêt de condamnation.

Lorsque les communications seront interrompues entre la métropole et le lieu de l'exécution de la peine, l'exécution aura lieu provisoirement en France.

Art. 19. La condamnation à la peine des travaux forcés à temps sera prononcée pour cinq ans au moins, et vingt ans au plus.

Art. 20. Quiconque aura été condamné à la détention sera renfermé dans l'une des forteresses situées sur le territoire continental de l'empire, qui auront été déterminées par décret de l'Empereur rendu dans la forme des règlements d'administration publique.

Il communiquera avec les personnes placées dans l'intérieur du lieu de la détention ou avec celles du dehors, conformément aux règlements de police établis par un décret de l'Empereur.

La détention ne peut être prononcée pour moins de cinq ans, ni pour plus de vingt ans, sauf le cas prévu par l'article 33.

Art. 21. Tout individu de l'un ou de l'autre sexe condamné à la peine de la réclusion sera renfermé dans une maison de force, et employé à des travaux dont le produit pourra être en partie appliqué à son profit, ainsi qu'il sera réglé par le Gouvernement.

La durée de cette peine sera au moins de cinq années et de dix ans au plus.

Art. 28. La condamnation à la peine des travaux forcés à temps, de la détention, de la réclusion ou du bannissement, emportera la dégradation civique. La dégradation civique sera encourue du jour où la condamnation sera devenue irrévocable, et, en cas de condamnation par contumace, du jour de l'exécution par effigie.

Art. 29. Quiconque aura été condamné à la peine des travaux forcés à temps, de la détention ou de la réclusion, sera, de plus, pendant la durée de sa peine, en état d'interdiction légale ; il lui sera nommé un tuteur ou un subrogé-tuteur pour gérer et administrer ses biens, dans les formes prescrites pour les nominations des tuteurs et subrogés tuteurs aux interdits.

Art. 32. Quiconque aura été condamné au bannissement sera

transporté, par ordre du Gouvernement, hors du territoire du royaume.

La durée du bannissement sera au moins de cinq années et de dix ans au plus.

Art. 33. Si le banni, avant l'expiration de sa peine, rentre sur le territoire de l'empire, il sera, sur la seule preuve de son identité, condamné à la détention pour un temps au moins égal à celui qui restait à courir jusqu'à l'expiration du bannissement, et qui ne pourra excéder le double de ce temps.

Art. 34. La dégradation civique consiste :

1° Dans la destitution et l'exclusion des condamnés de toutes fonctions, emplois ou offices publics ;

2° Dans la privation du droit de vote, d'élection, d'éligibilité, et en général de tous les droits civiques et politiques, et du droit de porter aucune décoration ;

3° Dans l'incapacité d'être juré-expert, d'être employé comme témoin dans des actes, et de déposer en justice autrement que pour y donner de simples renseignements ;

4° Dans l'incapacité de faire partie d'aucun conseil de famille et d'être tuteur, curateur, subrogé-tuteur, ou conseil judiciaire, si ce n'est de ses propres enfants, et sur l'avis conforme de la famille ;

5° Dans la privation du droit de port d'armes, du droit de faire partie de la garde nationale, de servir dans les armées françaises, de tenir école, ou d'enseigner et d'être employé dans aucun établissement d'instruction, à titre de professeur, maître ou surveillant.

Art. 35. Toutes les fois que la dégradation civique sera prononcée comme peine principale, elle pourra être accompagnée d'un emprisonnement dont la durée, fixée par l'arrêt de condamnation, n'excédera pas cinq ans.

Si le coupable est un étranger ou un Français ayant perdu la qualité de citoyen, la peine de l'emprisonnement devra toujours être prononcée.

Art. 36. Tous les arrêts qui porteront la peine de mort, des travaux forcés à perpétuité et à temps, la déportation, la détention, la réclusion, la dégradation civique et le bannissement seront imprimés par extrait.

Ils seront affichés dans la ville centrale du département, dans celle où l'arrêt aura été rendu, dans la commune du lieu où le délit aura été commis, dans celle où se fera l'exécution, et dans celle du domicile du condamné.

Art. 70. Les peines des travaux forcés à perpétuité, de la déportation et des travaux forcés à temps ne seront prononcées contre aucun individu âgé de soixante et dix ans accomplis au moment du jugement (1).

Art. 71. Ces peines seront remplacées, à leur égard, savoir: celle de la déportation, par la détention à perpétuité; et les autres par celle de la réclusion, soit à perpétuité, soit à temps, selon la durée de la peine qu'elle remplacera.

(N° 11.) ART. 190.

Art. 28 et 34 du Code pénal ordinaire, déjà cité à l'art. 189.

(N° 12.) ART. 198.

Art. 463. Les peines prononcées par la loi contre celui ou ceux des accusés reconnus coupables, en faveur de qui le jury aura déclaré les circonstances atténuantes, seront modifiées ainsi qu'il suit:

Si la peine prononcée par la loi est la mort, la cour appliquera la peine des travaux forcés à perpétuité ou celle des travaux forcés à temps.

Si la peine est celle des travaux forcés à perpétuité, la cour appliquera la peine des travaux forcés à temps ou celle de la réclusion.

Si la peine est celle de la déportation dans une enceinte fortifiée, la cour appliquera celle de la déportation simple ou celle de la détention; mais dans les cas prévus par les articles 96 et 97, la peine de la déportation simple sera seule appliquée (2).

Si la peine est celle de la déportation, la cour appliquera la peine de la détention ou celle du bannissement.

Si la peine est celle des travaux forcés à temps, la cour appliquera la peine de la réclusion ou les dispositions de l'article 401,

---

(1) Aux termes de l'article 5 de la loi du 30 mai 1854, la limite de l'âge à laquelle on peut prononcer la peine des travaux forcés à perpétuité ou à temps est fixée à soixante ans.

(2) Art. 96. Quiconque soit pour envahir des domaines, propriétés ou deniers publics, places, villes, forteresses, postes, magasins, arsenaux, ports, vaisseaux ou bâtiments appartenant à l'Etat, soit pour piller ou partager des propriétés publiques ou nationales, ou celles d'une généralité de citoyens; soit enfin pour faire attaque ou résistance envers la force publique agissant contre les auteurs de ces crimes, se sera mis à la tête de bandes armées, ou y aura exercé une fonction ou commandement quelconque, sera puni de mort.

Les mêmes peines seront appliquées à ceux qui auront dirigé l'association, levé ou fait lever, organisé ou fait organiser les bandes, ou leur auront, sciemment et volontairement, fourni ou procuré des armes, munitions et instruments de crime, ou envoyé des convois de subsistance, ou qui auront de toute autre manière pratiqué des intelligences avec les directeurs ou commandants des bandes.

Art. 97. Dans le cas où l'un ou plusieurs des crimes mentionnés aux arsans toutefois pouvoir réduire la durée de l'emprisonnement au-dessous de deux ans.

Si la peine est celle de la réclusion, de la détention, du bannissement ou de la dégradation civique, la cour appliquera les dispositions de l'article 401, sans toutefois pouvoir réduire la durée de l'emprisonnement au-dessous d'un an.

Dans le cas où le Code prononce le maximum d'une peine afflictive, s'il existe des circonstances atténuantes, la cour appliquera le minimum de la peine, ou même la peine inférieure.

Dans tous les cas où la peine de l'emprisonnement et celle de l'amende sont prononcées par le Code pénal, si les circonstances paraissent atténuantes, les tribunaux correctionnels sont autorisés même en cas de récidive, à réduire l'emprisonnement même au-dessous de six jours et l'amende même au-dessous de seize francs ; ils pourront aussi prononcer séparément l'une ou l'autre de ces peines, et même substituer l'amende à l'emprisonnement, sans qu'en aucun cas elle puisse être au-dessous des peines de simple police.

Dans le cas où l'amende est substituée à l'emprisonnement, si la peine de l'emprisonnement est seule prononcée par l'article dont il est fait application, le maximum de cette amende sera de 3.000 francs.

(No 13.) ART. 199.

CODE PÉNAL ORDINAIRE.

Art. 66. Lorsque l'accusé aura moins de dix-huit ans, s'il est décidé qu'il a agi *sans discernement*, il sera acquitté ; mais il sera, selon les circonstances, remis à ses parents ou conduit dans une maison de correction, pour y être élevé et détenu pendant tel nombre d'années que le jugement déterminera, et qui toutefois ne pourra excéder l'époque où il aura accompli sa majorité.

Art. 67. S'il est décidé qu'il a agi *avec discernement*, les peines seront prononcées ainsi qu'il suit :

S'il a encouru la peine de mort, des travaux forcés à perpétuité, de la déportation, il sera condamné à la peine de dix à vingt ans d'emprisonnement dans une maison de correction.

S'il a encouru la peine des travaux forcés à temps, de la détention ou de la réclusion, il sera condamné à être renfermé dans une maison de correction, pour un temps égal au tiers au moins et à

---

ticles 86, 87 et 91, auront été exécutés ou simplement tentés par une bande, la peine de mort sera appliquée, sans distinction de grades, à tous les individus faisant partie de la bande et qui auront été saisis sur le lieu de la réunion séditieuse.

Sera puni des mêmes peines, quoique non saisi sur le lieu, quiconque aura dirigé la sédition, ou aura exercé dans la bande un emploi ou commandement quelconque.

la moitié au plus de celui pour lequel il aurait pu être condamné à l'une de ces peines.

Dans tous les cas, il pourra lui être fait, défense de paraître, pendant cinq ans au moins et dix ans au plus, dans les lieux dont l'interdiction lui sera signifiée par le gouvernement.

S'il a encouru la peine de la dégradation civique ou du bannissement, il sera condamné à être enfermé, d'un an à cinq, dans une maison de correction.

Art. 69. Dans tous les cas où le mineur de seize ans n'aura commis qu'un simple délit, la peine qui sera prononcée contre lui ne pourra s'élever au-dessus de la moitié de celle à laquelle il aurait pu être condamné s'il avait eu seize ans.

(N° 14.) ART. 201.

CODE PÉNAL ORDINAIRE.

Art. 401. Les autres vols non spécifiés dans la présente section, les larcins et filouteries, ainsi que les tentatives de ces mêmes délits, seront punis d'un emprisonnement d'un an au moins et de cinq ans au plus, et pourront même l'être d'une amende qui sera de seize francs au moins et de cinq cents francs au plus.

Les coupables pourront encore être interdits des droits mentionnés en l'article 42 du présent Code (1), pendant cinq ans au moins et dix ans au plus, à compter du jour où ils auront subi leur peine.

Ils pourront aussi être mis, par l'arrêt ou le jugement, sous la surveillance de la haute police pendant le même nombre d'années.

Quiconque, sachant qu'il est dans l'impossibilité absolue de payer, se sera fait servir des boissons ou des aliments qu'il aura consommés, en tout ou en partie, dans les établissements à ce destinés, sera puni d'un emprisonnement de six jours au moins et de six mois au plus, et d'une amende de 16 francs au moins et de 200 francs au plus.

---

(1) Art. 42. Les tribunaux jugeant correctionnellement pourront, dans certains cas, interdire, en tout ou en partie, l'exercice des droits civiques, civils et de famille suivants :

1° De vote et d'élection ;

2° D'éligibilité ;

3° D'être appelé ou nommé aux fonctions de juré ou autres fonctions publiques, ou aux emplois de l'administration, ou d'exercer ces fonctions ou emplois ;

4° Du port d'armes :

5° Du vote et du suffrage dans les délibérations de famille ;

6° D'être tuteur, curateur, si ce n'est de ses enfants et sur l'avis seulement de la famille ;

7° D'être expert ou employé comme témoin dans les actes ;

8° De témoignage en justice, autrement que pour y faire de simples déclarations.

Art. 402. Ceux qui, dans les cas prévus par le Code de commerce, seront déclarés coupables de banqueroute, seront punis ainsi qu'il suit :

Les banqueroutiers frauduleux seront punis de la peine des travaux forcés à temps ;

Les banqueroutiers simples seront punis d'un emprisonnement d'un mois au moins et de deux ans au plus.

Art. 403. Ceux qui, conformément au Code de commerce, seront déclarés complices de banqueroute frauduleuse, seront punis de la même peine que les banqueroutiers frauduleux.

Art. 405. Quiconque, soit en faisant usage de faux noms ou de fausses qualités, soit en employant des manœuvres frauduleuses pour persuader l'existence de fausses entreprises, d'un pouvoir ou d'un crédit imaginaire, ou pour faire naître l'espérance ou la crainte d'un succès, d'un accident ou de tout autre événement chimérique, se sera fait remettre ou délivrer ou aura tenté de se faire remettre ou délivrer des fonds, des meubles ou des obligations, dispositions, billets, promesses, quittances ou décharges, et aura, par un de ces moyens, escroqué ou tenté d'escroquer la totalité ou partie de la fortune d'autrui, sera puni d'un emprisonnement d'un an au moins et de cinq ans au plus et d'une amende de cinquante francs au moins et trois mille francs au plus.

Le coupable pourra être, en outre, à compter du jour où il aura subi sa peine, interdit, pendant cinq ans au moins et dix ans au plus, des droits mentionnés en l'article 42 du présent Code ; le tout, sauf les peines plus graves, s'il y a crime de faux.

Art. 406. Quiconque aura abusé des besoins, des faiblesses ou des passions d'un mineur, pour lui faire souscrire, à son préjudice, des obligations, quittances ou décharges, pour prêt d'argent ou de choses mobilières, ou d'effets de commerce, ou de tous autres effets obligatoires, sous quelque forme que cette négociation ait été faite ou déguisée, sera puni d'un emprisonnement de deux mois au moins, de deux ans au plus, et d'une amende qui ne pourra excéder le quart des restitutions et des dommages-intérêts qui seront dus aux parties lésées, ni être moindre de vingt-cinq francs.

La disposition portée au second paragraphe du précédent article pourra de plus être appliquée.

Art. 407. Quiconque, abusant d'un blanc-seing qui lui aura été confié, aura frauduleusement écrit au-dessus une obligation ou décharge, ou tout autre acte pouvant compromettre la personne ou la fortune du signataire, sera puni des peines portées en l'article 405.

Dans le cas où le blanc-seing ne lui aurait pas été confié, il sera poursuivi comme faussaire et puni comme tel.

Art. 408. Quiconque aura détourné ou dissipé, au préjudice des propriétaires, possesseurs ou détenteurs, des effets, deniers, marchandises, billets, quittances ou tous autres écrits contenant ou opérant obligation ou décharge qui ne lui auraient été remis qu'à titre de louage, de dépôt, de mandat de nantissement, de prêt à usage, ou pour un travail salarié ou non salarié, à la charge de les rendre ou représenter, ou d'en faire un usage ou un emploi déterminé, sera puni des peines portées en l'article 406.

Si l'abus de confiance prévu et puni par le précédent paragraphe a été commis par un officier public ou ministériel, ou par un domestique, homme de service à gages, élève, clerc, commis, ouvrier, compagnon ou apprenti, au préjudice de son maître, la peine sera celle de la réclusion.

Le tout sans préjudice de ce qui est dit aux articles 254, 255 et 256, relativement aux soustractions et enlèvements de deniers, effets ou pièces commis dans les dépôts publics (1).

(N° 15.) ART. 202.

CODE PÉNAL ORDINAIRE.

Art. 2. Toute tentative de *crime* qui aura été manifestée par un commencement d'exécution, si elle n'a été suspendue ou si elle n'a manqué son effet que par des circonstances indépendantes de la volonté de son auteur, est considérée comme le *crime* même.

Art. 3. Les tentatives de *délits* ne sont considérées comme *délits* que dans les cas déterminés par une disposition spéciale de la loi.

Art. 59. Les complices d'un crime ou d'un délit seront punis de la même peine que les auteurs mêmes de ce crime ou de ce délit, sauf les cas où la loi en aurait disposé autrement.

Art. 60. Seront punis comme complices d'une action qualifiée crime ou délit, ceux qui, par dons, promesses, menaces, abus

---

(1) Art. 254. Quant aux soustractions, destructions et enlèvements de pièces ou de procédures criminelles ou d'autres papiers, registres, actes et effets, contenus dans les archives, greffes ou dépôts publics, ou remis à un dépositaire public en cette qualité, les peines seront, contre les greffiers, archivistes, notaires et autres dépositaires négligents, de trois mois à un an d'emprisonnement, ou d'une amende de cent francs à trois cents francs.

Art. 255. Quiconque se sera rendu coupable des soustractions, enlèvements ou destructions mentionnés en l'article précédent, sera puni de la réclusion.

Si le crime est l'ouvrage du dépositaire lui-même, il sera puni des travaux forcés à temps.

Art. 256. Si le bris de scellés, les soustractions, enlèvement ou destruction de pièces ont été commis avec violence envers les personnes, la peine sera, contre toute personne, celle des travaux forcés à temps, sans préjudice de peines plus fortes, s'il y a lieu, d'après la nature des violences et des autres crimes qui y seraient joints.

d'autorité ou de pouvoir, machinations ou artifices coupables, auront provoqué à cette action ou donné des instructions pour la commettre.

Ceux qui auront procuré des armes, des instruments, ou tout autre moyen qui aura servi à l'action, sachant qu'ils devaient y servir.

Ceux qui auront, avec connaissance, aidé ou assisté l'auteur ou les auteurs de l'action, dans les faits qui l'auront préparée ou facilitée, ou dans ceux qui l'auront consommée ; sans préjudice des peines qui seront spécialement portées par le présent Code contre les auteurs des complots ou de provocations attentatoires à la sûreté intérieure ou extérieure de l'Etat, même dans le cas où le crime qui était l'objet des conspirateurs ou des provocateurs n'aurait pas été commis.

Art. 61. Ceux qui, connaissant la conduite criminelle des malfaiteurs exerçant des brigandages ou des violence, contre la sûreté de l'Etat, la paix publique, les personnes ou les propriétés, leur fournissent habituellement logement, lieu de retraite ou de réunion, seront punis comme leurs complices.

Art. 62. Ceux qui sciemment auront recélé, en tout ou en partie, des choses enlevées, détournées ou obtenues à l'aide d'un crime ou d'un délit, seront aussi punis comme complices de ce crime ou délit.

Art. 63. Néanmoins la peine de mort, lorsqu'elle sera applicable aux auteurs des crimes, sera remplacée, à l'égard des recéleurs, par celle des travaux forcés à perpétuité.

Dans tous les cas, les peines des travaux forcés à perpétuité ou de la déportation, lorsqu'il y aura lieu, ne pourront être prononcées contre les recéleurs qu'autant qu'ils seront convaincus d'avoir eu, au temps du recélé, connaissance des circonstances auxquelles la loi attache les peines de mort, des travaux forcés à perpétuité et de la déportation ; sinon ils ne subiront que la peine des travaux forcés à temps.

Art. 64. Il n'y a ni crime ni délit, lorsque le prévenu était en état de démence au temps de l'action, ou lorsqu'il a été contraint par une force à laquelle il n'a pu résister.

Art. 65. Nul crime ou délit ne peut être excusé, ni la peine mitigée, que dans les cas et dans les circonstances où la loi déclare le fait excusable, ou permet de lui appliquer une peine moins rigoureuse.

(N° 16). ART. 216.

CODE PÉNAL ORDINAIRE.

Art. 237. Toutes les fois qu'une évasion de détenu aura lieu, les huissiers, les commandants en chef ou en sous-ordre, soit de la gendarmerie, soit de la force armée servant d'escorte ou garnissant les postes, les concierges, gardiens, geôliers, et tous autres préposés à la conduite, au transport ou à la garde des détenus, seront punis ainsi qu'il suit.

Art. 238. Si l'évadé était prévenu de délits de police, ou de crimes simplement infamants, ou condamné pour l'un de ces crimes, s'il était prisonnier de guerre, les préposés à sa garde ou conduite seront punis, en cas de négligence, d'un emprisonnement de six jours à deux mois; et, en cas de connivence, d'un emprisonnement de six mois à deux ans.

Ceux qui, n'étant pas chargés de la garde ou de la conduite du détenu, auront procuré ou facilité son évasion, seront punis de six jours à trois mois d'emprisonnement.

Art. 239. Si les détenus évadés, ou l'un d'eux, étaient prévenus ou accusés d'un crime de nature à entraîner une peine afflictive à temps, ou condamnés pour l'un de ces crimes, la peine sera, contre les préposés à la garde ou conduite, en cas de négligence, un emprisonnement de deux mois à six mois; en cas de connivence, la réclusion.

Les individus non chargés de la garde des détenus, qui auront procuré ou facilité l'évasion, seront punis d'un emprisonnement de trois mois à deux ans.

Art. 240. Si les évadés, ou l'un d'eux, sont prévenus ou accusés de crimes de nature à entraîner la peine de mort ou des peines perpétuelles, ou s'ils sont condamnés à l'une de ces peines, leurs conducteurs ou gardiens seront punis d'un an à deux ans d'emprisonnement, en cas de négligence, et des travaux forcés à temps, en cas de connivence.

Les individus non chargés de la conduite ou de la garde qui auront facilité ou procuré l'évasion seront punis d'un emprisonnement d'un an au moins et de cinq ans au plus.

Art. 241. Si l'évasion a eu lieu ou a été tentée avec violences ou bris de prison, les peines contre ceux qui l'auront favorisée en fournissant des instruments propres à l'opérer seront :

Si le détenu qui s'est évadé se trouve dans le cas prévu par l'article 238, trois mois à deux ans d'emprisonnement; au cas de l'article 239, un an à quatre ans d'emprisonnement; et, au cas de l'article 240, deux ans à cinq ans de la même peine et une amende de cinquante francs à deux mille francs.

Dans ce dernier cas, les coupables pourront, en outre, être privés des droits mentionnés en l'article 42 du présent Code (1) pendant cinq ans au moins et dix ans au plus, à compter du jour où ils auront subi leur peine.

---

(1) L'article 42 est transcrit en renvoi sous l'article 401, page 80.

Art. 242. Dans tous les cas ci-dessus, lorsque les tiers qui auront procuré ou facilité l'évasion y seront parvenus en corrompant les gardiens ou geôliers, ou de connivence avec eux, ils seront punis des mêmes peines que lesdits gardiens et geôliers.

Art. 243. Si l'évasion avec bris ou violence a été favorisée par transmission d'armes, les gardiens et conducteurs qui y auront participé seront punis des travaux forcés à perpétuité; les autres personnes, des travaux forcés à temps.

Art. 247. Les peines d'emprisonnement ci-dessus établies contre les conducteurs ou les gardiens, en cas de négligence seulement, cesseront lorsque les évadés seront repris ou représentés, pourvu que ce soit dans les quatre mois de l'évasion, et qu'ils ne soient pas arrêtés pour d'autres crimes ou délits commis postérieurement.

Art. 248. Ceux qui auront recélé ou fait recéler des personnes qu'ils savaient avoir commis des crimes emportant peine afflictive seront punis de trois mois d'emprisonnement au moins et de deux ans au plus.

Sont exceptés de la présente disposition les ascendants ou descendants, époux ou épouse même divorcés, frères ou sœurs des criminels recélés, ou leurs alliés aux mêmes degrés.

(N° 17.) ART. 233.

LOI DU 19 MAI 1834 SUR L'ÉTAT DES OFFICIERS.

Art. 1er. Le grade est conféré par le Roi ; il constitue l'état de l'officier. L'officier ne peut le perdre que par l'une des causes ci-après :

1° Démission acceptée par le Roi ;

2° Perte de la qualité de Français, prononcée par jugement ;

3° Condamnation à une peine afflictive ou infamante ;

4° Condamnation à une peine correctionnelle, pour délits prévus par la section 1re et les articles 402, 403, 405, 406 et 407 du chapitre 2 du titre II du livre III du Code pénal ;

5° Condamnation à une peine correctionnelle d'emprisonnement, et qui, en outre, a placé le condamné sous la surveillance de la haute police, et l'a interdit des droits civiques, civils et de famille ;

6° Destitution prononcée par jugement d'un conseil de guerre.

Indépendamment des cas prévus par les autres lois en vigueur, la destitution sera prononcée pour les causes ci-après déterminées :

1° A l'égard de l'officier en activité, pour l'absence illégale de son corps, après trois mois ;

2° A l'égard de l'officier en activité, en disponibilité ou en non-activité, pour résidence hors du royaume sans l'autorisation du Roi, après quinze jours d'absence.

(No 18.) ART. 248.

CODE PÉNAL ORDINAIRE.

Art. 381. Seront punis des travaux forcés à perpétuité les individus coupables de vols commis avec la réunion des cinq circonstances suivantes :

1o Si le vol a été commis la nuit ;

2o S'il a été commis par deux ou plusieurs personnes ;

3o Si les coupables ou l'un d'eux étaient porteurs d'armes apparentes ou cachées ;

4o S'ils ont commis le crime, soit à l'aide d'effraction extérieure, ou d'escalade, ou de fausses clefs, dans une maison, appartement, chambre ou logement habités ou servant à l'habitation, ou leurs dépendances, soit en prenant le titre d'un fonctionnaire public ou d'un officier civil ou militaire, ou après s'être revêtus de l'uniforme ou du costume du fonctionnaire ou de l'officier, ou en alléguant un faux ordre de l'autorité civile ou militaire ;

5' S'ils ont commis le crime avec violence ou menace de faire usage de leurs armes.

Art. 382. Sera puni de la peine des travaux forcés à temps tout individu coupable de vol commis à l'aide de violence. Si la violence à l'aide de laquelle le vol a été commis a laissé des traces de blessures ou de contusions, cette circonstance suffira pour que la peine des travaux forcés à perpétuité soit prononcée.

Art. 383. Les vols commis sur les chemins publics emporteront la peine des travaux forcés à perpétuité, lorsqu'ils auront été commis avec deux des circonstances prévues dans l'article 381.

Ils emporteront la peine des travaux forcés à temps, lorsqu'ils auront été commis avec une seule de ces circonstances.

Dans les autres cas, la peine sera celle de la réclusion.

Art. 384. Sera puni de la peine des travaux forcés à temps, tout individu coupable de vol commis à l'aide d'un des moyens énoncés dans le no 4 de l'article 381, même quoique l'effraction, l'escalade et l'usage des fausses clefs aient eu lieu dans des édifices, parcs ou enclos non servant à l'habitation et non dépendants des maisons habitées, et lors même que l'effraction n'aurait été qu'intérieure.

Art. 385. Sera également puni de la peine des travaux forcés à temps tout individu coupable de vol commis avec deux des trois circonstances suivantes :

1° Si le vol a été commis la nuit ;

2° S'il a été commis dans une maison habitée, ou dans un des édifices consacrés aux cultes légalement établis en France ;

3° S'il a été commis par deux ou plusieurs personnes ;

Et si, en outre, le coupable, ou l'un des coupables, était porteur d'armes apparentes ou cachées.

Art. 390. Est réputée *maison habitée* tout bâtiment, logement, loge, cabane, même mobile, qui, sans être actuellement habité, est destiné à l'habitation, et à tout ce qui en dépend, comme cours, basses-cours, granges, écuries, édifices qui y sont enfermés, quel qu'en soit l'usage, et quand même ils auraient une clôture particulière dans la clôture ou enceinte générale.

Art. 391. Est réputé *parc* ou *enclos*, tout terrain environné de fossés, de pieux, de claies, de planches, de haies vives ou sèches, ou de murs de quelque espèce de matériaux que ce soit, quelles que soient la hauteur, la profondeur, la vétusté, la dégradation de ces diverses clôtures, quand il n'y aurait pas de porte fermant à clef ou autrement, ou quand la porte serait à claire-voie et ouverte habituellement.

Art. 392. Les parcs mobiles destinés à contenir du bétail dans la campagne, de quelque matière qu'ils soient faits, sont aussi réputés enclos ; et lorsqu'ils tiennent aux cabanes mobiles ou autres abris destinés aux gardiens, ils sont réputés dépendants de maison habitée.

Art. 393. Est qualifiée *effraction*, tout forcement, rupture, dégradation, démolition, enlèvement de murs, toits, planchers, portes, fenêtres, serrures, cadenas, ou autres ustensiles ou instruments servant à fermer ou à empêcher le passage, et de toute espèce de clôture, quelle qu'elle soit.

Art. 394. Les effractions sont extérieures ou intérieures.

Art. 395. Les effractions extérieures sont celles à l'aide desquelles on peut s'introduire dans les maisons, cours, basses-cours, enclos ou dépendances, ou dans les appartements ou logements particuliers.

Art. 396. Les effractions intérieures sont celles qui, après l'introduction dans les lieux mentionnés en l'article précédent, sont faites aux portes ou clôtures du dedans, ainsi qu'aux armoires ou autres meubles fermés.

Est compris dans la classe des effractions intérieures, le simple enlèvement des caisses, boîtes, ballots sous toile et corde, et autres meubles fermés, qui contiennent des effets quelconques, bien que l'effraction n'ait pas été faite sur le lieu.

Art. 397. Est qualifiée *escalade*, toute entrée dans les maisons, bâtiments, cours, basses-cours, édifices quelconques, jardins, parcs et enclos, exécutée par-dessus les murs, portes, toitures ou toute autre clôture.

L'entrée par une ouverture souterraine, autre que celle qui a été établie pour servir d'entrée, est une circonstance de même gravité que l'escalade.

Art. 398. Sont qualifiés *fausses clefs*, tous crochets, rossignols, passe-partout, clefs imitées, contrefaites, altérées ou qui n'ont pas été destinées par le propriétaire, locataire, aubergiste ou logeur, aux serrures, cadenas, ou aux fermetures quelconques auxquelles le coupable les aura employées.

(N° 19,) ART. 261.

CODE PÉNAL ORDINAIRE.

Art. 177. Tout fonctionnaire public de l'ordre administratif ou judiciaire, tout agent ou préposé d'une administration publique, qui aura agréé des offres ou promesses ou reçu des dons ou présents pour faire un acte de sa fonction ou de son emploi, même juste, mais non sujet à salaire, sera puni de la dégradation civique, et condamné à une amende double de la valeur des promesses agréées ou des choses reçues, sans que ladite amende puisse être inférieure à deux cents francs.

La présente disposition est applicable à tout fonctionnaire, agent ou préposé de la qualité ci-dessus exprimée, qui, par offres ou promesses agréées, dons ou présents reçus, se sera abstenu de faire un acte qui entrait dans l'ordre de ses devoirs.

Sera puni de la même peine tout arbitre ou expert nommé soit par un tribunal, soit par les parties, qui aura agréé des offres ou promesses, ou reçu des dons ou présents, pour rendre une décision ou donner une opinion favorable à l'une des parties.

Sera punie des mêmes peines toute personne investie d'un mandat électif, qui aura agréé des offres ou promesses, reçu des dons ou présents pour faire obtenir ou tenter de faire obtenir des décorations, médailles, distinctions ou récompenses, des places, fonctions ou emplois, des faveurs quelconques, accordées par l'autorité publique, des marchés, entreprises, ou autres bénéfices résultant de traités conclus également avec l'autorité publique, et aura ainsi abusé de l'influence, réelle ou supposée, que lui donne son mandat.

Toute autre personne qui se sera rendue coupable de faits semblables sera punie d'un emprisonnement d'un an au moins et de cinq ans au plus, et d'une amende égale à celle prononcée par le premier paragraphe du présent article.

Les coupables pourront, en outre, être interdits des droits mentionnés dans l'article 42 du présent Code pendant cinq ans au moins et dix ans au plus, à compter du jour où ils auront subi leur peine.

Art. 179. Quiconque aura contraint ou tenté de contraindre par voies de fait ou menaces, corrompu ou tenté de corrompre, par promesses, offres, dons ou présents, l'une des personnes de la qualité exprimée en l'article 177, pour obtenir, soit une opinion favorable, soit des procès-verbaux, états, certificats ou estimations contraires à la vérité, soit des places, emplois, adjudications, entreprises ou autres bénéfices quelconques, soit tout autre acte du ministère du fonctionnaire, agent ou préposé, soit enfin l'abstention d'un acte qui rentrait dans l'exercice de ses devoirs, sera puni des mêmes peines que la personne corrompue.

Toutefois, si les tentatives de contrainte ou corruption n'ont eu aucun effet, les auteurs de ces tentatives seront simplement punis d'un emprisonnement de trois mois au moins et de six mois au plus, et d'une amende de cent francs à trois cents francs.

(Nº 20.) ART. 263.

CODE PÉNAL ORDINAIRE.

Art. 169. Tout percepteur, tout commis à une perception, dépositaire ou comptable public, qui aura détourné ou soustrait des deniers publics ou privés, ou effets actifs en tenant lieu, ou des pièces, titres, actes, effets mobiliers qui étaient entre ses mains en vertu de ses fonctions, sera puni des travaux forcés à temps, si les choses détournées ou soustraites sont d'une valeur au-dessus de trois mille francs.

Art. 170. La peine des travaux forcés à temps aura lieu également, quelle que soit la valeur des deniers ou des effets détournés ou soustraits, si cette valeur égale ou excède, soit le tiers de la recette ou du dépôt, s'il s'agit de deniers ou effets une fois reçus ou déposés, soit le cautionnement, s'il s'agit d'une recette ou d'un dépôt attaché à une place sujette à cautionnement, soit enfin le tiers du produit commun de la recette pendant un mois, s'il s'agit d'une recette composée de rentrées successives et non sujette à cautionnement.

Art. 174. Tous fonctionnaires, tous officiers publics, leurs commis ou préposés, tous percepteurs des droits, taxes, contributions, deniers, revenus publics ou communaux ou leurs commis et préposés, qui se seront rendus coupables du crime de concussion, en ordonnant de percevoir ou en exigeant ou en recevant ce qu'ils savaient n'être pas dû, ou excéder ce qui était dû pour droits, taxes, contributions, deniers ou revenus, ou pour salaires ou traitements, seront punis, savoir : les fonctionnaires ou les officiers publics, de la peine de la réclusion; et leurs commis ou préposés, d'un emprisonnement de deux ans au moins et de cinq ans au plus, lorsque la totalité des sommes exigées ou reçues, ou dont la perception a été ordonnée, a été supérieure à trois cents francs.

Toutes les fois que la totalité de ces sommes n'excédera pas trois cents francs, les fonctionnaires ou les officiers publics ci-dessus désignés seront punis d'un emprisonnement de deux à cinq ans, et leurs commis ou préposés d'un emprisonnement d'une année au moins, et de quatre ans au plus.

La tentative de ce délit sera punie comme le délit lui-même.

Dans tous les cas où la peine d'emprisonnement sera prononcée, les coupables pourront, en outre, être privés des droits mentionnés en l'article 42 du présent Code pendant cinq ans au moins et dix ans au plus à compter du jour où ils auront subi leur peine; ils pourront aussi être mis, par l'arrêt ou le jugement, sous la surveillance de la haute police pendant le même nombre d'années.

Dans tous les cas prévus par le présent article, les coupables seront condamnés à une amende dont le *maximum* sera le quart des restitutions et des dommages-intérêts, et le *minimum* le douzième.

Les dispositions du présent article sont applicables aux greffiers et officiers ministériels, lorsque le fait a été commis à l'occasion des recettes dont ils sont chargés par la loi.

Art. 175. Tout fonctionnaire, tout officier public, tout agent du Gouvernement, qui, soit ouvertement, soit par actes simulés, soit par interposition de personnes, aura pris ou reçu quelque intérêt que ce soit dans les actes, adjudications entreprises ou régies dont il a ou avait, au temps de l'acte, en tout ou en partie, l'administration ou la surveillance, sera puni d'un emprisonnement de six mois au moins et de deux ans au plus, et sera condamné à une amende qui ne pourra excéder le quart des restitutions et des indemnités, ni être au-dessous du douzième.

Il sera de plus déclaré à jamais incapable d'exercer aucune fonction publique.

La présente disposition est applicable à tout fonctionnaire ou agent du Gouvernement qui aura pris un intérêt quelconque dans une affaire dont il était chargé d'ordonnancer le paiement ou de faire la liquidation.

(N° 21.) ART. 267.

Art. 463 du Code pénal ordinaire déjà cité à l'article 198.

N° 2. Le Ministre Secrétaire d'Etat de la guerre à MM. les Généraux commandant les divisions territoriales et actives. (*Bureau de la Justice militaire.*)

Paris, le 28 juillet 1857.

(Instructions relatives à l'exécution du Code de justice militaire.)

Général, je vous adresse, pour le service des tribunaux militaires et de l'état-major de votre division, des exemplaires du Code de justice militaire. Je crois utile d'appeler votre attention sur les dispositions principales qu'il contient.

Ce Code, en même temps qu'il maintient les tribunaux militaires actuellement existants sous la dénomination de conseils de guerre et de révision, établit pour les armées en campagne une troisième juridiction sous le nom de *Prévôtés*.

Il n'admet en principe qu'un conseil de guerre au chef-lieu de chaque division; mais il réserve à l'Empereur la faculté d'en établir un second lorsque les besoins du service l'exigent. Sa Majesté, usant de ce droit, a, par le décret du 18 juillet dernier, déterminé les villes dans lesquelles un second conseil de guerre doit être établi, et a réglé la circonscription de son ressort.

La composition du conseil de guerre permanent reste la même que par le passé, pour le jugement des sous-officiers, caporaux, brigadiers et soldats.

La nomination des commissaires du gouvernement et des rapporteurs est attribuée au Ministre de la guerre; celle du président, des juges et des substituts est laissée au général commandant la division.

Le règlement d'administration publique dont fait mention l'article 9, et qui a pour objet de déterminer les conditions et les formes de la nomination des greffiers et des commis-greffiers, paraîtra prochainement; le décret du 18 juillet 1857 règle provisoirement la position de ces officiers d'administration, ainsi que celle des adjudants sous-officiers commis-greffiers titulaires (1). Il assigne en même temps la destination qui devra être donnée aux archives des deuxièmes conseils de guerre et des conseils de revision qui se trouvent supprimés; et rappelle conformément aux règles sur la compétence, que les affaires pendantes devant les tribunaux supprimés sont de droit portées dans l'état d'instruction où elles se trouvent devant les juridictions qui remplacent ces tribunaux.

Conformément à l'article 10 du Code et au tableau qui l'accompagne, le conseil de guerre appelé à juger un officier doit subir des modifications en raison du grade de l'accusé. Ce tableau embrasse les divers échelons de la hiérarchie militaire, telle qu'elle est fixée par l'ordonnance du 16 mars 1838.

La faculté éventuellement donnée aux généraux par le dernier paragraphe de cet article 10 de nommer membres des conseils de guerre des officiers d'un grade égal ou inférieur à celui de l'accusé doit se combiner avec l'article 21; ils ne peuvent y avoir recours que s'ils ne trouvent pas dans l'étendue de leur division des officiers du grade requis pour composer le conseil, et qu'autant que ce grade n'est pas celui d'officier supérieur ou général, parce

_____

(1) Voir les décrets des 6 septembre 1875, 17 et 19 septembre 1900 et la décision du 12 avril 1899 (E. M., vol. 59³).

qu'alors il appartient au Ministre de la guerre d'y pourvoir, conformément à l'article 21.

Il ne vous échappera pas que dans les cas prévus par les articles 12 et 16, le commissaire du gouvernement peut être remplacé par un officier supérieur ou général, auquel il demeure toutefois adjoint.

Pour l'exécution de l'article 13, qui concerne le jugement des membres du corps de l'intendance, des médecins et autres individus assimilés aux militaires, l'Empereur a rendu un décret (1) faisant connaître la composition des conseils de guerre d'après le rang de l'accusé; ce décret, étant tout spécial pour l'administration de la justice, ne modifie en rien les situations déterminées, sous les autres rapports, par les décrets et les règlements relatifs à l'organisation des différents corps de l'armée.

Afin de pourvoir tant à la composition des tribunaux militaires qu'aux modifications dont il vient d'être parlé, il est une mesure que vous devez prendre immédiatement et qui réclame tous vos soins; c'est de faire dresser les tableaux, prescrits par les articles 19 et 28, des officiers et sous-officiers de votre division qui peuvent être appelés à siéger comme juges dans les conseils de guerre et dans les conseils de révision. On y portera les militaires désignés par les colonels pour faire ce service selon l'ordre qui est indiqué par ces articles, tout en ne faisant cependant concourir que les officiers et sous-officiers reconnus aptes par leur instruction et leur expérience à remplir ces fonctions, qui pourront siéger au conseil sans nuire au service, et dont la résidence, soit dans la ville où se tient le conseil, soit dans un rayon voisin, permettra la prompte convocation. Il importera de s'assurer que les officiers et les sous-officiers présentés par les chefs de corps remplissent les conditions de nationalité et d'âge requises par la loi (art. 22); il conviendra en outre de rechercher, avant de les faire entrer en fonction, s'ils ne se trouvent pas dans l'un des cas d'empêchement ou d'incompatibilité prévus par l'article 24; enfin, vous devrez veiller à remplir, sur ces tableaux, les vides occasionnés par les changements de résidence ou de position des militaires qui y sont portés.

Ainsi que l'article 26 en laissait la faculté, il a paru utile de réduire le nombre des conseils de révision; le décret de l'Empereur, du 18 juillet 1857, a fixé ce nombre à cinq pour la France et à trois pour l'Algérie; le tableau annexé à ce décret en détermine le siège et le ressort (2).

L'organisation ancienne du conseil de révision a été maintenue en ce qui concerne le nombre des juges, mais elle n'admet plus que des officiers généraux et supérieurs. Les règles tracées pour le mode de nomination des membres du conseil de révision, des

_____

(1) Voir le décret du 18 juillet 1857 mis à jour, page 102.
(2) Voir le renvoi de la page 9.

commissaires du gouvernement, des substituts et des greffiers, sont les mêmes que celles fixées pour les conseils de guerre, et les causes d'incompatibilité sont identiques ; la condition d'âge seule est différente.

Le titre II traite des conseils de guerre et des conseils de revision aux armées, dans les communes, dans les départements et dans les places de guerre en état de siège. Aucune explication n'est nécessaire, quant à présent, sur ce titre dont, au surplus, les dispositions nettes et précises s'appuient sur les principes généraux qui viennent d'être établis et ne comportent que des modifications commandées par les circonstances exceptionnelles en vue desquelles ces dispositions ont dû être formulées.

Le titre III, relatif aux prévôtés, élève à la hauteur d'une véritable juridiction une institution qui, depuis un temps immémorial, a toujours trouvé place dans l'organisation des armées en campagne, et régularise législativement les pouvoirs donnés au grand prévôt et aux prévôts par les règlements en vigueur, spécialement par ceux du 3 mai 1832, sur le service des armées en campagne (1), et du 1er mars 1854, sur le service de la gendarmerie (2).

Pour ce qui est de la compétence réglée par le livre II, il est facile de reconnaître que la loi nouvelle s'écarte peu des dispositions des lois antérieures, et qu'elle consacre généralement les principes successivement établis par la jurisprudence. Toutefois, une innovation importante est celle introduite par l'article 57, qui déclare justiciables des conseils de guerre, pour les crimes et délits prévus par le titre II du livre IV, c'est-à-dire, prévus par le Code de justice militaire, les militaires de tous grades, les membres de l'intendance militaire et tous les individus assimilés aux militaires : 1° lorsque, sans être employés, ils reçoivent un traitement et restent à la disposition du Gouvernement; 2° lorsqu'ils sont en congé ou permission.

Jusqu'à ce jour, pour être justiciable des tribunaux militaires, il fallait être présent sous les drapeaux et soumis directement à l'action de l'autorité militaire, au moment de la perpétration du crime ou du délit, quelle qu'en fût d'ailleurs la nature ; le Code crée donc une situation nouvelle qu'il importe de ne point perdre de vue.

Il a encore été dérogé à la législation actuelle, en ce qui concerne les militaires de la gendarmerie ; ils sont désormais soumis à la juridiction des conseils de guerre ; il n'est fait exception que pour les crimes ou délits que ces militaires peuvent commettre dans l'exercice des fonctions de la police judiciaire et dans la constatation des contraventions en matière administrative (art. 59).

L'article 60 règle d'une manière précise à quel tribunal appar-

---

(1) Aujourd'hui décret du 28 mai 1895 (E. M., vol. 75).
(2) Aujourd'hui décret du 20 mai 1903 (E. M., vol. 39).

tient la priorité des poursuites contre un militaire prévenu de plusieurs crimes ou délits qui le rendent passible et d'un tribunal militaire et d'un tribunal ordinaire.

La compétence des conseils de guerre reçoit naturellement aux armées, dans les divisions territoriales en état de guerre, dans les communes et les places de guerre en état de siège, une extension en rapport avec ces situations exceptionnelles. Cette extension, du reste, clairement définie, résulte des lois en vigueur, et spécialement de la loi du 9 août 1849, sur l'état de siège.

La faculté donnée à tout justiciable des conseils de guerre de se pourvoir en revision a été maintenue, et les pouvoirs des conseils de revision sont restés ce qu'ils ont été jusqu'à ce jour.

Le titre III, qui règle la compétence des prévôtés, n'a besoin que de quelques explications; il faut observer seulement que le Code, en donnant aux prévôtés juridiction pour connaître de toute infraction dont la peine n'excède pas six mois d'emprisonnement et deux cents francs d'amende, entend parler de la peine édictée par la loi contre l'infraction, et non de la peine que le juge pourrait appliquer, alors que la loi déterminerait un maximum plus élevé; de même, en autorisant les prévôts à statuer sur les demandes en dommages-intérêts jusqu'à 150 francs, la loi a entendu parler du chiffre de la somme demandée et non de celle allouée par le juge (art. 75).

Le titre IV, qui est relatif à la compétence en cas de complicité, tout en maintenant, en ce qui touche l'attribution de juridiction, les distinctions consacrées par la jurisprudence, y apporte quelques dérogations ; ainsi, le conseil devient compétent alors même que les complices militaires ne seraient pas ses justiciables à raison de leur position au moment du crime ou du délit (art. 77), et il en est de même toutes les fois que des étrangers se trouvent mis en cause avec des justiciables du conseil de guerre.

Les articles 78 et 79 règlent la compétence et la juridiction, en ce qui concerne les crimes et délits commis, soit à bord des vaisseaux, soit dans l'enceinte des ports militaires et établissements maritimes, de complicité par des militaires et des marins.

L'article 80 interdit le pourvoi devant la cour de cassation contre les jugements des conseils de guerre et de revision aux individus que la loi a déclarés formellement justiciables de ces tribunaux, ainsi que le proclame l'article 77 de la loi du 27 ventôse an VIII, et à ceux qui, sur le territoire ennemi, sont auteurs ou complices de crimes prévus par le Code de justice militaire, ou encore à ceux qui, en France, mais en présence de l'ennemi, sont étrangers ou prévenus de crimes qui touchent à la sûreté de l'armée. Dans ces divers cas, le jugement est exécutoire dans les vingt-quatre heures à partir de l'expiration du délai fixé pour le recours en revision ou de la réception du jugement qui a rejeté le recours (art. 145 et 146).

Le Code maintient au contraire la faculté de se pourvoir en cassation en faveur des citoyens français non militaires, ou non assimilés aux militaires, tout en la réduisant au cas d'incompétence. Dès que la compétence de la juridiction est reconnue, tout ce qui touche à la procédure, à la régularité des formes et à l'application des lois, ne saurait en effet relever que du conseil de revision.

Le livre III traite de la procédure; il ne fait que consacrer, pour la recherche et la constatation des crimes et délits, les mesures prescrites par la législation antérieure; mais la poursuite ne peut commencer sans qu'il en ait été référé au général de division, auquel est dévolu le droit d'ordonner ou de refuser l'information.

Dans le cas où vous jugerez qu'il n'y a pas lieu de donner suite à la plainte, vous aurez à motiver votre décision, en faisant connaître si c'est faute de gravité, de précision des faits articulés, ou parce que ces faits ne constitueraient ni crime, ni délit; enfin vous remarquerez que, dans le modèle de formules qui vous est envoyé, on se sert de ces mots: *en l'état*, parce que, s'il survenait de nouveaux renseignements de nature à modifier votre première opinion, vous auriez le droit et le devoir de faire reprendre les poursuites.

Vous aurez, en outre, dans le cas où vous ne donneriez pas suite à la plainte, à me rendre compte de vos décisions.

Les états mensuels et nominatifs des refus d'informer, qui sont adressés au ministère de la guerre, en ce qui concerne le délit de désertion, devront également comprendre désormais les refus d'informer que le général commandant la division aura cru devoir prononcer pour quelque fait que ce soit.

Dans les cas où le droit d'appréciation de la plainte est réservé au Ministre de la guerre, vous aurez à me transmettre, avec votre avis motivé, les rapports, actes ou procès-verbaux qui vous auraient été adressés.

Vous remarquerez qu'en ce qui concerne la marche à suivre pour saisir le commissaire du gouvernement et le rapporteur des pièces et documents qui doivent servir de base à l'instruction, et pour les formalités de toute nature qu'il peut y avoir à remplir au cours de cette instruction, le nouveau Code ne fait que consacrer législativement le mode de procéder suivi depuis que le Code d'instruction criminelle sert de guide à la juridiction militaire, en l'absence de loi spéciale.

Cependant, contrairement à ce que prescrivait l'art. 12 de la loi du 13 brumaire an V, le premier acte de l'instruction doit être l'interrogatoire de l'accusé, sauf à lui faire subir des suppléments d'interrogatoire, si la découverte de la vérité l'exige.

Lorsque l'instruction est terminée (art. 108), le rapporteur transmet les pièces et son avis au commissaire impérial, lequel les adresse immédiatement, avec ses conclusions, au général commandant la division qui prononce sur la mise en jugement.

Cette disposition vous confère encore un droit d'appréciation sur lequel je ne saurais trop appeler votre sollicitude, en raison des graves intérêts qui s'y rattachent tant pour les personnes que pour l'ordre public.

Vos décisions doivent être motivées comme dans le cas prévu par l'article 99, et quand vous déciderez qu'il n'y a pas lieu de convoquer le conseil, vous aurez à m'en rendre compte. Lorsqu'il m'appartiendra de statuer directement, vous aurez soin de m'envoyer, avec votre avis motivé, les pièces de la procédure, ainsi que le rapport du juge d'instruction et l'avis du commissaire du gouvernement.

L'ordre de mise en jugement une fois donné, la notification qui doit en être faite à l'accusé, trois jours avant la réunion du conseil de guerre, est, en procédure militaire, une formalité nouvelle, que le commissaire du gouvernement ne devra pas négliger de remplir. C'est à ce moment aussi que cet officier doit avertir l'accusé que, s'il n'a pas fait choix d'un défenseur (article 109), il lui en sera nommé un d'office. C'est encore à ce moment que le défenseur doit être admis à communiquer avec l'accusé, et peut prendre au greffe communication des pièces (article 112).

Les présidents des conseils de guerre ne se trouvant pas toujours sur les lieux, il est important, pour éviter toute perte de temps et pour faciliter l'exécution de l'article 109, que ces officiers désignent d'avance les personnes réunissant les conditions de l'article 110, parmi lesquelles seront pris les défenseurs d'office, afin que le commissaire du gouvernement, en avertissant l'accusé de son droit de choisir un défenseur, puisse, si l'accusé n'a pas usé de cette faculté, lui indiquer immédiatement le défenseur ainsi désigné par le président.

Toutes les dispositions relatives à l'examen et au jugement, ainsi qu'à la police de l'audience, sont calquées, soit sur la loi ancienne, soit sur le Code d'instruction criminelle; elles ne sauraient, par conséquent, soulever de difficulté.

Ici, cependant, se trouve résolu un point de droit qui a quelquefois divisé les conseils de guerre, je veux parler de la disposition de l'article 115, d'après laquelle tout militaire qui se rend coupable envers le conseil ou l'un de ses membres de voies de fait, ou d'outrages ou menaces par propos ou gestes, est passible des peines prononcées contre ces mêmes crimes ou délits commis envers des supérieurs pendant le service.

Rien n'a été changé en ce qui concerne la comparution de l'accusé devant le conseil de guerre et les mesures à prendre à son égard s'il refuse de comparaître, si ce n'est que la loi nouvelle a étendu aux conseils de guerre les pouvoirs accordés aux juridictions de droit commun pour la répression des crimes et délits qui peuvent se commettre aux audiences et pour garantir le respect dû aux magistrats. Rien non plus n'a été modifié en ce qui touche les jugements sur les exceptions et les moyens d'incompétence, les dépositions des témoins et l'interrogatoire de l'accusé, les réquisitions du commissaire du gouvernement et la défense. Toute cette partie des débats et tout ce qui a rapport à la délibération des membres du conseil, au prononcé du jugement, à la lecture qui doit en être faite à l'accusé, ne font que reproduire des règles depuis longtemps en pratique et qui découlent du Code d'instruction criminelle et de la loi du 9 septembre 1835.

Il importe de remarquer seulement que, d'après les articles 124, 133 et 134, les jugements sur les exceptions, les moyens d'incompétence et les incidents, sont rendus à la majorité des voix, à la différence des questions sur la culpabilité et l'application des peines, qui ne peuvent être résolues contre l'accusé qu'à la majorité de cinq voix contre deux, comme le prescrivait la loi du 13 brumaire an V.

L'article 132 précise l'ordre dans lequel les questions doivent être posées par le président; il est essentiel que cet ordre soit exactement suivi afin que chaque question présente un sens complet, sans cependant tomber dans le vice de complexité.

La première question doit porter sur le fait principal, en spécifiant les éléments constitutifs de l'infraction.

Chaque circonstance aggravante doit ensuite être l'objet d'une question spéciale, de manière que l'accusation tout entière soit purgée, et s'il y a plusieurs chefs d'accusation, le même ordre doit être suivi pour chacun d'eux.

Ainsi, dans une accusation de voies de fait *envers un supérieur pendant le service ou à l'occasion du service*, la question principale pourrait être ainsi posée :

N... est-il coupable de voies de fait envers N... (nom et grade), son supérieur?

La deuxième question serait celle-ci : Ces voies de fait ont-elles été commises pendant le service ou à l'occasion du service?

Lorsque la loi autorise l'admission des circonstances atténuantes, le président du conseil doit poser la question, mais le jugement ne doit en faire mention qu'autant que la majorité l'a résolue en faveur de l'accusé, et, dans ce cas, le jugement doit la constater en ces termes: *à la majorité, il y a des circonstances atténuantes en faveur de...*

L'attention toute particulière du président, du commissaire du gouvernement et du greffier doit se porter sur l'article 140, qui détermine la forme du jugement et spécifie les diverses mentions qui doivent y être constatées.

Aux termes de cet article, le jugement est tout à la fois la décision sur le fond et le procès-verbal d'audience.

Il ne peut reproduire ni les réponses de l'accusé, si ce n'est celles faites aux questions qui ont pour but de constater son identité (voir article 117), ni les dépositions des témoins.

Il doit énoncer, à peine de nullité : 1° les noms et grades des juges; 2° les nom, prénoms, âge, profession et domicile de l'accusé; 3° le crime ou le délit pour lequel l'accusé a été traduit de-

vant le conseil de guerre; 4° la prestation de serment des témoins; 5° les réquisitions du commissaire du gouvernement; 6° les questions posées au conseil, les décisions et le nombre des voix, en se conformant aux dispositions des articles 132, 133 et 134; 7° le texte de la loi appliquée; 8° la publicité des séances ou la décision qui a ordonné le huis-clos; 9° la publicité de la lecture du jugement faite par le président.

Les formules de jugement que je vous adresse sont rédigées de manière que toutes les mentions exigées à peine de nullité soient fidèlement consignées.

On devra se rappeler que les débats seuls peuvent avoir lieu à huis clos lorsque le tribunal croit devoir l'ordonner dans l'intérêt de l'ordre et des mœurs, et que, par suite, la lecture des pièces dont parle l'article 121 du Code, et les avertissements qu'il prescrit, doivent se faire publiquement, ainsi que la lecture de tout jugement soit sur les incidents, soit sur le fond (art. 136). Il faut encore observer que le huis-clos doit être ordonné par jugement du conseil et non par simple décision du président. (Art. 81 de la Constitution du 12 novembre 1848.)

Quant aux décisions qui peuvent être rendues sur les moyens d'incompétence et les autres incidents, elles doivent énoncer le fait qui y a donné lieu, les conclusions des parties, les réquisitions du ministère public, les moyens de défense présentés par l'accusé, et enfin le jugement motivé du conseil.

Dans le cas où le cadre de la formule ne permettrait pas d'insérer toutes ces mentions, il suffira d'y indiquer l'incident au moment où il se produit, en ajoutant *qu'il y a été statué par jugement séparé, lequel est joint et annexé au présent;* et alors le jugement séparé doit reprendre l'intitulé du jugement principal, indiquer la publicité de l'audience, se terminer par la même formule et être signé de la même manière que le jugement principal, en mentionnant qu'il y sera annexé comme en faisant partie.

Le Code maintient le délai de vingt-quatre heures pour se pourvoir en revision; seulement ce délai ne court plus à partir de la lecture du jugement, mais bien de l'expiration du jour où cette lecture a été faite au condamné.

Le défenseur est admis à faire la déclaration de pourvoi, qui peut être reçue, soit par le greffier du conseil, soit par l'agent principal de l'établissement dans lequel est détenu le condamné (art. 141 et 143).

Le droit de se pourvoir, que l'article 12 de la loi du 18 vendémiaire an VI conférait au commissaire du gouvernement, est restreint par le nouveau Code aux cas prévus par les articles 409 et 410 du Code d'instruction criminelle, c'est-à-dire que ce droit ne peut être exercé par le commissaire du gouvernement que dans l'intérêt de la loi, ou pour fausse application de la peine, ou encore lorsque l'absolution du condamné a été motivée sur la non-existence d'une loi pénale qui pourtant existerait.

En ce qui concerne le recours en revision et le pourvoi en cassation, le Code introduit des dispositions dont vous comprendrez facilement toute l'importance pour la bonne et prompte administration de la justice; aux termes des articles 81, 123, 147, le recours en revision contre les jugements d'incompétence ou d'incidents n'empêche pas de continuer les débats et de passer au jugement de l'affaire, sauf à statuer sur le recours en même temps que sur la décision au fond, et le pourvoi en cassation ne peut être intenté que dans les trois jours qui suivent la notification de la décision du conseil de revision, ou, s'il n'y a pas eu recours en revision, dans les trois jours qui suivent l'expiration du délai accordé pour l'exercer.

Une faculté, dont vous apprécierez également l'importance, vous est laissée par l'article 150; c'est celle de faire suspendre l'exécution du jugement, à la charge seulement d'en rendre compte immédiatement au Ministre de la guerre.

Comme cela s'est fait jusqu'à présent, il devra être sursis à l'exécution de toute condamnation à la peine capitale prononcée par les conseils de guerre des divisions territoriales (1).

En ce qui concerne les condamnations prononcées en Algérie et hors du territoire français, on devra continuer à se conformer aux dispositions de l'ordonnance du 1er avril 1842 (2).

La procédure établie pour les conseils de guerre dans les divisions en état de paix n'a été modifiée, en ce qui touche les conseils de guerre aux armées, dans les divisions territoriales en état de guerre, et dans les communes, les départements et les places de guerre en état de siège, qu'en ce qui touche certaines dispositions, et alors que ces modifications étaient condamnées par une situation tout à fait exceptionnelle.

Le titre II, qui règle la procédure devant les conseils de revision, a généralement consacré les errements suivis jusqu'à ce jour. Toutefois, à la différence de ce qui se pratiquait en cas d'annulation, on pourra ne recommencer la procédure qu'à partir de l'acte annulé, de telle sorte que, quand la déclaration de culpabilité est maintenue et que l'annulation n'est prononcée que pour fausse ap-

---

(1) Voir le décret du 10 juillet 1852, relatif aux rapports sur les commutations de peines. Voir, en outre, la loi du 17 juin 1871 sur l'exercice du droit de grâce.

(2) Article 1er de l'ordonnance du 1er avril 1842 :

« Aucune exécution à mort, par quelque juridiction qu'elle ait été ordon-
« née, ne pourra avoir lieu, dans toute l'étendue des possessions françaises
« en Algérie, qu'après qu'il nous en aura été rendu compte et que nous aurons
« décidé de laisser un libre cours à la justice.

« Toutefois, dans le cas d'urgence extrême, le gouverneur général pourra
« ordonner l'exécution, à la charge de faire immédiatement connaître les
« motifs de sa décision à notre Ministre Secrétaire d'État de la guerre, qui
« nous en rendra compte.

« Ce pouvoir, attribué au gouverneur général, ne pourra, dans aucun cas,
« être délégué. »

plication de la loi, le renvoi devant un autre conseil de guerre n'a pour objet que l'application de la peine légalement encourue à raison des faits reconnus constants par le premier conseil de guerre.

La procédure devant les prévôtés se trouve résumée en deux articles qui ne comportent aucune observation.

Des dispositions, empruntées au Code d'instruction criminelle, ont été introduites dans la procédure militaire pour les jugements par contumace et par défaut; elles viennent combler une lacune de la législation militaire et en même temps compléter ce que la jurisprudence de la Cour de cassation n'avait pu qu'imparfaitement réglementer.

Le Code de justice militaire s'approprie également les dispositions du droit commun, relatives à la reconnaissance de l'identité d'un individu condamné par un conseil de guerre, et au mode de procéder, dans le cas où un second jugement est annulé par les mêmes motifs que le premier.

Il rend encore applicables à la justice militaire les dispositions du Code d'instruction criminelle, relatives à la prescription; mais il introduit une disposition nouvelle en ce qui concerne l'insoumission et la désertion; il les couvre par une prescription qu'il fait courir du jour où l'insoumis ou le déserteur a atteint l'âge de quarante-sept ans.

Le livre IV, qui traite de la pénalité, se divise en deux parties bien distinctes; dans la première, il définit les peines et règle leurs effets; dans la seconde, il classe et définit les infractions qu'il entend réprimer, et indique la sanction pénale dont il les atteint, en laissant aux tribunaux militaires à appliquer à tous les crimes ou délits qu'il n'a pas prévus les peines portées par les lois pénales ordinaires (art. 267).

Tout en maintenant le principe de l'admission de circonstances atténuantes pour les crimes et délits dérivant du droit commun, le nouveau Code ne l'étend aux infractions militaires qu'autant qu'il n'y a pas danger à laisser exposer devant le conseil des doctrines qui auraient pour conséquence d'affaiblir le respect dû au commandement, et ce n'est que dans les cas où cette admission est autorisée par une disposition expresse du Code, que la question des circonstances atténuantes peut être posée.

La loi nouvelle s'est attachée à supprimer l'infamie dont la loi qu'elle remplaçe stigmatisait certains actes qui ne sauraient impliquer l'idée du déshonneur. C'est ainsi qu'elle a supprimé la peine des fers pour fait d'insubordination, et a voulu que la peine de mort n'eût un caractère infamant qu'autant qu'elle serait accompagnée de la dégradation militaire.

Jusqu'à ce jour aucune disposition législative, ni même réglementaire, n'avait déterminé, d'une manière précise, les formalités constitutives de la dégradation militaire; l'article 190 a comblé cette lacune.

Du reste, il ne vous échappera pas qu'aux termes de l'article 187 du Code, tout condamné, sans distinction (militaire, assimilé ou autre individu), qui doit subir la peine de mort prononcée contre lui par jugement définitif d'un conseil de guerre, est fusillé, et que, d'après l'article 196, il doit en être de même des militaires et assimilés aux militaires condamnés par les tribunaux ordinaires, puisque cet article prescrit que les peines prononcées contre les militaires soient exécutées conformément aux dispositions du Code de justice militaire et à la diligence de l'autorité militaire.

Quant au mode d'exécution, le législateur ayant cru devoir s'abstenir de le déterminer et laisser ce soin à l'autorité militaire supérieure, on aura à se conformer aux prescriptions contenues dans le décret du 25 octobre 1874, concernant les exécutions militaires (1).

Comme la peine des fers, celle du boulet a disparu ; cette dernière, bien qu'elle fût rangée au nombre des peines correctionnelles, assujettissait le condamné à un régime tel, que l'opinion générale s'y méprenait, en présence surtout de l'appareil redoutable qui accompagnait son exécution.

Si le Code ne renferme aucune disposition spéciale sur la récidive alors que par son article 202 il prévoit la tentative et la complicité, c'est que le législateur a entendu maintenir l'état de choses actuel, sauf pour le cas de désertion (art. 232 et 236) ; c'est-à-dire ne faire encourir les effets de la récidive qu'autant que le fait qui a motivé la première condamnation serait une infraction de droit commun, aux termes du dernier paragraphe de l'art. 56 du Code pénal ordinaire.

Vous remarquerez encore que le livre IV renferme plusieurs dispositions qui sont obligatoires, même pour les juridictions de droit commun : telles sont celles qui répriment la tentative des délits spéciaux prévus par les articles 41, 43, 44 et 45 (2) de la loi sur le recrutement de l'armée, ce que ne faisait pas cette loi, lacune que répare le Code dans son article 270.

L'achat et le recel des effets militaires n'étaient pas non plus suffisamment punis par les lois anciennes qui remontaient à 1793, et ce n'était qu'avec le secours de la jurisprudence que ces délits pouvaient quelquefois être atteints ; le Code fait cesser toute incertitude sur l'interprétation des textes, en les remplaçant par des dispositions nouvelles (art. 247).

Vous n'oublierez pas que la partie pénale du nouveau Code doit être lue aux troupes, le premier samedi de chaque mois, conformément aux règlements en vigueur.

Vous trouverez enfin, jointe au Code, une série de formules des principaux actes de la procédure devant les tribunaux militaires ;

----

(1) Voir les articles 126 à 128 du décret du 4 octobre 1891 sur le service dans les places de guerre (E. R., vol. 75).

(2) Remplacés par les articles 79, 80, 81 et 82 de la loi du 21 mars 1905.

bien que ces formules n'aient plus la force obligatoire de celles contenues dans l'arrêté du directoire exécutif du 8 frimaire an VI, vous devez veiller à ce qu'elles soient rigoureusement observées, puisque, en s'en écartant, on risquerait de donner lieu à des cas de nullité.

Le Maréchal de France,
Ministre Secrétaire d'État de la guerre,

Signé : VAILLANT.

N° 3. *Décret indiquant, selon le grade, le rang ou l'emploi de l'accusé, la composition des tribunaux militaires pour le jugement des divers individus qui, dans l'armée de terre, sont assimilés aux militaires, aux termes des articles 10 et 13 du Code de justice militaire.*

Plombières, le 18 juillet 1857.

NAPOLÉON, par la grâce de Dieu et la volonté nationale, EMPEREUR DES FRANÇAIS, à tous présents et à venir, SALUT :

Vu le Code de justice militaire pour l'armée de terre, en date du 9 juin 1857, et spécialement l'article 13, ainsi conçu :

« Pour juger un membre du corps de l'intendance militaire, un « médecin, un pharmacien, un officier d'administration, un vété-« rinaire ou tout autre individu assimilé aux militaires, le con-« seil de guerre est composé, conformément à l'article 10, sui-« vant le grade auquel le rang de l'accusé correspond. »

Sur le rapport de notre Ministre Secrétaire d'État de la guerre,

AVONS DÉCRÉTÉ ET DÉCRÉTONS ce qui suit :

Art. 1er. Lorsqu'il y aura lieu de traduire devant les tribunaux militaires un membre du corps de l'intendance militaire, un médecin, un pharmacien, un officier d'administration, un vétérinaire ou tout autre individu assimilé aux militaires, le conseil de guerre sera composé conformément au tableau annexé au présent décret (1).

Art. 2. La correspondance de grades et de rangs résultant du tableau mentionné dans l'article précédent est toute spéciale à l'action judiciaire devant les tribunaux militaires, et ne modifie en rien les situations telles qu'elles sont respectivement réglées sous les autres rapports, pour ces divers assimilés, par les ordonnances, décrets et règlements en vigueur.

---

(1) Tableau mis à jour par l'incorporation dans le texte des modifications qui y ont été apportées par les décrets ultérieurs.

Art. 3. Notre Ministre Secrétaire d'Etat au département de la guerre est chargé de l'exécution du présent décret.

Fait à Plombières, le 18 juillet 1857.

Signé : NAPOLÉON.

Par l'Empereur :

Le Maréchal de France,
Ministre Secrétaire d'Etat de la guerre.

Signé : Vaillant.

TABLEAU annexé au décret du 18 juillet 1857 (1), indiquant, selon le grade, le rang ou l'emploi de l'accusé, la composition des tribunaux militaires, pour le jugement des divers individus qui, dans l'armée de terre, sont assimilés aux militaires, aux termes des articles 10 et 13 du Code de justice militaire.

DÉSIGNATION DES CORPS.	GRADE OU EMPLOI DE L'ACCUSÉ.	COMPOSITION DES CONSEILS DE GUERRE.	
		GRADE DU PRÉSIDENT.	GRADES DES JUGES.
CONTRÔLE DE L'ADMINISTRA-TION DE L'ARMÉE........ (Décret du 4 septembre 1883.)	Contrôleur général de 1re classe.	Maréchal de France.	2 maréchaux de France. 4 généraux de division.
	Contrôleur général de 2e classe..	Maréchal de France.	4 généraux de division. 2 généraux de brigade.
	Contrôleur ou contrôleur adjoint	Général de division..	4 généraux de brigade. 2 colonels.
INTENDANCE MILITAIRE......	Adjoint à l'intendance..........	Colonel	1 lieutenant-colonel. 3 chefs de bataillon ou chefs d'esca-drons ou majors. 2 capitaines.
	Sous-intendant de 3e classe.....	Général de brigade..	2 colonels. 2 lieutenants-colonels. 2 chefs de bataillon ou chefs d'esca-drons ou majors.
	Sous-intendant de 2e classe	Id	4 colonels. 2 lieutenants-colonels.
	Sous-intendant de 1re classe....	Général de division..	4 généraux de brigade. 2 colonels.
	Intendant militaire............	Maréchal de France.	4 généraux de division. 2 généraux de brigade.
	Intendant général	Id	2 maréchaux de France. 4 généraux de division.
OFFICIERS DE SANTÉ........	*Les prescriptions du décret du 18 juillet 1857, indiquant la composition des tribunaux militaires, sont abrogées en ce qui concerne les officiers de santé, et, pour la composition des conseils de guerre appelés à juger ces officiers, on se conformera à l'avenir, suivant le rang d'assimilation, aux indications portées au tableau qui fait suite à l'article 10 du Code de justice militaire: (Art. 2. Décret du 18 juin 1860.)*		
VÉTÉRINAIRES MILITAIRES ..	*Les prescriptions du décret du 18 juillet 1857, indiquant la composition des tribunaux militaires, sont abrogées en ce qui concerne les vétérinaires militaires, et pour les conseils de guerre appelés à les juger, on se conformera à l'avenir, aux indications portées au tableau qui fait suite à l'article 10 du Code de justice militaire, modifié par la loi du 18 mai 1875. (Art. 1er. Décret du 18 juillet 1875.)*		
OFFICIERS D'ADMINISTRA-TION DES DIVERS SERVICES (ÉTAT-MAJOR ET RECRUTE-MENT, ARTILLERIE, CONTRO-LEURS D'ARMES, GÉNIE, IN-TENDANCE, SERVICE DE SAN-TÉ, JUSTICE MILITAIRE). (Décrets des 1er août 1900 et 30 novembre 1903).......	Officier d'administration prin-cipal.....................	Général de brigade..	2 colonels. 2 lieutenants-colonels. 2 chefs de bataillon ou chefs d'esca-dron ou majors.
	Officier d'administration de 1re classe....................	Colonel	1 lieutenant-colonel. 3 chefs de bataillon ou chefs d'esca-dron ou majors. 2 capitaines.
	Officier d'administration de 2e classe....................	Colonel ou lieutenant-colonel............	1 chef de bataillon ou chef d'esca-dron ou major. 3 capitaines. 2 lieutenants.
	Officier d'administration de 3e classe....................	Colonel ou lieutenant-colonel............	1 chef de bataillon ou chef d'esca-dron ou major. 2 capitaines. 1 lieutenant. 2 sous-lieutenants.
MUSIQUES MILITAIRES (Dé-crets des 1er août 1900 et 30 novembre 1903).......	Chef de musique de 1re classe .	Colonel .:..........	1 lieutenant-colonel. 3 chefs de bataillon ou chefs d'esca-dron ou majors. 2 capitaines.

(1) Mis à jour par l'incorporation dans le texte des modifications qui y ont été apportées par les décrets ultérieurs.

DÉSIGNATION DES CORPS.	GRADE OU EMPLOI DE L'ACCUSÉ.	COMPOSITION DES CONSEILS DE GUERRE.	
		GRADE DU PRÉSIDENT.	GRADES DES JUGES.
MUSIQUES MILITAIRES (Décrets des 1er août 1900 et 30 novembre 1903) (suite).	Chef de musique de 2e classe..	Colonel ou lieutenant-colonel............	1 chef de bataillon ou chef d'escadron ou major. 3 capitaines. 2 lieutenants.
	Chef de musique de 3e classe..	Colonel ou lieutenant-colonel............	1 chef de bataillon ou chef d'escadron ou major. 2 capitaines. 1 lieutenant. 2 sous-lieutenants.
EMPLOYÉS DIVERS DANS LES CORPS OU ÉTABLISSEMENTS MILITAIRES	Maître artificier............. Chef ouvrier d'État............	Colonel ou lieutenant-colonel............	1 chef de bataillon ou chef d'escadrons ou major. 3 capitaines. 2 lieutenants.
	Chef artificier................ Sous-chef ouvrier d'État......	Id	1 chef de bataillon ou chef d'escadrons ou major. 2 capitaines. 1 lieutenant. 2 sous-lieutenants.
	Ouvrier d'État............... Chef armurier de 2e ou 1re classe. Gardien de batterie de 2e ou 1re classe............... Maître ouvrier immatriculé.... Ouvrier immatriculé.......... Adjudant d'administon du génie Portier concierge, éclusier, et tout autre agent y assimilé...	Id	1 chef de bataillon ou chef d'escadrons ou major. 2 capitaines. 1 lieutenant. 1 sous-lieutenant. 1 sous-officier.

DÉSIGNATION DES CORPS.	GRADE OU EMPLOI DE L'ACCUSÉ.	GRADE DU PRÉSIDENT.	GRADES DES JUGES.
MUSIQUES MILITAIRES........	Musicien de 3e, 2e ou 1re classe. Sous-chef......................	Id	1 chef de bataillon ou chef d'escadrons ou major. 2 capitaines. 1 lieutenant. 1 sous-lieutenant. 1 sous-officier.
AUMÔNIERS MILITAIRES AUX ARMÉES ACTIVES..........	Aumônier ordinaire...........	Colonel.............	1 lieutenant-colonel. 3 chefs de bataillon ou chefs d'escadrons ou majors. 2 capitaines.
	Aumônier chef du service......	Général de brigade..	2 colonels. 2 lieutenants-colonels. 2 chefs de bataillon ou chefs d'escadrons ou majors.
ENFANTS DE TROUPE........	(Sans distinction).............	Colonel ou lieutenant-colonel............	1 chef de bataillon ou chef d'escadrons ou major. 2 capitaines. 1 lieutenant. 1 sous-lieutenant. 1 sous-officier.

Paris, le 18 juillet 1857.

N° 4. *Nomenclature alphabétique des crimes et délits militaires et des peines qui y sont attachées.*

Extrait du Code de Justice militaire pour l'armée de terre (9 juin 1857).

CRIMES OU DÉLITS.	PEINES.	ART. du Code.
Abandon du poste en présence de l'ennemi ou de rebelles armés...........	Mort................	213
Idem, sur un territoire en état de guerre ou de siège	2 à 5 ans de prison.....	213
Idem, dans tous les autres cas.........	2 à 6 mois de prison....	213
Idem, étant en faction ou en vedette en présence de l'ennemi ou de rebelles armés	Mort................	211
Idem, sur un territoire en état de guerre ou de siège	2 à 5 ans de travaux publics................	211
Idem, dans tous les autres cas.........	2 mois à 1 an de prison.	211
Absence du poste en cas d'alerte ou à la générale en temps de guerre, aux armées, dans les communes et départements en état de siège et dans des places de guerre, assiégées ou investies..............................	6 mois à 2 ans de prison.	214
Absence d'un militaire au conseil de guerre où il est appelé à siéger	2 à 6 mois de prison....	215
Achat ou recel d'effet de petit équipement	6 mois à 1 an de prison.	244
Idem, de chevaux, d'effets d'armement, d'équipement ou d'habillement, de munitions ou de tout autre objet confié pour le service.....................	1 à 5 ans de prison.....	244
Achat ou recel, ou acceptation en gage d'armes, de munitions, d'effets d'habillement, de grand et de petit équipement, ou de tout autre objet militaire.....	La même peine que l'auteur du délit........	247
Acte d'hostilité commis par un chef militaire, sur un territoire allié ou neutre, sans ordre ou provocation.......	Destitution............	226
Armes portées contre la France.......	Mort avec dégradation militaire	204

Les tribunaux militaires appliquent les peines portées par les lois pénales ordinaires à tous les crimes ou délits non prévus par le présent Code, et, dans ce cas, s'il existe des circonstances atténuantes, il est fait application aux militaires de l'article 463 du Code pénal. (Art. 247 du Code de Justice militaire.)

CRIMES OU DÉLITS.	PEINES.	ART. du Code.
Attaque sans ordre, ou provocation contre les troupes d'une puissance alliée ou neutre.	Mort.	226
Blessure volontaire faite à un cheval ou à une bête de somme employée au service de l'armée.	2 à 5 ans de travaux publics.	254
Blessure volontaire faite à un cheval ou à une bête de somme employée au service de l'armée, en cas de circonstances atténuantes.	2 mois à 5 ans de prison.	254
Capitulation avec l'ennemi.	Mort avec dégradation militaire.	209
Capitulation en rase campagne.	Mort avec dégradation militaire ou destitution.	210
Commandement pris ou retenu sans ordre ou motif légitime.	Mort.	228
Concussion dans le service et dans l'administration militaires.	5 à 20 ans de travaux forcés.	263
Idem, en cas de circonstances atténuantes.	5 à 10 ans de réclusion ou 2 à 5 ans de prison.	263
Contrefaçon ou tentative de contrefaçon de sceaux, de timbres ou de marques militaires.	5 à 10 ans de réclusion.	259
Corruption ou contrainte dans le service et dans l'administration militaire.	Dégradation militaire et peine plus grave, s'il y a lieu.	261
En cas de circonstances atténuantes.	3 mois à 2 ans de prison.	249
Dépouillement d'un blessé.	5 à 10 ans de réclusion.	249
Idem, auquel il est fait de nouvelles blessures.	Mort.	249
Désertion à l'ennemi.	Mort avec dégradation militaire.	238
Idem, en présence de l'ennemi.	5 à 20 ans de détention.	239
Idem, à l'étranger en temps de paix.	2 à 5 ans de travaux publics (1).	235 236
Idem, en temps de guerre, ou d'un territoire en état de guerre ou de siège.	5 à 10 ans de travaux publics (1).	235 236
Idem, à l'intérieur en temps de paix.	2 à 5 ans de prison (2).	231 232

(1) La peine peut être moindre de trois ans pour le premier cas et de sept ans pour le second, si le coupable a emporté des armes, des effets d'habillement ou d'équipement, ou emmené son cheval, s'il était de service ou s'il avait déserté antérieurement.

(2) Le minimum est de trois ans, si le déserteur a emporté des armes, des effets d'habillement ou d'équipement, ou emmené son cheval, s'il était de service ou s'il avait déserté antérieurement.

CRIMES OU DÉLITS.	PEINES.	ART. du Code.
Désertion à l'intérieur en temps de guerre, ou d'un territoire en état de guerre ou de siège..................	2 à 5 ans de travaux publics (1)..............	231 232
Idem, avec complot en présence de l'ennemi, ou étant chef du complot de désertion à l'étranger.............	Mort...................	241
Désertion avec complot, étant chef du complot à l'intérieur...............	5 à 10 ans de travaux publics.	241
Idem, avec complot dans tous les autres cas................	Le maximum de la peine portée pour la désertion	241
Destruction ou dévastation volontaire d'édifices, bâtiments, ouvrages militaires, magasins, chantiers, vaisseaux, navires, bateaux à l'usage de l'armée..........................	5 à 20 ans de travaux forcés...............	252
Idem, en cas de circonstances atténuantes	5 à 10 ans de réclusion ou 2 à 5 ans de prison.	252
Idem, par incendie ou explosion	Mort avec dégradation militaire	251
Idem, en cas de circonstances atténuantes.................................	5 à 20 ans de travaux forcés...............	251
Destruction, dans un but coupable, en présence de l'ennemi, des moyens de défense, de tout ou partie d'un matériel de guerre, des approvisionnements en armes, vivres, munitions, effets de campement, d'équipement, d'habillement......................	Mort avec dégradation militaire............	253
Idem, hors de la présence de l'ennemi.	5 à 20 ans de détention.	53
Destruction ou bris volontaire d'armes, des effets de campement, de casernement, d'équipement ou d'habillement appartenant à l'Etat..................	2 à 5 ans de travaux publics	254
Idem, en cas de circonstances atténuantes	2 mois à 5 ans de prison.	254
Destruction des registres, minutes, ou actes originaux de l'autorité militaire.	5 à 10 ans de réclusion.	255
Idem, en cas de circonstances atténuantes	2 à 5 ans de prison.....	255
Dissipation ou détournement d'armes, de munitions, effets ou autres objets remis pour le service..................	6 mois à 2 ans de prison.	245
Distribution de viandes, substances, matières, denrées ou liquides avariés, corrompus ou gâtés.................	5 à 10 ans de réclusion.	265
Idem, en cas de circonstances atténuantes	1 à 5 ans de prison.....	265

(1) Le minimum est de trois ans, si le déserteur a emporté des armes, des effets d'habillement ou d'équipement, ou emmené son cheval, s'il était de service ou s'il avait déserté antérieurement.

CRIMES OU DÉLITS.	PEINES.	ART. du Code.
Embauchage pour l'ennemi............	Mort, de plus la dégradation militaire, si le coupable est militaire.	203
Espionnage par les ennemis sous des déguisements......................	Mort..................	207
Espionnage pour l'ennemi ou recel d'espions ou d'ennemis	Mort avec dégradation militaire.............	206
Evasion (auteurs ou complices d') de prisonniers de guerre ou détenus, selon la nature du crime ou délit commis par l'évadé, en cas de négligence...............................	6 jours à 5 ans de prison.	216
Idem, en cas de connivence...........	6 jours à 5 ans de prison ; 50 à 2,000 fr. d'amende ; 5 à 10 ans de réclusion ; 5 à 20 ans de travaux forcés ; travaux forcés à perpétuité..........	216
Falsification par un militaire de substances, matières, denrées ou liquides confiés à sa garde ou placés sous sa surveillance...................	5 à 10 ans de réclusion.	265
Idem, en cas de circonstances atténuantes	1 à 5 ans de prison.....	265
Faux sur des états de situation ou de revues ou dans les comptes des comptables......................	5 à 20 ans de travaux forcés...............	257
Idem, en cas de circonstances atténuantes	5 à 10 ans de réclusion, 2 à 5 ans de prison...	237
Faux certificats de maladie obtenus d'un médecin militaire par dons ou promesses.	Dégradation militaire...	262
Sans dons ou promesses.............	1 à 4 ans de prison, avec destitution facultative.	262
Hostilités prolongées après l'avis de la paix ou d'une trêve ou d'un armistice.	Mort..................	227
Incendie d'édifices, bâtiments ou ouvrages militaires, des magasins, chantiers, vaisseaux, navires ou bateaux à l'usage de l'armée	Mort avec dégradation militaire.............	251
Idem, en cas de circonstances atténuantes	5 à 20 ans de travaux forcés...............	251
Infidélité dans les états de situation ou de revues........................	5 à 20 ans de travaux forcés...............	257
Idem, en cas de circonstances atténuantes.	5 à 10 ans de réclusion, 2 à 5 ans de prison...	257
Infidélité dans les poids ou mesures des rations	2 à 5 ans de prison.....	258

CRIMES OU DÉLITS.	PEINES.	ART. du Code.
Insoumission à la loi du recrutement de l'armée................................	1 mois à 1 an de prison. (Art. 83 de la loi du 21 mars 1905.)......	230
Idem, en temps de guerre.............	2 à 5 ans de prison, avec affiche du nom de l'insoumis dans toutes les communes du canton de son domicile, pendant toute la durée de la guerre. (Idem).....	230
Instigateurs de pillage en bande, soit avec arme ou force ouverte, soit avec bris de clôture ou violence..........	Mort avec dégradation militaire............	250
Instigateurs ou chefs de rébellion, et militaire le plus élevé en grade......	Le maximum de la peine contre la rebellion....	225
Insulte envers une sentinelle..........	6 jours à 1 an de prison.	220
Meurtre sur la personne de son hôte, sur celle de sa femme ou de ses enfants................................	Mort...................	256
Mise en gage d'effets d'armement, de grand équipement, d'habillement ou de tout autre objet confié pour le service...................................	6 mois à 1 an de prison.	246
Idem, de petit équipement............	2 à 6 mois de prison....	246
Mort donné à un cheval ou bête de trait ou de somme employée au service de l'armée................................	2 à 5 ans de travaux publics..............	254
Idem, en cas de circonstances atténuantes................................	2 mois à 5 ans de prison.	254
Outrages par paroles, gestes ou menaces envers un supérieur, pendant le service ou à l'occasion du service....	5 à 10 ans de travaux publics..............	224
Outrages hors ce cas.................	1 à 5 ans de prison.....	246
Pillage ou dégât de denrées, marchandises, effets, commis en bandes, soit avec armes ou force ouverte, soit avec bris de clôture ou violences, pour les instigateurs et les militaires les plus élevés en grade...................	Mort avec dégradation militaire...........	250
Idem pour les autres militaires........	5 à 20 ans de travaux forcés..............	250
Idem, en cas de circonstances atténuantes, pour les instigateurs...........	5 à 20 ans de travaux forcés..............	250
Pour les autres militaires............	5 à 10 ans de réclusion.	250
Pillage en bande dans tous les autres cas..................................	5 à 10 ans de réclusion.	250
En cas de circonstances atténuantes...	1 à 5 ans de prison....	250

CRIMES OU DÉLITS.	PEINES.	ART. du Code.
Port illégal de décorations, de médailles, d'uniformes ou d'insignes	2 mois à 2 ans de prison.	266
Prévarication (infidélités) dans le service et dans l'administration militaire suivant les cas et les circonstances..	5 à 20 ans de travaux forcés.............. Dégradation militaire... 5 à 10 ans de réclusion. 3 mois à 5 ans de prison.	261 à 265
Prisonnier de guerre qui, ayant faussé sa parole, est repris les armes à la main	Mort..................	204
Provocation ou assistance à la désertion par un militaire	Même peine que pour la désertion............	242
Idem, par un individu non militaire....	2 mois à 5 ans de prison.	242
Rébellion envers la force armée ou les agents de l'autorité, sans armes......	2 à 6 mois de prison....	225
Idem, avec armes...................	6 mois à 2 ans de prison.	225
Rébellion par plus de deux militaires sans armes...................	2 à 5 ans de prison.....	225
Idem, avec armes...................	5 à 10 ans de réclusion.	225
Rébellion par des militaires armés au nombre de huit au moins	Mort ou travaux publics de 5 à 10 ans selon les circonstances........	225
Reddition de place...................	Mort avec dégradation militaire	209
Refus d'obéissance pour marcher contre l'ennemi ou pour tout autre service en présence de l'ennemi ou de rebelles armés	Mort avec dégradation militaire............	218
Idem, sur un territoire en état de guerre ou de siège	5 à 10 ans de travaux publics............	218
Idem, dans tous les autres cas........	1 à 2 ans de prison	218
Révolte, suivant la gravité des faits, selon le nombre, la position et le grade de ceux qui y participent, comme pour la rébellion	Mort. 5 à 10 ans de travaux publics	217
Sommeil d'un factionnaire ou d'une vedette en présence de l'ennemi ou de rebelles armés...................	2 à 5 ans de travaux publics	212
Idem, sur un territoire en état de guerre ou de siège.....................	6 mois à 1 an de prison.	212
Idem, dans tous les autres cas........	2 à 6 mois de prison....	212
Soustractions commises par des comptables militaires	5 à 20 ans de travaux forcés..............	263
Idem, en cas de circonstances atténuantes	5 à 10 ans de réclusion, 2 à 5 ans de prison...	263

CRIMES OU DÉLITS.	PEINES.	ART. du Code.
Tentative de crime....................	La même peine que pour le crime lui-même....	202
Tentative de contrainte ou de corruption n'ayant produit aucun effet......	3 à 6 mois de prison....	261
Tentative de fraudes en matière de recrutement.........................	La même peine que pour les fraudes elles-mêmes..................	270
Trafic à son profit des fonds ou deniers appartenant à l'État ou à des militaires.............................	1 à 5 ans de prison.....	264
Trahison..........................	Mort avec dégradation militaire............	205
Usage frauduleux ou tentative d'usage frauduleux des sceaux, timbres ou marques militaires..................	Dégradation militaire...	260
Vente d'effets de petit équipement.....	6 mois à 1 an de prison.	244
Idem, de son cheval, de ses effets d'armement, d'équipement ou d'habillement, de munitions ou de tout autre objet confié pour le service..........	1 à 5 ans de prison.....	244
Violation de consigne en présence de l'ennemi ou des rebelles armés.......	5 à 20 ans de détention.	219
Idem, sur un territoire en état de guerre ou de siège.........................	2 à 10 ans de travaux publics............	219
Idem, dans tous les autres cas........	2 mois à 3 ans de prison.	219
Violence à main armée envers une sentinelle ou vedette..................	Mort..................	220
Idem, sans armes mais en réunion de plusieurs personnes	5 à 10 ans de travaux publics............	220
Idem, sans armes et par une seule personne..........................	1 à 5 ans de prison.....	220
Voies de fait envers un supérieur avec préméditation et guet-apens........	Mort avec dégradation militaire............	221
Voies de fait commises sous les armes envers un supérieur...............	Mort..................	222
Voies de fait envers un supérieur pendant le service ou à l'occasion du service................................	Mort..................	223
Voies de fait hors du service ou sans que cela soit à l'occasion du service...............................	5 à 10 ans de travaux publics............	223
Voies de fait envers un inférieur sans motif légitime	2 mois à 5 ans de prison.	229

CRIMES OU DÉLITS.	PEINES.	ART. du Code.
Vol des armes et munitions appartenant à l'État, de l'argent de l'ordinaire, de la solde, des deniers ou effets quelconques, appartenant à des militaires ou à l'État si le coupable en est comptable............................	5 à 20 ans de travaux forcés................	248
Idem, en cas de circonstances atténuantes....................................	5 à 10 ans de réclusion ou 3 à 5 ans de prison.	»
Vol si le coupable n'est pas comptable des choses volées....................	5 à 10 ans de réclusion.	»
Idem, en cas de circonstances atténuantes....................................	1 à 5 ans de prison.....	»
Vol chez l'hôte........................	5 à 10 ans de réclusion.	»
Idem, en cas de circonstances atténuantes....................................	1 à 5 ans de prison.....	»
Vols qualifiés par le Code pénal ordinaire selon les circonstances........	Travaux forcés à perpétuité, travaux forcés à temps, réclusion ou emprisonnement......	»

*Extrait de la loi du 21 mars 1905 sur le recrutement
de l'armée.*

Dispositions particulières aux hommes de la réserve et de l'armée territoriale.

Art. 43. Les hommes de la réserve et de l'armée territoriale appelés en cas de mobilisation ou convoqués pour des exercices, manœuvres ou revues sont considérés sous tous les rapports comme des militaires de l'armée active et soumis dès lors à toutes les obligations imposées par les lois et règlements en vigueur.

Art. 44. Lorsque les hommes de la réserve et de l'armée territoriale, même non présents sous les drapeaux, sont revêtus de la tenue militaire, ils doivent à tout supérieur hiérarchique, en uniforme, les marques extérieures de respect prescrites par les règlements militaires, et seront, comme des militaires en congé, passibles des peines disciplinaires.

Art. 45. Tout homme inscrit sur le registre matricule est astreint, s'il se déplace, aux obligations suivantes :

1° S'il se déplace pour changer de domicile ou de résidence, il fait viser dans le délai d'un mois son livret individuel par la gendarmerie dont relève la localité où il transporte son domicile ou sa résidence ;

2° S'il se déplace pour voyager pendant plus de deux mois, il fait viser son livret avant son départ par la gendarmerie de sa résidence habituelle ;

3° S'il va se fixer en pays étranger, il fait de même viser son livret avant son départ et doit, en outre, dès son arrivée, prévenir l'agent consulaire de France le plus voisin, qui lui donne récépissé de sa déclaration et envoie copie de celle-ci dans les huit jours au Ministre de la guerre.

A l'étranger, s'il se déplace pour changer de résidence, il en prévient, au départ et à l'arrivée, l'agent consulaire de France qui en informe le Ministre de la guerre.

Lorsqu'il rentre en France, il se conforme aux prescriptions du paragraphe 1er du présent article.

Art. 46. Les hommes qui se sont conformés aux prescriptions de l'article précédent ont droit, en cas de mobilisation ou de rappel de leur classe, à des délais supplémentaires pour rejoindre, calculés d'après la distance à parcourir.

Ceux qui ne s'y sont pas conformés sont considérés comme n'ayant pas changé de domicile ou de résidence.

Art. 47. Les hommes de la réserve de l'armée active, de l'armée territoriale ou de sa réserve, sont, en temps de paix, justiciables des tribunaux ordinaires et passibles des peines édictées par le Code de justice militaire lorsque, ayant été renvoyés dans leurs foyers depuis moins de six mois, ils commettent l'un des crimes ou délits prévus et punis par les articles dudit code énumérés au tableau D annexé à la présente loi.

L'application de ces articles est faite aux inculpés sous la réserve des dispositions spéciales indiquées audit tableau.

TABLEAU D

Articles du Code de justice militaire (livre IV, titre II) applicables dans les cas prévus par l'article 47 de la loi.

Art. 223 et 224. — Voies de fait et outrages envers un supérieur.	Pour l'application du premier paragraphe de chacun de ces articles, le fait incriminé ne sera considéré comme ayant eu lieu à l'occasion du service que s'il est le résultat d'une vengeance contre un acte d'autorité légalement exercé. La deuxième paragraphe de ces mêmes articles ne sera applicable que dans les cas où le supérieur et l'inférieur seraient l'un et l'autre revêtus d'effets d'uniforme.
Art. 225. — Rébellion.	Cet article n'est applicable qu'aux hommes revêtus d'effets d'uniforme.
Art. 229. — Abus d'autorité.	Pour l'application de cet article, il est nécessaire que le supérieur et l'inférieur soient l'un et l'autre revêtus d'effets d'uniforme.

FORMULES ET MODÈLES

—

Nota. — Voir, dans les Dispositions diverses, les formules 5 *bis*, 10 *quater*, 13 *bis* annexées à la circulaire du 23 juin 1875, et les formules 5 *ter*, 28, 29, 30, 30 *bis*, 31, 32, 33, 34, 35 et 36 annexées aux deux notifications du 23 février 1903.

(A)

(Art. 99 et 100 du Code
de justice militaire.)

Ordre d'informer.

RÉPUBLIQUE FRANÇAISE.

Le   commandant (A)

Vu les articles 99 et 100 du Code de justice militaire,

Attendu qu'il résulte de
que l   nommé

crime (ou délit) prévu par

Ordonne qu'il soit informé contre

par le Rapporteur du   Conseil de guerre permamanent d

Charge le Commissaire du Gouvernement d'assurer l'exécution du présent ordre d'informer.

Fait au quartier général, à
le   19   .

(A) Gouvernement militaire de (Paris-Lyon).
    Région de corps d'armée (France).
    Division militaire (Alger-Oran-Constantine).

A Monsieur le Commissaire du Gouvernement près le   Conseil de guerre.

(A)

(Art. 99 du Code
de justice militaire.)

Déclaration
qu'il n'y a pas lieu
d'informer.

RÉPUBLIQUE FRANÇAISE.

Le   commandant

Vu l'article 99 du Code de justice militaire ;

Attendu que le   nommé

inculpé   de

Attendu qu   (1)

Déclare que, dans l'état, il n'y a pas lieu à information.

Fait au quartier général, à

le   19   .

(1) Indiquer les motifs qui portent à ne pas ordonner l'information ; spécifier s'ils résultent de ce que le fait ne constitue ni crime ni délit, ou de circonstances spéciales qui enlèveraient tout caractère de gravité.

(A) Gouvernement militaire de (Paris - Lyon).
Région de corps d'armée (France).
Division militaire (Alger - Oran - Constantine)

CÉDULE.

(Art. 102, 103 et 183 du Code de justice militaire.)

La présente devra être apportée en venant déposer.

[FORMULE N° 2.]

RÉPUBLIQUE FRANÇAISE.

GREFFE

du   *Conseil de guerre permanent d*(A)
       séant à

Nous

Rapporteur près le Conseil de guerre d
requérons le sieur

de comparaître devant nous, au greffe du   Conseil de guerre permanent, le   19 ,
à   heure du   , pour y déposer
en personne sur les faits relatifs au   nommé

Le témoin requis   prévenu que, faute
par   de se conformer à la présente assignation, l y ser   contraint par les voies de
droit, conformément à l'article 103 du Code de justice militaire.

Donné à   , le   du mois
d   an 19 .

              Le Rapporteur,

SIGNIFICATION.

L'an mil neuf cent   , le
à la requête de M. le Rapporteur près le   Conseil de guerre de   soussigné, avons signifié
la cédule ci-dessus au sieur

en son domicile, à
parlant à
ainsi déclaré; et, à ce qu'il n'en ignore, nous lui
avons laissé la présente ; dont acte
les jour, mois et an que dessus.

(A) Gouvernement militaire de (Paris - Lyon).
    Région de corps d'armée (France).
    Division militaire (Alger - Oran - Constantine).

[FORMULE N° 2.]

CÉDULE.

(Art. 102, 103 et 183 du Code de justice militaire.)

La présente devra être apportée en venant déposer.

RÉPUBLIQUE FRANÇAISE.

GREFFE

du   *Conseil de guerre permanent d* (ᴀ)
       séant à

Nous
Rapporteur près le   Conseil de guerre d
requérons le sieur
de comparaître devant nous au greffe du   Conseil de guerre permanent, le   19   ,
à   heure   du   pour y déposer
en personne sur les faits relatifs au nommé   .

Le témoin requis est prévenu que, faute par lui de se conformer à la présente assignation, il y sera contraint par les voies de droit, conformément à l'article 103 du Code de justice militaire.

Donné à   ·   du mois d   19   .

Le Rapporteur,

SIGNIFICATION.

L'an mil neuf cent   , le
à la requête de M. le Rapporteur près le   Conseil de guerre d   , nous
soussigné, avons signifié la cédule ci-dessus au sieur
en son domicile, à.
parlant à
ainsi déclaré; et, à ce qu'il n'en ignore, nous lui avons laissé la présente.

Dont acte, à   ·   , les jour, mois et an que dessus.

(ᴀ) Gouvernement militaire de (Paris - Lyon).
Région de corps d'armée (France).
Division militaire (Alger - Oran - Constantine).

Mandat de payement de la taxe d'un témoin.

M. le Receveur de l'enregistrement au palais de justice, à   , est invité, et au besoin requis de payer, sur la présentation de ce mandat, au sieur
la somme d
qui lui a été allouée, sur sa demande, pour sa comparution en qualite d

Fait à

Le Rapporteur,

BON POUR

Le témoin   sait signer

POUR ACQUIT :

Taxe de

Le Greffier,

ORIGINAL
DE SIGNIFICATION
DE CÉDULE.

—

(Art. 102, 103 et 183 du Code de justice militaire.)

[FORMULE N° 2 *ter*.]

RÉPUBLIQUE FRANÇAISE.

GREFFE

du   *Conseil de guerre permanent d* (A)
    séant à

L'an mil neuf cent   le
à la requête de M. le Rapporteur près le   Conseil
de guerre d'   , nous
soussigné, avons signifié au sieur
en son domicile, à
parlant à
ainsi déclaré
(1) à

(1) Par cet original peuvent être constatées les significations faites le même jour, par le même agent de la force publique, à plusieurs témoins appelés dans une même affaire.

l cédule d'assignation en date du   à décernée
par M. le Rapporteur, à l'effet de comparaître au
greffe dudit Conseil de guerre, le   19   ; et,
à ce que l susnommé n'en ignore   , nous l
avons laissé l dite cédule ; dont acte
les jour, mois et an que dessus.

(A) Gouvernement militaire de (Paris - Lyon).
    Région de corps d'armée (France).
    Division militaire (Alger - Oran - Constantine).

[FORMULE N° 2 *ter*.]

[FORMULE N° 3.]

CÉDULE

POUR COMPARAITRE

à l'audience.

(Art. 103 et 183 du Code
de justice militaire.)

La présente devra être
apportée en venant dépo-
ser.

RÉPUBLIQUE FRANÇAISE.

PARQUET

du   *Conseil de guerre permanent d*(A)
       séant à

Nous
Commissaire du Gouvernement près le   Conseil
de guerre d   requérons le sieur
de comparaitre à l'audience du   Conseil
de guerre permanent, le   19   , à
       heure du   pour y déposer en personne
sur les faits relatifs au nommé

Le témoin requis est prévenu que, faute par lui
de se conformer à la présente assignation, il y sera
contraint par les voies de droit, conformément à
l'article 103 du Code de justice militaire.

Donné à   , le   du mois d
an 19

Le Commissaire du Gouvernement,

SIGNIFICATION.   L'an mil neuf cent
à la requête de M. le Commissaire du Gouvernement près le   Conseil de guerre d
                  nous
soussigné, avons signifié la cédule ci-dessus au sieur

                   en son domicile, à
parlant à
ainsi déclaré ; et, à ce qu'il n'en ignore, nous lui
avons laissé la présente.

Dont acte, à   , les jour, mois
et an que dessus.

(A) Gouvernement militaire de (Paris - Lyon).
Région de corps d'armée (France).
Division militaire (Alger - Oran - Constantine).

[FORMULE N° 3.]

[FORMULE Nº 3 *bis.*]

RÉPUBLIQUE FRANÇAISE.

PARQUET

du   *Conseil de guerre permanent d*(A)
         séant à

Nous
Commissaire du Gouvernement près le   Conseil
de guerre, requérons le sieur
de comparaitre à l'audience du   Conseil de guerre
permanent, le   19   , à
heure   d   pour y déposer en personne
sur les faits relatifs au nommé

Le témoin requis est prévenu que, faute par lui
de se conformer à la présente assignation, il y sera
contraint par les voies de droit, conformément à
l'article 103 du Code de justice militaire.

Donné à   ·   , le   du mois d   ·
an 19   .

Le Commissaire du Gouvernement,

SIGNIFICATION.

L'an mil neuf cent   , le
à la requête de M. le Commissaire du Gouvernement
près le   Conseil de guerre d   , nous
                                   soussigné,
avons signifié la cédule ci-dessus au sieur
                          en son domicile, à
                                    parlant à
                          ainsi déclaré; et, à ce
qu'il n'en ignore, nous lui avons laissé la présente
copie.

Dont acte, à   , les jour, mois et an que
dessus.

(A) Gouvernement militaire de (Paris - Lyon).
Région de corps d'armée (France).
Division militaire (Alger - Oran - Constantine).

[FORMULE Nº 3 *bis.*]

Mandat de payement de la taxe d'un témoin.

M. le Receveur de l'enregistrement au Palais de justice, à   est invité, au besoin requis, de payer, sur la présentation de ce mandat, au sieur

la somme de
qui lui a été allouée, sur sa demande, pour sa comparution en qualité d

Fait à

Le Président,

BON POUR

Le témoin   sait signer

POUR ACQUIT :

Taxe de

Le Greffier,

ORIGINAL
DE SIGNIFICATION
DE CÉDULE.

—

(Art. 103 et 183 du Code
de justice militaire.)

Cette pièce doit être renvoyée au Commissaire du
Gouvernement.

RÉPUBLIQUE FRANÇAISE.

———

PARQUET

du   *Conseil de guerre permanent d*(A)
       séant à

———

L'an mil neuf cent   , le
       à la requête de M. le Commissaire du
Gouvernement près le Conseil de guerre d
               nous
soussigné, avons signifié au sieur

en son domicile, à
parlant à

ainsi déclaré
(1)

L   cédule   d'assignation, en date du
      , décernée   par M. le Commissaire du Gou-
vernement, à l'effet de comparaître à l'audience du
Conseil de guerre permanent, le   19   ;
et à ce que l   susnommé   n'en ignore   , nous
l   avons laissé l   dite   cédule   ; dont acte à
           , les jour, mois et an que dessus.

(1) Par cet original peu-
vent être constatées les significations faites le même
jour, par le même agent
de la force publique, à plusieurs témoins appelés dans
une même affaire.

(A) Gouvernement militaire de (Paris - Lyon).
      Région de corps d'armée (France).
      Division militaire (Alger - Oran - Constantine).

MANDAT
D'EXTRACTION.

(Art. 101 du Code
de justice militaire.)

RÉPUBLIQUE FRANÇAISE.

CONSEIL DE GUERRE PERMANENT

d (A)

séant à

L'Agent principal de la maison de justice militaire est requis d'extraire et de faire conduire sous bonne et sûre escorte, au greffe du   Conseil de guerre, pour être interrogé   , puis réintégré   dans ladite maison de justice,

. Le nommé

Le Chef de l'escorte est personnellement responsable d   susnommé jusqu'à réintégration dans ladite maison de justice.

Le Rapporteur,

(A) Gouvernement militaire de (Paris - Lyon).
Région de corps d'armée (France).
Division militaire (Alger - Oran - Constantine).

[FORMULE N° 5.]
(Feuille double.)

PROCÈS-VERBAL
D'INTERROGATOIRE.

(Art. 101 du Code
de justice militaire.)

RÉPUBLIQUE FRANÇAISE.

CONSEIL DE GUERRE PERMANENT

d (A)

séant à

L'an mil neuf cent   le
à   heure

Devant nous,   , Rapporteur
près le   Conseil de guerre d
, assisté du sieur
Greffier dudit Conseil, en la salle du greffe, sise à

Avons fait extraire de   à
l'effet de l   interroger, le   nommé

En conséquence, nous avons fait amener devant
nous le   dit
que nous avons interrogé   ainsi qu'il suit :

Interpellé de déclarer   nom , prénoms, âge,
lieu de naissance, état, profession et domicile,
répondu se nommer

(A) Gouvernement militaire de (Paris - Lyon).
Région de corps d'armée (France).
Division militaire (Alger - Oran - Constantine).

[FORMULE N° 5.]
(Feuille double.)

PROCÈS-VERBAL
D'INFORMATION.

—

(Art. 102 du Code
de justice militaire.)

[FORMULE N° 6.]
(Feuille simple.)

RÉPUBLIQUE FRANÇAISE.

CONSEIL DE GUERRE PERMANENT

d (A)

séant à

L'an mil neuf cent   le
à   heure

Devant nous,   Rapporteur près le
Conseil de guerre d   assisté
du Sᴿ   greffier
dudit conseil, en la salle du greffe, sise à
est comparu, en vertu de notre cédule du
le témoin ci-après nommé, lequel, hors de la présence d   prévenu   et des autres témoins, après
avoir représenté la citation à lui donnée, avoir prêté
serment de dire toute la vérité, rien que la vérité,
et, interrogé par nous sur ses nom, prénoms, âge,
état, profession et demeure, s'il est domestique, parent ou allié des parties, à quel degré.

A répondu se nommer

(A) Du gouvernement militaire de (Paris - Lyon).
Région de corps d'armée (France).
Division militaire (Alger - Oran - Constantine).

[FORMULE N° 6.]
(Feuille simple.)

[FORMULE N° 7.]

COMMISSION
ROGATOIRE.

(Art. 102 du Code
de justice militaire.)

RÉPUBLIQUE FRANÇAISE.

CONSEIL DE GUERRE PERMANENT

d (A)

séant à

Nous, Rapporteur près le   Conseil de guerre d

Vu la procédure commencée contre l
inculpé
Attendu qu'il importe d'informer et

Vu l'article 102 du Code de justice militaire et
les articles 83 et 85 du Code d'instruction criminelle,

Prions et requérons au besoin M
auquel nous adressons la présente commission rogatoire, de vouloir bien citer à comparaître devant
lui, et d'entendre comme témoins sur les faits et
circonstances qui peuvent être à   connaissance,
relativement au délit ci-dessus mentionné, le Sr

ARTICLE 183
du
Code de justice militaire.

—

« Toutes assignations,
» citations et notifications
» aux témoins, inculpés ou
» accusés, sont faites sans
» frais par la gendarmerie
» ou par tous autres agents
» de la force publique. »

et tous autres dont les dépositions seraient utiles à
la manifestation de la vérité.

Il convient de l   adresser les questions suivantes, indépendamment de celles qu'il serait jugé utile
de l   poser :

1re question :

Prions, en outre, de nous renvoyer la présente
commission rogatoire avec l procès-verbal   d'information dressé   en conséquence, ainsi que toutes les pièces qu'il y aurait lieu de rédiger pour son
exécution, conformément à la loi.

A   le   19   .

Le Rapporteur,

(A) Du gouvernement militaire de (Paris - Lyon).
Région de corps d'armée (France).
Division militaire (Alger - Oran - Constantine.)

PROCÈS-VERBAL
D'INFORMATION
ÉTABLI EN EXÉCUTION
de
COMMISSION ROGATOIRE.

(Art. 102 du Code
de justice militaire.)

[FORMULE Nº 7. *bis*.]

RÉPUBLIQUE FRANÇAISE.

CEJOURD'HUI,   mil neuf cent
Nous,
agissant en vertu de la commission rogatoire en
date du   à nous
adressée par M.   , Rapporteur près le
Conseil de guerre
d (A)   , chargé d'informer
contre le nommé
inculpé de
    Assisté du Sr   , désigné
par nous pour remplir les fonctions de greffier, et
duquel nous avons préalablement reçu le serment
d'en bien et fidèlement remplir les fonctions,

    Avons fait comparaître devant nous, en vertu de
notre cédule du   l nommé
              , l quel   , hors de la présence de tout
autre témoin, après avoir représenté la citation à
    donnée, avoir entendu la lecture de la com-
mission rogatoire relative au susnommé, et, interrogé sur ses nom, prénoms, âge, profession et demeure, s   est domestique, parent ou
allié de l'inculpé et à quel degré, a prêté le serment
de dire toute la vérité, rien que la vérité, et a répondu :

    Lecture à faite de sa déposition. l comparant
a dit qu'elle contient vérité, qu   y persiste,
et a signé avec nous et le Greffier
    les jour et an que dessus.

(A) Du gouvernement militaire de (Paris - Lyon).
    Région de corps d'armée (France).
    Division militaire (Alger - Oran - Constantine)

[FORMULE Nº 7 *bis*.]

(A)

(Art. 108 du Code
de justice militaire.)

RÉPUBLIQUE FRANÇAISE.

RAPPORT sur l'affaire d .

*laquelle a fait l'objet de l'ordre d'informer
donné par M. le*

A Monsieur le Commissaire du Gouvernement près le   Conseil de
guerre d ·

(ᴀ) Du gouvernement militaire de (Paris - Lyon).
Région de corps d'armée (France).
Division militaire (Alger - Oran - Constantine).

[Formule nᵒ 8.]

[FORMULE N° 9.]

(A)

CONSEIL DE GUERRE.
—
(Art. 108 du Code
de justice militaire.)

RÉPUBLIQUE FRANÇAISE.

, le   19 .

Le Commissaire du Gouvernement près le
Conseil de guerre d

A Monsieur le Général

M

J'ai l'honneur de vous transmettre, avec le rapport prescrit par l'article 108 du Code de justice militaire, les pièces de l'instruction à laquelle il a été procédé contre le   nommé

(1) Dans le cas où les conclusions tendent à la mise en jugement, on devra qualifier le crime ou le délit que les faits constituent, et indiquer les articles de loi qui le répriment.

Mes conclusions tendent à ce que (1)

J'ai l'honneur de vous prier de vouloir bien prononcer sur la mise en jugement.

(A) Gouvernement militaire de (Paris-Lyon).
    Région de corps d'armée (France).
    (Division militaire (Alger-Oran-Constantine).

[FORMULE N° 9.]

(A)

(Art. 108 et 111 du Code
de justice militaire.)

Ordre
de mise en jugement.

RÉPUBLIQUE FRANÇAISE.

Le   Commandant (A)

Vu la procédure instruite contre le   nommé

Vu le rapport et l'avis de M. le Rapporteur, et les
conclusions de M. le Commissaire du Gouvernement
tendant au renvoi devant le   Conseil de guerre;
Attendu qu'il existe contre

Prévention suffisamment établie (1)

Vu les articles 108 et 111 du Code de justice militaire

Ordonne la mise en jugement d   nommé

Ordonne, en outre, que le Conseil de guerre appelé à statuer sur les faits imputés au   dit

sera convoqué pour   , à   heure

(1) Spécifier le crime ou
le délit, et indiquer les articles de loi qui le répriment.

Fait au quartier général, à

Le   19   .

(A) Gouvernement militaire de (Paris - Lyon).
    Région de corps d'armée (France).
    Division militaire (Alger - Oran - Constantine).

NOTA. — Toute délégation est interdite.

A)

(Art. 108 du Code
de justice militaire.)

Ordonnance
de non-lieu.

LE   COMMANDANT L

Vu la procédure instruite contre le   nommé

Vu le rapport et l'avis de M. le Rapporteur et les
conclusions de M. le Commissaire du Gouvernement
près le   Conseil de guerre, tendant à

Attendu (1)

Vu l'article 108 du Code de justice militaire,

Déclare qu'en l'état il n'y a pas lieu de prononcer
la mise en jugement et ordonne que le   dit

ser   sur-le-champ mis en liberté, s'il n   détenu pour autre cause.

(1) Indiquer les motifs
qui portent à ne pas or-
donner la mise en juge-
ment; spécifier s'ils résultent de ce que le fait ne
constitue ni crime ni délit,
ou du défaut de charges
suffisantes.

Fait au quartier général, à

Le   19

(A) Gouvernement militaire de (Paris - Lyon).
Région de corps d'armée (France).
Division militaire (Alger - Oran - Constantine).

• DIVISION
MILITAIRE.

—

(Art. 108 et 111 du Code
de justice militaire.)

Ordonnance de non-lieu
et
ordre de mise en jugement.

RÉPUBLIQUE FRANÇAISE.

———

LE   COMMANDANT LA   DIVISION MILITAIRE,

Vu la procédure instruite contre le   nommé

Vu le rapport et l'avis de M. le Rapporteur et les
conclusions de M. le Commissaire du Gouvernement
près le   Conseil de guerre,

Attendu, en ce qui concerne (1)

Vu l'article 108 du Code de justice militaire,
déclare qu'il n'y a pas lieu, en l'état, d'ordonner la
mise en jugement contre
et ordonne que le   susnommé   ser   sur-le-
champ mis en liberté, s'il n   détenu pour
autre cause.

Mais attendu qu'il existe contre

prévention   suffisamment établie (2)

Vu lesdits articles 108 et 111 du Code de justice
militaire,
Ordonne la mise en jugement d   nommé

(1) Indiquer les motifs
qui portent à ne pas ordonner la mise en jugement;
spécifier s'ils résultent de
ce que le fait ne constitue
ni crime ni délit, ou du
défaut de charges suffi-
santes.

(2) Spécifier le crime ou
le délit et indiquer l'article
de la loi qui le réprime.

Ordonne que le Conseil de guerre appelé à statuer
sur les faits imputés au   dit   sera convoqué
pour   , à   heure

Fait au quartier général, à

Le   19

[Formule n° 10 ter]

(A)

(Art. 111 du Code
de justice militaire.)

Avis d'un ordre
de
mise en jugement.

RÉPUBLIQUE FRANÇAISE.

commandant

prévient le Président du   Conseil de guerre qu'il
a donné le   du mois d   l'ordre de mise en jugement, devant ledit Conseil, d   nommé

inculpé   d

Il le prévient, en outre, que la réunion du Conseil, dans le lieu ordinaire de ses séances, est fixé e
au   du mois d
à   heure d

Au quartier général, à

le   19 .

A M.   , Président du Conseil de guerre.

(A) Gouvernement militaire de (Paris - Lyon).
Région de corps d'armée (France).
Division militaire (Alger - Oran - Constantine).

(A)

(Art. 111 du Code
de justice militaire.)

RÉPUBLIQUE FRANÇAISE.

Avis d'un ordre
de
mise en jugement.

Le Général   prévient le
Commissaire du Gouvernement près le   Conseil
de guerre qu'il a donné, le   du mois d
        . l'ordre de mise en jugement, devant ledit
Conseil, d   nommé

inculpé   de

Il le prévient, en outre, que la réunion du Conseil, dans le lieu ordinaire de ses séances, est fixée
au   du mois d   à heure

Les convocations nécessaires devront être faites
en conséquence.

Au quartier général, a
                le   19 .

(A) Gouvernement militaire de (Paris-Lyon).
Région de corps d'armée (France).
Division militaire (Alger-Oran-Constantine).

A M.   , Commissaire du Gouvernement près le   Conseil
   de guerre d

(A)

• CONSEIL DE GUERRE.

—

(Art. 109 du Code
de justice militaire.)

Liste
des témoins.

RÉPUBLIQUE FRANÇAISE.

Liste des témoins que M. le Commissaire du Gouvernement se propose de faire entendre dans l'affaire d   nommé

accusé   d

prévu par l   article

ainsi conçu

(1) ·

.. Fait au Parquet du   Conseil de guerre de la région de corps d'armée.

A   , le   19

Le Commissaire du Gouvernement.

(1) Énoncer exactement les noms, prénoms, profession et demeures des témoins.

(A) Gouvernement militaire de (Paris - Lyon).
Région de corps d'armée (France).
Division militaire (Alger - Oran - Constantine)

[FORMULE Nº 13.]

(A)

(Art. 109 du Code
de justice militaire).

Original de notifica-
tion de l'ordre de mise
en jugement et de la
liste des témoins.

RÉPUBLIQUE FRANÇAISE.

GREFFE

du   *Conseil de guerre d*

séant à

L'an mil neuf cent
à la requête de M. le Commissaire   près le
Conseil de guerre d   nous
soussigné, avons signifié et notifié à

parlant à

1º L'ordre de mise en jugement donné contre

par le Général

2º La liste, dressée par M. le Commissaire
des témoins qu'il se propose de faire citer.

Et, pour que du contenu audit ordre et en ladite
liste le dénommé n'ignore, nous lui avons, parlant
comme il vient d'être dit, laissé copie tant desdits
ordre de mise en jugement et liste de témoins que
de la présente signification.

(A) Gouvernement militaire de (Paris - Lyon).
Région de corps d'armée (France).
Division militaire (Alger - Oran - Constantine).

[FORMULE Nº 13.]

[FORMULE Nº 14.]

(A)

CONSEIL DE GUERRE.

(Art. 106 du Code
de justice militaire.)

Avertissement
pour le
choix d'un défenseur.

RÉPUBLIQUE FRANÇAISE.

L'an mil neuf cent   le

Nous, Commissaire du Gouvernement près le
Conseil de guerre d   , étant dans
notre cabinet, assisté de
greffier, avons fait amener de la maison de justice
le nommé

accusé de

lequel, interpellé par nous de déclarer s'il a fait
choix d'un défenseur, a répondu :

(1) En cas de réponse
négative, terminer par ces
mots : « En conséquence,
l'avons averti que M. le
Président a nommé d'office
pour son défenseur M... »
(Indiquer le nom et la qualité.)

(1)

et avons signé après lecture avec le greffier.

(A) Gouvernement militaire de (Paris - Lyon).
Région de corps d'armée (France).
Division militaire (Alger - Oran - Constantine).

[FORMULE Nº 14.]

CONSEIL DE GUERRE
d (A)

RÉPUBLIQUE FRANÇAISE.

(Art. 111 du Code
de justice militaire.)

; le   19 .

LE COMMISSAIRE DU GOUVERNEMENT PRÈS LE
CONSEIL DE GUERRE PERMANENT d

A Monsieur
Membre du conseil de guerre.

Monsieur,

Vous êtes prévenu que, conformément à l'ordre
du Général
en date du   le   Conseil de
guerre, dont vous êtes membre, se réunira le
du mois d   , à   heure   très
précise   d   , au lieu ordinaire de ses séances
à l'effet de juger l   nommé
prévenu   de

(A) Gouvernement militaire de (Paris - Lyon).
Région de corps d'armée (France).
Division militaire de (Alger - Oran - Constantino).

[FORMULE N° 15.]

N° DU JUGEMENT.   [FORMULE N° 16 *bis*.]

(Art. 140 du Code
de justice militaire.)   RÉPUBLIQUE FRANÇAISE.   N°   D'ORDRE.

EXPÉDITION
DE JUGEMENT.

Date du crime ou du délit :

JUGEMENT

rendu par le   CONSEIL DE GUERRE *permanent d*
séant à

Le   Conseil de guerre permanent d
a rendu le jugement dont la teneur suit :

CEJOURD'HUI   an mil neuf cent
Le   Conseil de guerre permanent d
composé, conformément aux articles 3 et 10 du Code de justice militaire, de
MM.

tous nommés par le (1)
M.   Commissaire du Gouvernement,
M.   Greffier près ledit Conseil;
Lesquels ne se trouvent dans aucun des cas d'incompatibilité prévus par
les articles 22, 23 et 24 du Code précité ;
Le Conseil, convoqué par l'ordre du commandant, conformément à l'article 111 du Code de justice militaire, s'est réuni dans le lieu ordinaire de
ses séances, en audience publique (2)
A l'effet de juger le nommé
fils d   , né le   , à
département d   , profession d
résidant, avant son entrée au service, à
Taille d'un mètre   millimètres, cheveux et
sourcils   , front   ; yeux   ,
nez   , bouche   menton   ,
visage   , teint
(3)

(1) Le gouverneur militaire de (Paris — Lyon), — le général commandant le corps d'armée
(France), — le général commandant la division (Alger. — Oran. — Constantine) — ou le Ministre
de la guerre, selon les cas prévus par l'article 8 du Code de justice militaire.
(2) Si le huis-clos a été ordonné, le dire en visant l'article 113 du Code de justice militaire ;
il ne peut être ordonné que pour les débats, et tous les jugements doivent être prononcés publiquement.
(3) Indiquer le crime ou le délit pour lequel l'accusé a été traduit devant le Conseil de guerre
(article 140).

[FORMULE N° 16 *bis*.]

La séance ayant été ouverte, le Président a fait apporter et déposer devant lui, sur le bureau, un exemplaire du Code de justice militaire, du Code d'instruction criminelle et du Code pénal ordinaire, et ordonné à la garde d'amener l accusé   , qui été introduit , libre et sans fers, devant le Conseil, accompagné d défenseur

Interrogé de   nom , prénoms, âge, lieu de naissance, état profession et domicile   répondu se nommer

Le Président, après avoir fait lire par le greffier l'ordre de convocation, le rapport prescrit par l'article 108 du Code de justice militaire, et les pièces dont la lecture lui a paru nécessaire, a fait connaitre a accusé les faits à raison desquels il poursuivi , et l a donné, ainsi qu'au défenseur , l'avertissement indiqué en l'article 121 dudit Code.

Après quoi, il a procédé à l'interrogatoire d accusé et a fait entendre publiquement et séparément les témoins à charge (1) ; lesdits témoins ayant au préalable prêté serment de parler sans haine et sans crainte, juré de dire toute la vérité et rien que la vérité ;

Et le Président ayant, en outre, rempli à leur égard les formalités prescrites par les articles 317 et 319 du Code d'instruction criminelle ;
(2)

Ouï M. le Commissaire du Gouvernement en ses réquisitions tendant à ce que (3)

et l accusé dans   moyens de défense, tant par   que par   défenseur , lesquels ont déclaré n'avoir rien à ajouter à leurs moyens de défense, et ont eu la parole les derniers, le Président a déclaré les débats terminés, et il a ordonné au défenseur et a accusé de se retirer

(1) Et à décharge (s'il y en a).
(2) Indiquer si des témoins ont été entendus sans prestation de serment, et pour quel motif ; dire que les pièces de conviction, s'il y en a, ont été représentées. Indiquer, en outre, les incidents qui ont pu se produire, en ayant soin de préciser à quel moment du débat ils ont eu lieu, les conclusions des parties, les réquisitions du ministère public, les moyens de défense présentés par l'accusé, et enfin le jugement motivé du Conseil. Dans le cas où le blanc laissé ici ne suffirait pas pour y insérer toutes ces mentions, on devra indiquer l'incident et le moment du débat où il s'est produit, en ajoutant qu'il y a été statué par jugement séparé, lequel est joint et annexé au présent, et alors le jugement séparé doit indiquer la publicité de l'audience, se terminer par la même formule et être signé de la même manière que le jugement principal, en mentionnant qu'il y sera annexé comme en faisant partie. En cas de suspension de l'audience et de remise au lendemain, la mention qui constate cette remise est signée par le Président et le Greffier seulement.
(3) Indiquer si les réquisitions tendent à la déclaration de culpabilité et, dans ce cas, les articles de loi dont l'application est demandée.

Conseil de guerre. — Formule n° 16 *bis.*

L   accusé   été reconduit par l'escorte à la prison ; le Commissaire du Gouvernement, le Greffier et les assistants dans l'auditoire se sont
retirés sur l'invitation du Président (1) :

Le Conseil délibérant à huis clos, le Président a posé l   question   ,
conformément à l'article 132 du Code de justice militaire, ainsi qu'il suit :

---

(1) S'il y a une chambre des délibérations, on mettra que le tribunal s'est retiré dans la
chambre des délibérations.

Enjoint au Commissaire du Gouvernement de faire donner immédiatement en sa présence lecture du présent jugement a   devant la garde rassemblée sous les armes; de l   avertir que la loi   accorde un délai de vingt-quatre heures pour se pourvoir en revision.

Fait, clos et jugé sans désemparer, en séance publique, à   , les jour, mois et an que dessus.

Le Président de la République mande et ordonne à tous huissiers sur ce requis de mettre ledit jugement à exécution, aux procureurs généraux et aux procureurs près les tribunaux de première instance d'y tenir la main, à tous commandants et officiers de la force publique de prêter main-forte lorsqu'ils en seront légalement requis.

En foi de quoi le présent jugement a été signé par les membres du Conseil et par le Greffier.

Signé MM.

L'an mil neuf cent   , le présent jugement a été lu cejourd'hui, par nous, Greffier soussigné, a le quel   averti par le Commissaire du Gouvernement que les articles 141 et 143 du Code de justice militaire   accordent vingt-quatre heures pour se pourvoir en revision, lesquelles commencent à courir à l'expiration du présent jour. Cette lecture faite en présence de la garde rassemblée sous les armes.

Le Commissaire du Gouvernement, signé

Le Greffier, signé

Vu: Pour copie conforme :

Le Commissaire du Gouvernement,   *Le Greffier,*

(A)

RÉPUBLIQUE FRANÇAISE. [FORMULE Nº 17.]

NUMÉROS DE L'ÉTAT

Série annuelle........
Série générale........

Date du crime ou du délit :

CONSEIL DE GUERRE PERMANENT.

JUGEMENT *qui* (1)

NOTA. — Lorsque le jugement est rendu, soit en 2ᵉ ou 3ᵉ instance, soit par suite d'un jugement par défaut ou par contumace, on l'indiquera en marge en relatant le précédent jugement dans les termes suivants :

« Jugement en 2ᵉ (ou 3ᵉ) instance, par suite de l'annulation du jugement du conseil de guerre d   » en date du

» Jugement contradictoire par suite du jugement par défaut (ou par contumace) du conseil de guerre d   , en date du

(1) Indiquer sommairement la condamnation. la peine, l'absolution ou l'acquittement ou le délit. Écrire en bâtarde et en caractères saillants le nom des hommes mis en jugement.

(2) Indiquer le nom et le grade des membres du conseil et du commissaire du Gouvernement, ainsi que le corps auquel ils appartiennent.

(3) Nom, prénoms, grade, corps : inscrire la déclaration du conseil dans son entier, en y comprenant, par conséquent, aussi bien les questions qui peuvent avoir été écartées que celles qui ont été résolues affirmativement, et en indiquant enfin à quel nombre de voix chacune d'elles a été résolue dans l'un ou l'autre sens.

Le   mil neuf cent
le Conseil de guerre permanent d
séant à   , composé de MM. (2)

Président

Juge.

M.   Commissaire du Gouvernement;
M.   Greffier,

A rendu le jugement dont a été extrait ce qui suit :

AU NOM DU PEUPLE FRANÇAIS,

Le Conseil, ouï le Commissaire du Gouvernement en ses réquisitions, a déclaré le nommé (3)

(A) Gouvernement militaire (Paris-Lyon).
Région de corps d'armée (France).
Division militaire (Alger-Oran-Constantine).

Extrait pour le Ministre de la guerre.

[FORMULE Nº 17.]

En conséquence

En conséquence, ledit Conseil (4)

CONDAMNATIONS
ANTÉRIEURES.

Au bas est écrite la mention suivante : L'an mil neuf cent   , le   , le présent jugement a été lu par nous, Greffier soussigné, au nommé

Cette lecture faite en présence de M. le Commissaire du Gouvernement.

Le Commissaire du gouvernement, signé

Le Greffier, signé

SIGNALEMENT du nommé (5)
fils d   et d
né le   , à   . arrondissement
d   , département d
domicilié, avant d'entrer au service, à
arrondissement d   , département
d   , taille d'un mètre   millimètres, cheveux et sourcils,   , front
yeux   , nez   , bouche
menton   , visage   , teint
signes particuliers
n° matricule du corps

(6)

(4) Mettre ici le dispositif du jugement tel qu'il est écrit dans le procès-verbal, en rappelant toujours les différents articles de la loi sur lesquels il repose. Du reste, une simple indication de ces articles, faite avec la plus grande exactitude, devra suffire, sans qu'il soit nécessaire de rapporter le texte même de la loi Il est bien entendu que tout jugement de condamnation devra contenir la disposition relative aux frais. L'extrait s'arrêtera à ces mots : *enjoint au Commissaire du Gouvernement de faire donner lecture, etc.*

(5) Remplir exactement tous les renseignements indiqués, et notamment en ce qui concerne les noms et domiciles des parents.

(6) Quand le jugement est collectif, les signalements des individus jugés doivent se suivre.

(7) La somme, à indiquer en toutes lettres, doit être la même que celle portée sur l'extrait de jugement délivré au Domaine.

Le présent jugement a commencé à recevoir son exécution le

Le montant des frais liquidés et des décimes additionnels s'élève à la somme de (7)

Certifié conforme :
*Le Commissaire
du Gouvernement,*

Collationné :
Le Greffier.

[FORMULE N° 18.]

N° D'ORDRE
DU JUGEMENT.

(Art. 151 du Code
de justice militaire.)

Date du crime ou du délit :

JUGEMENT
EXÉCUTOIRE
DE CONDAMNATION.

—

CONDAMNATIONS
ANTÉRIEURES.

RÉPUBLIQUE FRANÇAISE.

CONSEIL DE GUERRE PERMANENT
d (A)   séant à

JUGEMENT.

AU NOM DU PEUPLE FRANÇAIS.

Le Conseil de guerre permanent d (A)
a rendu le jugement suivant :

AUJOURD'HUI   mil neuf cent
                    , le   Conseil de guerre
permanent d   , ouï le
Commissaire du Gouvernement dans ses réquisitions
et conclusions, a déclaré le   nommé

En conséquence, ledit Conseil

Et, vu les articles 139 du Code de justice militaire et 9 de la loi du 22 juillet 1867, le Conseil
condamne ledit
à rembourser, sur ses biens présents et à venir, au
profit du Trésor public, le montant des frais du procès (1).

NOTA. — Indiquer, con-
formément aux articles 151
et 200 du Code de justice
militaire, le jour à partir
duquel doit compter la durée de la peine, et faire
mention de l'exécution.
Extrait pour le corps, la
division, la prison, etc.
(1) Les frais donnant lieu
à l'application de la contrainte par corps, suivant
les prévisions de la loi du
22 juillet 1867, modifiée par
la loi du 19 décembre 1871,
le jugement doit en men-
tionner la durée.

SIGNALEMENT du nommé
fils d   et de
né le   , à   , arrondissement d   ,
département d   , domicilié, avant d'entrer au service,   à   ,
        arrondissement d   , département
d   , taille d'un mètre   millimètres,
cheveux et sourcils   , front   ,
yeux   , nez   , bouche   ,
menton   , visage   , teint
signes particuliers :   n° matricule du corps:

(A) Gouvernement militaire de (Paris - Lyon).
    Région de corps d'armée (France).
    Division militaire (Alger - Oran - Constantine).

[FORMULE N° 18.]

Code.

6

— 158 —

Le présent jugement a commencé à recevoir son xécution le

Le montant des frais liquidés et des décimes additionnels s'élève à la somme de (1)

Vu :   Pour extrait conforme :

Le Commissaire du Gou-   *Le Greffier,*
vernement,

(1) La somme à indiquer en toutes lettres doit être la même que celle portée sur l'extrait de jugement délivré au Domaine.

— 159 —

[FORMULE Nº 19.]

(A)

RÉPUBLIQUE FRANÇAISE.

Nº   D'ORDRE
DU JUGEMENT.

(Art. 136 du Code
de justice militaire.)

CONSEIL DE GUERRE PERMANENT

séant à

JUGEMENT.

JUGEMENT
EXÉCUTOIRE
D'ACQUITTEMENT
OU
D'ABSOLUTION.

AU NOM DU PEUPLE FRANÇAIS.

Le Conseil de guerre permanent d
a rendu le jugement suivant :
AUJOURD'HUI   mil neuf cent
, le   Conseil de guerre permanent
d   , ouï le Commissaire du Gouvernement dans ses réquisitions et ses conclusions,
a déclaré le   nommé

En conséquence, ledit Conseil, faisant application
de l'article 136 du Code de justice militaire,

SIGNALEMENT.

du nommé
fils d   et d
né le   à   , arrondissement d   , département d
                    , domicilié, avant
d'entrer au service, à   , arrondissement
d   , département d
taille d'un mètre   millimètres, cheveux et
sourcils   , front   , yeux   , nez   ,
bouche   , menton   , visage   , teint   ,
signes particuliers :   ; nº matricule du
corps :   ,

VU :   Pour extrait conforme :
Le Commissaire du Gou-   *Le Greffier,*
vernement,

(A) Gouvernement militaire de (Paris - Lyon).
    Région de corps d'armée (France).
    Division militaire (Alger - Oran - Constantine).

[FORMULE Nº 19.]

(A)

[FORMULE Nº 20.]

CONSEIL DE GUERRE PERMANENT

Nº D'ORDRE *d* , *séant à*
DU JUGEMENT.

(Art. 151 du Code
de justice militaire.)

JUGEMENT.

AU NOM DU PEUPLE FRANÇAIS,

Le   Conseil de guerre permanent d
a rendu le jugement suivant :

JUGEMENT
EXÉCUTOIRE.

AUJOURD'HUI   mil neuf cent
, le   Conseil de guerre
permanent d   , ouï le Commissaire du Gouvernement dans ses réquisitions et
conclusions, a déclaré le nommé

En conséquence, ledit Conseil

CONDAMNATIONS
ANTÉRIEURES.

Et vu les articles 139 du Code de justice militaire, et 9 de la loi du 22 juillet 1867, le Conseil
condamne le nommé
à payer, sur ses biens présents et à venir, les frais
du procès.

SIGNALEMENT du nommé
fils d   et d
né le   , à   , arrondissement
d   , département d   , domicilié, avant
d'entrer au service, à   , arrondissement
d   , département d   , taille
d'un mètre   millimètres, cheveux et
sourcils   , front   , yeux   , nez   ,
bouche   , menton   , visage   , teint,
signes particuliers ,   ; nº matricule du
corps :

VU :   POUR EXTRAIT CONFORME :

Le Commissaire du Gou-   *Le Greffier,*
vernement,

(A) Gouvernement militaire de (Paris - Lyon).
Région de corps d'armée (France).
Division militaire de (Alger - Oran - Constantine).

Extrait
pour le Domaine.

[FORMULE Nº 20.]

Le présent jugement a commencé à recevoir son
exécution le

EXÉCUTOIRE.

EXÉCUTOIRE.

Vu la procédure instruite contre le nommé et les frais d'icelle dont le détail suit :

1° Taxe des témoins, experts et interprètes entendus pendant le cours de l'instruction et les débats.................... ci

2° Coût du jugement du Conseil de guerre, douze francs............... ci 12f00c

3° Coût de la décision du Conseil de revision rendue le   sur le recours d'   douze francs...... ci

4° Remboursement de la gratification allouée par les article 18 et 19 du décret du 13 novembre 1857 pour l'arrestation déserteurs, vingt-cinq francs......... ci

5° Amende ci

6° Décimes additionnels........... ci

TOTAL..............

Vu le dispositif du jugement définitif, l'article 139 du Code de justice militaire, le Président du Conseil de guerre permanent d

liquide les frais dont l'état est ci-dessus à la somme de   (1)

du montant de laquelle il délivre le présent exécutoire, pour le recouvrement de ladite somme être poursuivi sur les biens présents et à venir du condamné, par les préposés de l'Administration de l'Enregistrement et des Domaines.

En conséquence, le Président de la République MANDE et ORDONNE à tous huissiers sur ce requis de mettre ledit jugement à exécution; aux Procureurs généraux et aux Procureurs de la République près les tribunaux de première instance d'y tenir la main; à tous commandants et officiers de la force publique de prêter main-forte lorsqu'ils en seront également requis.

Fait en la Chambre du Conseil de guerre susdit, à   , le

Le Président,

Vu :

Le Commissaire du Gouvernement,

POUR EXTAIT CONFORME :

Le Greffier,

---

(1) Se conformer, pour l'application de la contrainte par corps, aux prescriptions de l'article 9 de la loi du 22 juillet 1867, modifiée par celle du 19 décembre 1871. Le jugement doit en mentionner la durée.

RÉPUBLIQUE FRANÇAISE.

CONSEIL DE GUERRE

SÉANT A

JUGEMENTS RENDUS

DANS

le cours du mois d   19

NOTA. — Cet état, même quand il sera négatif, doit être adressé chaque mois au Ministre, *sans lettre d'envoi.*

On y comprendra toutes les affaires terminées par un jugement, soit que ce jugement ait été annulé, soit qu'il ne l'ait pas été.

On attendra, pour clore et expédier cet état, que tous les jugements rendus dans le mois soient devenus exécutoires ou aient été annulés, à l'exception des jugements par contumace ou par défaut, qui seront l'objet d'une note portée à la colonne 22.

Les extraits des jugements rendus dans le mois devront toujours accompagner le présent état, même quand il aurait été adressé des copies, avec des pièces de procédure, pour des recours en grâce, ces derniers n'étant pas suspensifs de l'envoi des jugements.

Lorsqu'un jugement concernera plusieurs individus, on assignera une ligne à chacun d'eux, à partir de la colonne 3 jusqu'à la colonne où il n'y aura plus qu'à mettre un chiffre ou un texte commun à tous les individus jugés. Ces lignes seront fermées par une accolade en regard, et les chiffres et textes communs seront placés à la moitié de la hauteur de cette accolade.

Lorsqu'il s'agira d'un jugement annulé, on mettra un guillemet à la colonne 21, attendu que le chiffre que l'on y placerait ferait double emploi dans l'état du conseil de guerre qui aurait prononcé le jugement définitif, et qui, en conséquence, aurait arrêté et liquidé la totalité des frais.

NUMÉRO du JUGEMENT.		NOM et PRÉNOMS du militaire jugé.	CORPS.	GRADE.	TITRE sous lequel le militaire jugé était entré au service.	TEMPS du service fait.	INSTRUCTION SCOLAIRE.		SPÉCIFICATION du DÉLIT.	LIEU où le délit a été commis. Commune. — Arrondissement — Département.	DATES				DISPOSITIF du jugement.	DATE DE LA DÉCISION du conseil de revision		DATE de la mise à exécution du jugement.	NOMBRE de témoins entendus.	NOMBRE court ne reuscb, y compris les 15 francs perçus à titre de frais.	OBSERVATIONS.
Série annuelle.	Série générale.						A signé.	N'a pu signer.			du délit.	de l'arrestation.	de l'ordre d'informer donné au rapporteur.	du jugement.		qui confirme.	qui annule.				
1	2	3	4	5	6	7	8	9	10	11	12	13	14	15	16	17	18	19	20	21	22

CERTIFIÉ EXACT :

Le Commissaire du Gouvernement,

A , le 19

COLLATIONNÉ :

Le Greffier,

(A) .

(Art. 143 et 147 du Code
de justice militaire.)

RÉPUBLIQUE FRANÇAISE.

Recours en revision.

L'an mil neuf cent   le

nous (1)

, à la requête de (2)

du nommé

(1) Indiquer si c'est le greffier du conseil de guerre permanent de la division ou l'agent principal de la maison de justice militaire qui reçoit le pourvoi.

(2) Si la déclaration est faite par le défenseur, mettre, *de M...*, *défenseur*.

détenu, condamné le   par le

Conseil de guerre d   à la peine

de   pour

(3) Indiquer si c'est au greffe du conseil ou de la maison de justice militaire.

Constatons par ces présentes sa déclaration qu'il entend se pourvoir en revision contre le jugement de condamnation ci-dessus mentionné.

NOTA. Ce procès-verbal est toujours individuel, lors même que le jugement est collectif.

Dont acte fait au greffe (3)

, les jour, mois et an que dessus.

(A) Gouvernement militaire de (Paris - Lyon).
Région du corps d'armée (France).
Division militaire (Alger - Oran - Constantine).

{FORMULE Nᵒ 23.]

(A)

CONSEIL PERMANENT
DE REVISION

d

(Art. 164, 165, 166 et 167
du Code
de justice militaire.)

RÉPUBLIQUE FRANÇAISE.

DÉCISION
DU CONSEIL PERMANENT DE REVISION

d

AU NOM DU PEUPLE FRANÇAIS,

Le Conseil permanent de revision d
a rendu la décision dont la teneur suit :
Cejourd'hui   mil neuf cent

Le Conseil permanent de revision d
, établi en exécution de l'article 26 du Code de
justice militaire, composé, conformément à ce Code,
de MM.

tous nommés par M. le
réunissant les conditions exigées par l'article 34 du
Code de justice militaire ;

M.
Commissaire du Gouvernement

M.   greffier près
ledit Conseil de revision,

S'est réuni, en audience publique, dans le lieu ordinaire de ses séances, à
pour procéder sur le
recours en revision formé par le
contre le jugement rendu le   par
lequel le   Conseil de guerre permanent

(A) Gouvernement militaire de (Paris - Lyon).
Région de corps d'armée (France).
Division militaire (Alger - Oran - Constantine).

Après que la séance a été ouverte, le Président ayant fait déposer sur le bureau un exemplaire du Code de justice militaire, ainsi que du Code d'instruction criminelle et du Code pénal ordinaire,

M.   l'un des membres du Conseil, désigné par M. le Président pour faire le rapport de cette affaire, a été entendu, et après lui le défenseur d   condamné   ; le Commissaire du Gouvernement a porté la parole et donné ses conclusions, sur lesquelles le défenseur été admis à présenter des observations.

Le Conseil, après en avoir délibéré à huis clos, hors la présence du Commissaire du Gouvernement et du Greffier, en se conformant aux dispositions des articles 73, 74 et 165 du Code de justice militaire,

Charge le Commissaire du Gouvernement de transmettre à qui de droit, sans délai, la présente décision, avec les pièces de la procédure.

Fait, jugé et prononcé sans désemparer, en séance publique, à   les jour, mois et an que dessus; le Président du conseil a signé avec le Greffier.

Signé :

Le Président de la République MANDE et ORDONNE à tous huissiers sur ce requis de mettre ledit jugement à exécution ; aux procureurs généraux et aux procureurs de la République d'y tenir la main; à tous commandants et officiers de la force publique de prêter main-forte lorsqu'ils en seront légalement requis.

Pour copie conforme :
Le Greffier,

Vu :
Le Commissaire du Gouvernement,

(A)

(Art. 175 du Code
de justice militaire.)

Ordonnance enjoi-
gnant à un contumax
de se présenter.

Le Président du   Conseil de guerre d
séant à   , a rendu l'ordonnance
suivante :

Nous, Président du   Conseil de guerre d
, vu l'ordre de mise en jugement donné
le   par le   commandant l   contre

absent et contumax   , accusé de

crime prévu et puni par

Ordonnons, en exécution de l'article 175 du Code
de justice militaire, au nommé

de se présenter dans un délai de dix jours devant
le   Conseil de guerre d   séant à
pour y être jugé sur ladite accusa-
tion ; et, à cet effet, de se constituer en état d'arrestation dans la prison militaire d

Disons que notre présente ordonnance sera mise
à l'ordre du jour de

Fait à   le   19   .

(A) Gouvernement militaire de (Paris - Lyon).
Région de corps d'armée (France).
Division militaire (Alger - Oran - Constantine).

No
DU JUGEMENT.

Art. 140, 176, 178 et 179
du Code
de justice militaire.)

RÉPUBLIQUE FRANÇAISE.

[FORMULE N° 25.]

N°   D'ORDRE.

JUGEMENT PAR CONTUMACE

rendu par le   *Conseil de guerre permanent*

séant à

AU NOM DU PEUPLE FRANÇAIS,

Le   Conseil de guerre permanent
a rendu le jugement dont la teneur suit :

CEJOURD'HUI   · ·   an mil neuf cent
Le   Conseil de guerre permanent
composé, conformément aux articles 3 et 10 du Code de justice militaire, de
MM.

tous nommés par le (1)
M.   , Commissaire du Gouvernement,
M.   , Greffier près ledit Conseil ;
Lesquels ne se trouvent dans aucun des cas d'incompatibilité prévus par
les articles 22, 23 et 24 du Code précité.
Le Conseil, convoqué par l'ordre du commandant, conformément à l'article 111 du Code de justice militaire, s'est réuni dans le lieu ordinaire de
ses séances, en audience publique,
A l'effet de juger

accusé de (2)

La séance ayant été ouverte, le Président a fait apporter et déposer devant
lui, sur le bureau, un exemplaire du Code de justice militaire, du Code d'instruction criminelle et du Code pénal ordinaire.

Le Président, après avoir fait lire dans leur entier par le Greffier les rapports et procès-verbaux, la déposition des témoins et toutes les autres pièces de l'accusation, ainsi que l'ordonnance enjoignant au contumax de se présenter au nombre de

(1) Le général commandant le corps d'armée ou le Ministre de la guerre, suivant les cas prévus par l'article 8 du Code de justice militaire.
(2) Indiquer le crime pour lequel l'accusé est traduit devant le Conseil de guerre (art. 140).

[FORMULE N° 25.]

Ouï M. le Commissaire du Gouvernement en ses réquisitions tendant à ce que (1)

Le Président a déclaré les débats terminés.

Le Commissaire du Gouvernement, le Greffier et les assistants dans l'auditoire se sont retirés sur l'invitation du Président (2).

Le Conseil délibérant à huis clos, le Président a posé l   question conformément à l'article 132 du Code de justice militaire, ainsi qu'il suit :

Les voix recueillies conformément à l'article 133 du Code de justice militaire, en commençant par le grade inférieur, le Président ayant émis son opinion le dernier, le Conseil de guerre permanent déclare le

Sur quoi, et attendu les conclusions prises par le Commissaire du Gouvernement dans ses réquisitions, le Président a lu le texte de la loi et a recueilli de nouveau les voix dans la forme prescrite par les articles 134 et 135 du Code de justice militaire pour l'application de la peine.

Le Conseil est rentré en séance publique.

Le Président a lu les motifs et le dispositif ci-dessus.

En conséquence, le Conseil condamne par contumace

Ordonne que le présent jugement sera, conformément à l'article 176 du Code de justice militaire, et, à la diligence de M. le Commissaire du Gouvernement, mis à l'ordre du jour et affiché, tant à la porte du lieu où siège le Conseil de guerre qu'à la mairie du domicile du condamné.

Fait, clos et jugé sans désemparer en séance publique, à les jour, mois et an que dessus.

En foi de quoi le présent jugement a été signé par les membres du Conseil et par le Greffier.

Le Président de la République MANDE et ORDONNE à tous huissiers sur ce requis de mettre ledit jugement à exécution ; aux procureurs généraux et aux procureurs près les tribunaux de première instance d'y tenir la main ; à tous commandants et officiers de la force publique de prêter main-forte lorsqu'ils en seront légalement requis.

(1) Indiquer si les réquisitions tendent à la déclaration de culpabilité, et, dans ce cas, les articles de loi dont l'application est demandée.
(2) S'il y a une chambre des délibérations, on mettra que le tribunal s'est retiré dans la chambre des délibérations.

CÉDULE.

—

(Art. 174 du Code de justice militaire.)

La présente devra être apportée en venant déposer.

[FORMULE N° 26.

ARMÉE

———

PRÉVOTÉ d

———

Nous

Prévôt d
requérons l   nommé
de comparaître par-devant nous à
le   19 , à   heure
d   pour y déposer en personne sur les faits
relatifs a   nommé
    Le   témoin   requis   prévenu que, faute
par   de se conformer à la présente assignation,
        l   y ser   contrain   par les voies de
droit.

Donné à   , le   19   .

Le   Prévôt,

SIGNIFICATION.

L'an mil neuf cent   , le
            à la requête de M. le   Prévôt
d
nous soussigné avons signifié la cédule ci-dessus
à

en son domicile, à
parlant à
ainsi déclaré ; et, à ce qu'il n'en ignore, nous lui
avons laissé la présente.

Dont acte, à   les jour, mois et an que
dessus.

JUGEMENT.

[FORMULE N° 27.]

Art. 75, 173 et 174 du Code
de justice militaire.)

ARMÉE d

PRÉVOTÉ d

AU NOM DU PEUPLE FRANÇAIS.

Le Tribunal de la   prévôté d   a
rendu le jugement dont la teneur suit :

L'an mil neuf cent   , le   ,
le Tribunal tenant audience publique à   , conformément aux
articles 75, 173 et 174 du Code de justice militaire, à l'effet de juger l
nommé
inculpé d

le   quel   été amené libre et sans fers
après avoir fait donner lecture par le sieur   , greffier,
des procès-verbaux, plainte et rapport   après l'exposé
fait par la partie plaignante de sa demande, après l'appel des témoins, la
prestation du serment prescrite par l'article 127 du Code, et leur audition,
                              après avoir entendu le   prévenu   en
défense,
Jugeant en dernier ressort,   attendu (1)

attendu que ce fait constitue (2)

par ces motifs (3)   le nommé

    Fait et jugé en séance publique à   , les jour, mois
et an que dessus. En foi de quoi le présent jugement, exécutoire sur minute, a été signé par le   prévôt et par le greffier.

        Le   Prévôt,   Le Greffier,

LE PRÉSIDENT DE LA RÉPUBLIQUE MANDE et ORDONNE à tous huissiers sur
ce requis de mettre ledit jugement à exécution ; aux procureurs généraux et
aux procureurs près les tribunaux de première instance d'y tenir la main ;
à tous commandants et officiers de la force publique de prêter main-forte
lorsqu'ils en seront légalement requis.

(1) Spécifier les faits incriminés ; s'il y a dommages-intérêts, indiquer les conclusions prises
par la partie civile.
(2) Spécifier la contravention ou le délit et les articles de loi ou règlements applicables.
(3) Condamne ou acquitte. Statuer, en outre, sur la demande de dommages-intérêts, s'il y a
lieu.

[FORMULE N° 27.]

BULLETIN INDIVIDUEL

à classer alphabétiquement
au greffe
du tribunal civil d

—

(*) Ecrire le nom en très
gros caractères.

CONSEIL DE GUERRE
d

—

SIGNALEMENT.

—

Taille d'un mètre   mill.
Cheveux }
Sourcils }
Front
Yeux
Nez
Bouche
Menton
Visage
Teint
    Signes particuliers.

RENSEIGNEMENTS.

Célibataire
Marié
Veuf
Nombre d'enfants

—

CONDAMNATIONS
    ANTÉRIEURES.
    (Voir au verso.)

BULLETIN N° 1.

RÉPUBLIQUE FRANÇAISE.

———

(*)

âgé de   ans, étant né le
18   , à   , arrond¹
                , dép¹   ,
demeurant, avant son entrée au service, à
                , arrond¹
dép¹   ; fils d   et d
                domiciliés à   arrond¹
                dép¹
    Condamné par jugement définitif, en date du
                19   , du   conseil de guerre
d
                                              séant
à
à la peine de
            par application de   article

pour

Vu au Parquet :
Le Commissaire du Gouvernement,

                POUR EXTRAIT CONFORME
            délivré le
                Le Greffier,

(Timbre du conseil
    de guerre.)

CONDAMNATIONS ANTERIEURES.

A)

RÉPUBLIQUE FRANÇAISE.

, le   19

LE COMMISSAIRE DU GOUVERNEMENT près le
Conseil de guerre de
à MM.

J'ai l'honneur de vous adresser ci-joint   extrait   d   jugement   rendu   par le   Conseil d
concernant l · nommé

Je vous prie de m'accuser réception du présent
envoi.

(A) Gouvernement militaire de (Paris-Lyon).
   Région de corps d'armée (France).
   Division militaire (Alger - Oran - Constantine).

Dispositions diverses.

Circulaire relative à l'application de la loi du 18 mai 1875.

Versailles, le 23 juin 1875.

Messieurs, la loi du 18 mai dernier, portant modification de certains articles du Code de justice militaire, a principalement pour objet :

1° De mettre les tribunaux militaires, en temps de paix, en rapport avec l'organisation générale de l'armée, telle qu'elle résulte des lois des 24 juillet 1873 et 5 janvier 1875 ;

2° D'accorder aux chefs de corps la faculté de déléguer les pouvoirs d'officier de police judiciaire à l'un des officiers sous leurs ordres ;

3° De donner aux conseils de guerre des armées en campagne une organisation plus simple, des moyens d'action plus prompts, et de rendre aussi rapide que possible, dans certains cas très graves, l'exécution des peines ;

4° Enfin de réduire, en cas de guerre ou de mobilisation, la durée des délais de grâce ou de repentir, dont jouissent, en temps ordinaire, les hommes qui commettent les délits d'insoumission ou de désertion.

L'ensemble de ces dispositions ne change, du reste, en rien l'économie du Code de justice militaire. Ainsi l'action judiciaire, à l'égard des justiciables des conseils de guerre permanents en France et en Algérie, appartient toujours uniquement au général commandant le territoire, c'est-à-dire, les circonscriptions territoriales formées à l'intérieur, sous le titre de gouvernement militaire ou région de corps d'armée, et, en Algérie, sous celui de division militaire. Il y aura, comme précédemment, un conseil de guerre au chef-lieu de chacune de ces circonscriptions ; mais le droit du chef de l'État d'en créer d'autres lorsque les besoins du service l'exigeront cesse d'être limité à deux seulement (1).

Du reste, la loi nouvelle donne le moyen (art. 85) de faciliter l'examen des affaires et d'abréger la durée des détentions préventives, ce qui est très important. En effet, d'après l'ancien article 85 du Code de justice militaire, les chefs de corps pouvaient faire personnellement les actes nécessaires à l'effet de constater les crimes ou délits, et d'en livrer les auteurs aux tribunaux chargés de les punir ; mais cette obligation d'agir par eux-mêmes, en toute circonstance, pouvait être difficile à remplir. Il leur est permis, désormais, de déléguer à un officier

_____

(1) Dispositions transitoires devenues sans objet.

sous leurs ordres le droit de procéder à ces opérations. Toutefois, il importe d'user, avec une grande réserve, de ce droit
de délégation, et ce n'est qu'autant que les chefs de corps ne
pourront agir *personnellement*, qu'il leur sera loisible d'y recourir, en désignant pour les sous-officiers et soldats, un officier
du grade de capitaine au moins, et pour les officiers, le lieutenant-colonel du régiment ou, à défaut, un officier supérieur.

Il ne suffira donc plus, à l'avenir, d'adresser simplement au
général commandant la circonscription territoriale la plainte
formée contre un militaire. Cette plainte devra être l'objet, au
préalable, sur les lieux, de toutes les constatations que peuvent
faire, d'après la loi, les officiers de police judiciaire, et, par
suite, tous les procès-verbaux ou autres pièces de nature à servir à la manifestation de la vérité devront être transmis à l'autorité militaire chargée de statuer.

Je vous prie de faire à ce sujet les recommandations les plus
formelles et de prescrire, en même temps, à MM. les commissaires du gouvernement près les conseils de guerre permanents,
de veiller à ce que, tout en observant strictement les formes
judiciaires, on active les instructions, afin d'éviter des dépenses
en pure perte et les inconvénients qui peuvent résulter d'une
prévention trop prolongée.

Les dispositions concernant les conseils de guerre aux armées
et dans les places de guerre assiégées ou investies, c'est-à-dire
privées de toutes communications avec les conseils de guerre
permanents, n'ont pas besoin de commentaires, au moins pour
le moment. Le développement donné à l'article 156 du Code de
justice militaire concernant la citation directe, sans instruction
préalable, a l'avantage de régler d'une manière précise les conditions de la procédure spéciale à suivre dans ce cas particulier.
. . . . (1).

Il reste maintenant un objet important à prévoir : c'est le fonctionnement de la justice militaire dans les divisions actives en
cas de guerre ou de mobilisation, après que l'ordre d'établir des
conseils de guerre a été donné par le Ministre de la guerre
(art. 33). Dans ce but, je désire que des officiers appartenant à chacune de ces divisions soient constamment et successivement attachés aux parquets des conseils de guerre permanents de votre circonscription comme substituts des commissaires du gouvernement et des rapporteurs, afin de pouvoir
étudier la loi militaire pendant le temps qu'ils passeront dans
les parquets, et acquérir les connaissances nécessaires pour rem-

_____

(1) Recommandation concernant les modifications apportées par la
loi du 18 mai 1875 à l'article 230 du Code de justice militaire et devenues sans objet, les règles relatives à l'insoumission ayant été postérieurement modifiées par les articles 73 et 75 de la loi du 15 juillet
1889 et par les articles 83 et 85 de la loi du 21 mars 1905.

plir convenablement en campagne les fonctions, qui seront alors réunies, de commissaire du gouvernement et de rapporteur. Mon intention est d'attacher, en outre, à chaque conseil de guerre, dès que la situation des crédits le permettra, un nombre de commis-greffiers titulaires correspondant à celui des divisions actives, et qui devront marcher avec ces divisions, dès que la mobilisation aura été ordonnée.

En attendant, je tiens à ce qu'il soit formé à l'avance, dans chaque greffe des tribunaux militaires, un dépôt des codes, formules et instructions destinés à chacune des divisions actives. Je vous prie donc de faire établir, dès à présent, la demande de ces documents, afin que je puisse vous les adresser.

Général E. DE CISSEY.

PROCÈS-VERBAL
de déclarations reçues par l'officier de police judiciaire, en dehors du temps de paix.

Articles 85 et 86 du Code de justice militaire.

FORMULE N° 5 *bis* (1).

FORMAT :
Hauteur........ 0",320
Largeur .... 0",216

e (2)

L'an mil neuf cent.
Devant nous (A),

agissant en vertu des articles 85 et 86 du Code de justice militaire et par délégation de M. le (3)
comme officier de police judiciaire, assisté du sieur (B)
faisant fonctions de greffier et à qui nous avons préalablement fait prêter serment de bien et fidèlement remplir lesdites fonctions, dans la salle des rapports, à la caserne de
avons fait extraire de la prison, à l'effet de l'interroger, le (C)
inculpé de
En conséquence, nous avons fait amener devant nous ledit   que nous avons interrogé ainsi qu'il suit :
Interpellé de déclarer ses nom, prénoms, âge, lieu de naissance, état, profession et domicile, a répondu se nommer.

fils de
demeurant, avant son entrée au service,
et aujourd'hui soldat
au   en garnison à
Demande

Réponse

Lecture faite au prévenu de son interrogatoire, il a déclaré ses réponses être fidèlement transcrites, qu'il y persiste, et il a signé avec nous et le greffier (D).

(ABC) Nom, prénoms, grade, corps.
(D) Si le prévenu ne sait pas signer, le procès-verbal en fera mention.
(1) Formule modifiée conformément à la notification du 23 février 1903.
(2) Corps ou service.
(3) Chef de corps ou de service.
NOTA. Cette formule, ainsi que celle des autres procès-verbaux d'enquête, ne sera pas fournie par le ministère de la guerre.

DIVISION ACTIVE

DU

ᵉ CORPS D'ARMÉE.

—

ORDRE

DE MISE EN JUGEMENT
DIRECTE.

—

Article 156 du Code
de justice militaire.

FORMULE Nᵒ 10 *quater*

(1) Le général de division commandant la
division active du   ᵉ corps d'armée,
Vu les faits relatés dans (2)

Attendu que ces faits constituent le crime (3)
de

crime prévu et puni par l'article   du Code
de justice militaire ;
Vu les articles 111 et 156 du Code de justice
militaire.
Ordonne la mise en jugement directe du nommé   , ci-dessus
qualifié ;
Ordonne, en outre, que le conseil de guerre,
appelé à statuer sur les faits imputés audit
              sera convoqué pour le
        à   heure.
Fait au quartier général, à
        Le   19   .

_____

(1) Ce titre sera modifié selon le grade de l'officier qui ordonnera la
mise en jugement.
(2) Dans le dossier du nommé, *ou* dans la plainte, *ou* dans la dénonciation portée contre le nommé.
(3) Spécifier le crime ou le délit et les articles de la loi qui le répriment.

 ͤ DIVISION ACTIVE
DU
 ͤ CORPS D'ARMÉE.

CONSEIL DE GUERRE.

Citation directe à comparaître à l'audience du

Article 156 du Code de justice militaire.

PARQUET

du   conseil de guerre séant à

L'an mil neuf cent
à   heures du matin ;
Nous,
commissaire-rapporteur près le   conseil de guerre de la   ͤ division active du,   ͤ corps d'armée, donnons, par ces présentes, citation au nommé   , soldat au
                , à l'effet de comparaître à l'audience dudit conseil ordonnée par M. le général de division, commandant ladite division pour le   à   ,
et de s'y entendre juger sur les faits de

qui lui sont imputés et qui sont prévus et punis par l'article   du Code de justice militaire, ainsi conçu :
« ...... (*Tout le texte de l'article.*)
«
«
Le prévenons, en outre, 1º que les témoins que nous assignons contre lui sont les nommés :

2º Que nous avons désigné d'office pour son défenseur M.   à
l'avertissant, toutefois, qu'il peut en choisir un autre jusqu'au moment de l'ouverture des débats.
Fait et clos au greffe dudit conseil, à
les jour, mois et an que dessus.

Le Commissaire-Rapporteur,

SIGNIFICATION.

SIGNIFICATION.

L'an mil neuf cent
à   heures du matin, à la requête de M. le
commissaire-rapporteur près le   conseil de
guerre de la   ᵉ division active du   ᵉ corps
d'armée ;

Nous,   , gendarme de la prévôté de ladite division, soussigné, avons signifié
la citation d'autre part au nommé
soldat au   , détenu à
la garde du camp à   , parlant à
sa personne ;

Ainsi déclaré ; et, à ce qu'il n'en ignore, nous
lui avons laissé copie des présentes citation et
signification.

Dont acte, à   ,
les jour, mois, an et heure que dessus.

Nota. — L'original de cette citation devra
toujours rester au dossier.

Loi portant extension de certaines dispositions de la loi du 8 décembre 1897 sur l'instruction préalable à la procédure devant les conseils de guerre.

Paris, le 15 juin 1899.

Le Sénat et la Chambre des députés ont adopté,

Le Président de la République promulgue la loi dont la teneur suit :

Article unique. La disposition du premier paragraphe de l'article 2 de la loi du 8 décembre 1897 (1), relative au délai dans lequel l'inculpé doit être interrogé, et les dispositions des articles 3, 7, 8, 9, 10, 12, 13 et 14 (2) de la même loi sont applicables à l'instruction devant les conseils de guerre jugeant en temps de paix et siégeant à terre.

---

(1) Art. 2. L'article 93 du Code d'instruction criminelle :
« Dans le cas de mandat de comparution, il interrogera de suite ; dans le cas de mandat d'amener, dans les vingt-quatre heures au plus tard », est complété ainsi qu'il suit :
« ... de l'entrée de l'inculpé dans la maison du dépôt ou d'arrêt.

(2) Art. 3. Lors de cette première comparution, le magistrat constate l'identité de l'inculpé, lui fait connaître les faits qui lui sont imputés, et reçoit ses déclarations, après l'avoir averti qu'il est libre de ne pas en faire.
Mention de cet avertissement est faite au procès-verbal.
Si l'inculpation est maintenue, le magistrat donnera avis à l'inculpé de son droit de choisir un conseil parmi les avocats inscrits au tableau ou admis au stage, ou parmi les avoués, et, à défaut de choix, il lui en fera désigner un d'office si l'inculpé le demande. La désignation sera faite par le bâtonnier de l'ordre des avocats s'il existe un conseil de discipline et, dans le cas contraire, par le président du tribunal.
Mention de cette formalité sera faite au procès-verbal.

Art. 7. — Nonobstant les termes de l'article 3, le juge d'instruction peut procéder à un interrogatoire immédiat et à des confrontations, si l'urgence résulte soit de l'état d'un témoin en danger de mort, soit de l'existence d'indices sur le point de disparaître, ou encore s'il est transporté sur les lieux en cas de flagrant délit.
Art. 8. Si l'inculpé reste détenu, il peut, aussitôt après la première comparution, communiquer librement avec son conseil.
Le paragraphe final ajouté par la loi du 14 juillet 1865 à l'article 613 du Code d'instruction criminelle est abrogé en ce qui concerne les maisons d'arrêt ou de dépôt soumises au régime cellulaire. Dans toutes les autres, le juge d'instruction aura le droit de prescrire l'interdiction de communiquer pour une période de dix jours : il pourra la renouveler, mais pour une nouvelle période de dix jours seulement.
En aucun cas l'interdiction de communiquer ne saurait s'appliquer au conseil de l'inculpé.
Art. 9. L'inculpé doit faire connaître le nom du conseil par lui

La présente loi, délibérée et adoptée par le Sénat et par la Chambre des députés, sera exécutée comme loi de l'État.

Fait à Paris, le 15 juin 1899.

EMILE LOUBET.

Par le Président de la République :

Le Ministre de la guerre,
C. KRANTZ.

Le Ministre de la marine,
Edouard LOCKROY.

Circulaire portant envoi d'instructions pour l'application de la loi du 15 juin 1899 relative à l'extension de la loi du 8 décembre 1897 sur l'instruction préalable à la procédure devant les conseils de guerre.

Paris, le 20 juin 1899.

Mon cher Général, le *Journal officiel,* en date du 16 juin courant, a publié la loi du 15 du même mois « portant extension de certaines dispositions de la loi du 8 décembre 1897 sur l'instruction préalable à la procédure devant les conseils de guerre ».

En ce qui concerne le paragraphe 1er de l'article 2 de ladite loi, vous remarquerez que le premier interrogatoire doit avoir lieu, au plus tard, vingt-quatre heures après l'entrée dans la maison d'arrêt. Or, comme le rapporteur ne peut lui-même pro-

---

choisi, en le déclarant soit au greffier du juge d'instruction, soit au gardien-chef de la maison d'arrêt.

L'inculpé détenu ou libre ne peut être interrogé ou confronté, à moins qu'il n'y renonce expressément, qu'en présence de son conseil ou lui dûment appelé.

Le conseil ne peut prendre la parole qu'après y avoir été autorisé par le magistrat. En cas de refus, mention de l'incident est faite au procès-verbal.

Le conseil sera convoqué par lettre missive au moins vingt-quatre heures à l'avance.

Art. 10. La procédure doit être mise à la disposition du conseil la veille de chacun des interrogatoires que l'inculpé doit subir.

Il doit lui être immédiatement donné connaissance de toute ordonnance du juge par l'intermédiaire du greffier.

. . . .

Art. 12. Seront observées, à peine de nullité de l'acte et de la procédure ultérieure, les dispositions prescrites par les articles 1er, 3 paragraphe 2, 9 paragraphe 2 et 10.

Art. 13. Sont et demeurent abrogées toutes les dispositions antérieures contraires à la présente loi.

Art. 14. La présente loi est applicable aux colonies de la Guadeloupe, de la Martinique et de la Réunion.

céder à cet interrogatoire qu'après avoir été saisi de l'ordre d'informer, il s'ensuit nécessairement que ledit ordre devra, dans tous les cas, précéder l'incarcération. Si, avant de faire procéder à l'information judiciaire, l'autorité militaire juge nécessaire de s'assurer de la personne de l'inculpé, il lui appartiendra de prendre ou d'ordonner à cet effet telles mesures d'ordre disciplinaire que les règlements mettent à sa disposition.

Pour l'application des articles 3, 7, 8, 9, 10 et 12 de la loi du 8 décembre 1897, je ne puis mieux faire que de vous adresser un extrait de la circulaire envoyée par M. le garde des sceaux à MM. les procureurs généraux lors de la promulgation de ladite loi du 8 décembre 1897. Il conviendra de se pénétrer des dispositions qui y sont insérées, en les adaptant aux règles qui président au fonctionnement de la justice militaire.

C. KRANTZ.

Des garanties nouvelles accordées à la défense.

(Art. 3, 7, 8, 9 et 10.)

On a dit avec raison que les articles 3, 7, 8, 9 et 10 constituent les dispositions fondamentales et vraiment maîtresses de la loi. Ils proclament, en effet, le droit pour l'inculpé d'organiser sa défense dès le début même de l'information préalable, et garantissent le libre exercice de ce droit par des règles absolument nouvelles et opposées à celles de la législation antérieure.

Les auteurs du Code d'instruction criminelle avaient considéré le secret de l'instruction comme indispensable à la manifestation de la vérité. Ils pensaient que l'inculpé devait, jusqu'à la clôture de l'information, rester seul, sans appui ni conseil, en face du juge, chargé de rechercher et de réunir les preuves de son innocence ou de sa culpabilité.

Depuis longtemps, les meilleurs esprits avaient signalé le vice capital de ce système. Malgré les tempéraments que beaucoup de magistrats apportent souvent dans la pratique à l'application rigoureuse du principe, on pouvait craindre que les intérêts de l'inculpé ne fussent pas toujours suffisamment sauvegardés. Le privilège excessif accordé à l'accusation avait pu engendrer quelques abus et être parfois la cause d'erreurs profondément regrettables, presque toujours difficiles à réparer et qui, en atteignant les individus, troublaient aussi l'ordre social et menaçaient la collectivité des citoyens.

D'un autre côté, tout en portant au mal le remède nécessaire, il fallait éviter d'énerver et de paralyser la répression, aux dépens de l'intérêt général.

Le problème était difficile à résoudre, ce qui suffirait à expliquer pourquoi la réforme depuis si longtemps désirée et attendue a reçu si tardivement sa consécration légale.

De nombreuses et vives polémiques l'ont précédée. Mais elle vient d'entrer dans le domaine législatif ; serviteurs fidèles et respectueux de la loi, nous devons tous, quelles qu'aient été nos opinions pendant la période d'élaboration et de discussion, l'appliquer loyalement et sans arrière-pensée, et faire tous nos efforts pour assurer, par une bonne volonté constante, un zèle toujours grandissant et une activité sans cesse en éveil, le fonctionnement régulier de ses rouages.

Ainsi que je viens de le dire, le législateur a voulu qu'au seuil même de l'information, et ensuite pendant tout son cours, l'inculpé pût être assisté d'un conseil qui collaborât à l'œuvre de sa défense.

Les mesures édictées dans ce but se rattachent aux trois ordres d'idées suivants :

1° Choix ou désignation d'office d'un conseil ;

2° Droit pour le conseil d'assister à certains actes de l'information et d'être tenu au courant de la procédure ;

3° Réglementation nouvelle de l'interdiction de communiquer dorénavant supprimée en ce qui concerne le conseil, et restreinte à l'égard des autres personnes.

I. — CHOIX OU DÉSIGNATION D'UN CONSEIL.

Dès le début de l'instruction, l'inculpé est mis à même de recourir à l'assistance d'un conseil. A cet effet, le juge, après sa première comparution, lui donne avis qu'il a le droit de choisir un défenseur parmi les avocats inscrits au tableau ou admis au stage ou parmi les avoués. L'inculpé qui ne croit pas devoir ou qui ne peut pas exercer ce choix peut demander qu'il lui soit désigné d'office un conseil. Cette désignation est faite, sur les diligences du juge d'instruction, par le bâtonnier de l'ordre des avocats, s'il existe un conseil de discipline, et, dans le cas contraire, par le président du tribunal (art. 3, § 3).

La loi n'a fait, sur ce point, que rendre obligatoire une pratique déjà suivie par beaucoup de juges d'instruction, notamment par ceux du tribunal de la Seine.

Il importe, d'ailleurs, de remarquer que l'assistance de l'avocat ou de l'avoué est seulement facultative. La loi n'a pas entendu l'imposer à l'inculpé qui apprécie souverainement quel est son véritable intérêt. C'est donc seulement sur sa demande expresse qu'il est procédé à la désignation d'office.

L'inculpé qui n'a pas choisi ou qui ne s'est pas fait désigner d'office un défenseur dès sa première comparution n'est évidemment pas forclos. L'article 9, paragraphe 1, porte « qu'il doit faire connaître le nom du conseil par lui choisi en le déclarant soit au greffier du juge d'instruction, soit au gardien-chef de la maison d'arrêt ». Les termes de cette disposition permettent de l'appliquer soit que l'inculpé ait fait choix d'un conseil avant même la première comparution, soit que, n'ayant pas cru devoir profiter de l'avertissement à lui donné par le juge d'instruction, conformément à l'article 3, paragraphe 3, il ait depuis changé d'avis. Dans ce dernier cas, et bien que l'article 9 ne fasse allusion qu'à un défenseur choisi, l'inculpé pourrait également, sans aucun doute, demander que la désignation fût faite d'office. Le juge d'instruction aurait alors à suivre la procédure instituée par l'article 3, paragraphe 3.

Le conseil, désigné ou choisi, doit être nécessairement pris parmi les avocats inscrits au tableau ou stagiaires, ou parmi les avoués. Il offrira donc toujours les garanties les plus sérieuses de discrétion et d'honorabilité.

J'ajoute que ce conseil, devant être nominativement désigné, ne pourra se faire suppléer ou représenter par un confrère.

Un amendement qui lui donnait cette faculté a été proposé au Sénat par M. Tillaye et n'a été ni voté ni même mis en discussion. Toutefois, il n'est pas obligatoire que le choix ou la désignation portent sur un conseil unique.

II. — DROIT POUR LE CONSEIL D'ASSISTER A CERTAINS ACTES DE L'INFORMATION ET D'ÊTRE TENU AU COURANT DE LA PROCÉDURE.

A partir du moment où il est choisi ou désigné, le conseil est mis en mesure de prêter à son client un concours actif et toujours éclairé.

Si le législateur n'est pas allé jusqu'à lui permettre d'assister à tous les actes de l'information, du moins a-t-il voulu qu'il soit présent chaque fois que l'inculpé sera appelé à discuter les charges relevées contre lui.

D'autre part, afin de lui permettre de remplir utilement sa mission, il reçoit, pendant le cours de l'information, communication de la procédure, et connaissance lui est donnée des ordonnances rendues par le juge.

a) Assistance du conseil aux interrogatoires et confrontations.

En règle générale, l'inculpé, détenu ou libre, ne peut, à peine de nullité, être interrogé ou confronté qu'en présence de son conseil, ou lui dûment appelé (art. 9, § 2 ; art. 12).

C'est par application de ce principe que, lors de la première comparution, le magistrat doit se borner à constater l'identité de l'inculpé, à lui faire connaître les faits qui lui sont imputés et à

Code.   7

recevoir ses déclarations, après l'avoir averti qu'il est libre de ne pas en faire (art. 3, § 1er).

Cet avertissement et la mention qui en est insérée au procès-verbal sont également prescrits par l'article 12, à peine de nullité.

Ce sont là des dispositions capitales que les magistrats instructeurs ne devront jamais perdre de vue. Leur inobservation entraînerait les conséquences les plus fâcheuses, puisqu'elle dépouillerait de toute force légale, non seulement l'acte irrégulier, mais encore toute la procédure ultérieure (art. 12).

Le rôle du conseil est nettement défini par l'article 9, paragraphe 3. Il n'a pas le droit, par une intervention sans cesse renouvelée, d'enlever aux réponses de son client, des autres inculpés ou des témoins confrontés, la spontanéité, qui est le meilleur garant de leur sincérité. Il ne peut, en effet, prendre la parole, qu'après y avoir été autorisé par le juge d'instruction. En cas de refus, mention de l'incident est faite au procès-verbal.

Il n'est pas impossible que l'application du paragraphe 3 de l'article 9 donne naissance, dans la pratique, à quelques conflits qui seraient profondément regrettables. Ils seront facilement évités si le défenseur et le juge sont bien pénétrés de cette pensée qu'ils collaborent à une œuvre commune et que leurs efforts réunis doivent tendre à la manifestation rapide et éclatante de la vérité.

L'assistance nécessaire du conseil aux interrogatoires et confrontations constitue la règle formellement écrite dans la loi. Mais cette règle devait forcément recevoir des exceptions sans lesquelles les recherches de la justice eussent été fréquemment vouées à un échec certain.

Aussi l'article 7 décide-t-il que, nonobstant les termes de l'article 3, le juge d'instruction peut procéder à un interrogatoire immédiat et à des confrontations, si l'urgence résulte soit de l'état d'un témoin en danger de mort, soit de l'existence d'indices sur le point de disparaître ou encore s'il s'est transporté sur les lieux en flagrant délit (art. 7).

Comme tous les textes qui apportent une dérogation à un principe général, l'article 7 doit être appliqué restrictivement. Il prévoit trois hypothèses limitativement précisées et ne saurait être étendu à tout autre cas, alors même que l'urgence y apparaîtrait avec la dernière évidence. La règle d'interprétation que je viens de rappeler impose cette solution, sur laquelle les travaux préparatoires de la loi ne peuvent d'ailleurs laisser aucun doute, puisque le Sénat, dans sa séance du 28 mai 1897, a repoussé un amendement de M. Demôle ainsi conçu : « ... s'il n'existe des motifs d'urgence dûment constatés au procès-verbal ».

Pour assurer l'exacte observation des dispositions de l'article 7, il importe que le juge d'instruction mentionne au procès-verbal, en termes formels, celle des trois circonstances prévues au texte qui légitime l'interrogatoire ou la confrontation hors la présence du défenseur. Il ne suffirait pas de reproduire purement et simplement la formule nécessairement générale employée par la loi, sans préciser le fait spécial auquel il en est fait application.

Les deux premiers cas d'urgence ne comportent aucun commentaire. Il appartiendra au juge d'instruction, après avoir recueilli, s'il y a lieu, tous renseignements utiles, de constater qu'un témoin est réellement en danger de mort, ou que des indices sérieux sont sur le point de disparaître. Il paraît certain que, si l'urgence résulte de l'état d'un témoin en danger de mort, c'est avec ce témoin seul que l'inculpé pourra être confronté sans l'assistance du conseil.

En ce qui concerne le troisième cas, j'estime que la faculté laissée au juge peut s'exercer toutes les fois qu'il se rend sur les lieux, en cas de flagrant délit soit que, dans les conditions prévues par les articles 47 et 62 du Code d'instruction criminelle, il ait été requis d'informer et de se transporter, soit que, conformément à l'article 59, il use des pouvoirs accordés en cas de flagrant délit au procureur de la République par les articles 32 et suivants du même code.

Bien que l'article 7 se réfère à l'article 3 relatif à la première comparution, il paraît hors de doute que, durant tout le cours de l'information, le juge a le droit, lorsqu'un témoin se trouve en danger de mort ou que des indices sont sur le point de disparaître, de procéder, en l'absence du conseil, à un interrogatoire et à des confrontations. Quel que soit le degré d'avancement de l'instruction, la nécessité d'empêcher la disparition des preuves s'impose avec la même évidence.

Si pénétrés de leurs devoirs respectifs que soient le juge et le défenseur, on ne saurait guère se dissimuler que les formalités nouvelles imposées par la loi pourront quelquefois avoir pour résultat de retarder la clôture de l'information et, par suite, de prolonger la détention préventive.

Aussi la loi a-t-elle voulu que l'inculpé, prenant uniquement conseil de ses intérêts, eût la faculté de renoncer aux garanties que lui accordent les articles 7 et 9.

Par ces mots « à moins qu'il y renonce expressément », le paragraphe 2 de l'article 9 apporte une nouvelle et importante dérogation au principe.

En conséquence, lorsque l'inculpé le demande ou y consent formellement, l'interrogatoire et les confrontations peuvent avoir lieu sans que son conseil y assiste.

Pour qu'il ne subsiste aucun doute, la renonciation doit être expresse et constatée en tête du procès-verbal d'interrogatoire ou de confrontation. L'oubli de cette règle entraînerait la nullité de l'acte et de toute la procédure ultérieure (art. 12).

La renonciation peut se produire au début même de l'information et porter sur tous les interrogatoires et toutes les confrontations qui suivront. Elle peut aussi avoir lieu au cours de l'instruction, et pour un interrogatoire ou une confrontation déterminés. Mais, dans aucun cas, elle ne saurait avoir un caractère définitif. L'inculpé a toujours la faculté de la rétracter ; toutefois, il va sans dire que les actes accomplis avant la rétractation conservent toute leur valeur légale.

Le conseil doit être prévenu en temps utile, afin d'être mis à même d'exercer efficacement son droit. L'article 9, paragraphe 4, exige qu'il soit convoqué par lettre missive au moins vingt-quatre heures à l'avance. Le texte semble fixer le point de départ du délai au moment où est expédiée la lettre missive. Le juge se conformerait donc strictement au texte s'il faisait remettre la lettre à la poste la veille de l'interrogatoire à une heure telle que le délai de vingt-quatre heures fût expiré avant la comparution de l'inculpé.

Mais l'article 10, paragraphe 1er, sur lequel j'appelle plus loin votre attention, exige que la procédure soit mise à la disposition du conseil la veille de chacun des interrogatoires que l'inculpé doit subir. Pour éviter des frais et épargner au greffier un surcroît de travail, il me paraît préférable que la même lettre missive avertisse le conseil à la fois que la procédure sera mise à sa disposition et que l'inculpé sera interrogé. Mais, pour satisfaire en même temps aux dispositions impératives de l'article 9, paragraphe 4, et à celle de l'article 10, paragraphe 1er, il est nécessaire que le double avis, inséré dans la lettre missive, soit adressé au conseil l'avant-veille de l'interrogatoire. Dans la pratique, le délai de vingt-quatre heures, prévu par l'article 9, paragraphe 4, sera ainsi toujours augmenté.

Pour éviter toute contestation, la lettre missive devra être portée à la poste et recommandée ; le récépissé délivré par l'agent auquel elle aura été remise sera annexé au procès-verbal constatant l'expédition.

Les frais de timbre, soit 0 fr. 40 pour chaque lettre, seront avancés par le greffier qui comprendra cette dépense dans son plus prochain mémoire de frais de justice criminelle, en ayant soin de viser les articles 9 et 10 de la loi.

Mais ils ne devront pas figurer sur l'état des frais à recouvrer contre le condamné ou la partie civile. L'article 18 de la loi du 5 mai 1855, combiné avec l'article 2, paragraphe 11, du décret du 18 juin 1811, établit en effet, pour les frais de poste, un forfait qui, en l'absence d'une disposition formelle, ne saurait être dépassé.

Toutefois, j'aurai le plus grand intérêt à savoir dans quelle mesure l'application de la loi pourra augmenter les frais de justice criminelle. Vous voudrez bien, en conséquence, inviter les magistrats instructeurs à noter exactement les dépenses nouvelles et à en faire l'objet d'un relevé mensuel qui me sera transmis par les soins du parquet. Au bout de quelques mois, ma chancellerie sera ainsi mise à même d'apprécier s'il y a lieu de réclamer un crédit plus élevé pour les frais de justice criminelle ou de provoquer la modification des droits de poste établis par la loi du 5 mai 1855.

L'article 9, paragraphe 4, prévoit uniquement la convocation par lettre missive. Cependant, il y aurait parfois le plus grand intérêt à ce que la continuation de l'interrogaoire ou des confrontations pût êre remise au lendemain. L'obligation d'observer toujours strictement le délai de vingt-quare heures et de convoquer par lettre missive s'opposerait à cette mesure, souvent indiquée dans l'intérêt même de l'inculpé. Mais il suffira, pour qu'elle soit à l'abri de toute critique, de mentionner sur le procès-verbal qu'elle est prise après avis donné au conseil et à l'inculpé, et du consentement exprès de ce dernier.

b) Droit pour le conseil d'être tenu au courant de la procédure (art. 10).

Pour que le conseil puisse utilement préparer la défense de son client et provoquer les mesures qui lui paraîtraient nécessaires à la manifestation de la vérité, la loi a voulu qu'il fût, pour ainsi dire, à chaque étape de l'information, tenu au courant de la procédure. L'article 10 prescrit à cet effet les mesures suivantes :

« 1° La procédure doit être mise à la disposition du conseil la veille de chacun des interrogatoires que l'inculpé doit subir. (Art. 6, § 1er.) »

Comme je l'ai indiqué plus haut, le défenseur est avisé de la mise à sa disposition du dossier par la même lettre missive recommandée, qui le prévient que son client sera interrogé ou confronté.

La désignation du local où se fera la communication peut soulever en pratique des difficultés sérieuses.

Le dépôt au greffe offrirait, à mon avis, d'assez graves inconvénients. Les pièces ainsi déplacées, avant tout inventaire et passant ensuite de main en main, pourraient s'égarer ou être divulguées, sans qu'il fût possible de fixer les responsabilités. En outre, dans les tribunaux d'une certaine importance, il ne serait pas aisé d'organiser un système de contrôle assez efficace pour rendre impossible la communication de la procédure à toute autre personne qu'au défenseur nominativement choisi ou désigné d'office.

Aussi, la règle générale me paraît devoir être que le conseil prendra connaissance de la procédure dans le cabinet même du juge ou dans une annexe de ce cabinet.

Lorsqu'il sera matériellement impossible de procéder ainsi, la communication pourra, par exception, être faite au greffe ; mais, dans ce cas, les pièces devront être cotées et inventoriées.

Telles sont, Monsieur le Procureur général, les mesures qui me paraissent les plus propres à concilier sur ce point les nécessités de la répression et les droits de la défense. En vous inspirant des indications qui précèdent, vous réglerez au mieux les détails de leur mise en œuvre. Je me repose à cet égard sur votre sagesse et sur la prudence de vos substituts et des magistrats instructeurs.

La mise du dossier à la disposition du conseil, la veille de chaque interrogatoire, est prescrite par l'article 12, à peine de nullité. Aussi est-il indispensable que le procès-verbal constate à la fois : 1° l'expédition de la lettre missive avertissant le défenseur ; 2° la mise du dossier à sa disposition.

« 2° Il doit lui être (au conseil) immédiatement donné connaissance de toute ordonnance du juge par l'intermédiaire du greffier. (Art. 10, § 2). »

Le terme « ordonnance » employé par le paragraphe 2 de l'article 10 ne saurait évidemment s'appliquer indistinctement à toute mesure d'information : il n'est pas admissible, par exemple, que le législateur ait entendu imposer l'obligation d'avertir le conseil qu'une perquisition ou un constat d'adultère vont être opérés. De même, il convient d'écarter les actes par lesquels le juge délègue ses pouvoirs propres à un officier de police judiciaire.

Les ordonnances prévues par l'article 10, paragraphe 2, sont, dans mon opinion, uniquement celles qui ont un caractère juridictionnel, telles que les ordonnances de compétence, de mise en liberté ou de refus de mise en liberté, d'interdiction de communiquer, de soit-communiqué et de clôture.

L'ordonnance par laquelle le juge désigne un ou plusieurs experts ne paraît pas, à vrai dire, pouvoir être rangée dans cette catégorie ; mais je crois entrer dans les vues libérales du législateur en décidant qu'elle devra toujours être immédiatement portée à la connaissance du conseil.

La loi ne prévoit pas dans quelle forme doit se faire cette notification prescrite à peine de nullité (art. 12). J'estime qu'il pourrait être procédé de la façon suivante :

Aussitôt que l'ordonnance sera rendue, le greffier informera le conseil, par lettre recommandée, de l'objet de l'ordonnance (mise en liberté, refus de mise en liberté, incompétence, retenant la compétence, soit-communiqué, clôture, etc.). Il mentionnera, au bas de l'ordonnance, l'expédition de la lettre et annexera à cette mention le récépissé délivré par la poste.

Il va de soi que toute facilité devra être donnée au conseil pour lui permettre de prendre lecture du texte même de l'ordonnance, s'il en manifeste le désir.

De l'interdiction de communiquer.

a) Suppression de l'interdiction de communiquer vis-à-vis du conseil (art. 8, §§ 1 et 3).

L'inculpé ne doit jamais, au cours de l'information, être privé de l'assistance de son conseil. Il peut, aussitôt après sa première comparution, conférer librement avec lui, et, en aucun cas, l'interdiction de communiquer, même avec les restrictions imposées par la loi, ne peut s'appliquer au défenseur (art. 8, §§ 1er et 3).

Cette garantie nouvelle accordée à la défense est formulée en termes précis et ne semble devoir soulever aucune difficulté. Sur la demande du conseil, le juge lui délivrera une pièce destinée au gardien-chef de la prison et attestant qu'il est bien le défenseur de l'inculpé. Cette attestation n'aura pas besoin d'être renouvelée pendant la durée de l'instruction.

b) Réglementation nouvelle de l'interdiction de communiquer à l'égard de toutes autres personnes que le conseil (art. 8, § 2).

1° Lorsque l'inculpé est détenu dans une maison d'arrêt soumise au régime cellulaire, le juge d'instruction ne peut plus prescrire à son égard l'interdiction de communiquer. L'article 8, paragraphe 2, a abrogé, en ce qui concerne les prisons cellulaires, le paragraphe final ajouté par la loi du 14 juillet 1865 à l'article 613 du Code d'instruction criminelle. On a considéré, en effet, que les conditions mêmes de la détention rendaient inutile en ce cas la mise au secret.

Néanmoins si, en raison de l'encombrement, deux ou plusieurs détenus devaient être réunis dans la même cellule, le juge pourrait incontestablement ordonner que cette mesure, purement administrative et provisoire, ne s'appliquerait pas à l'inculpé ;

2° Pour les maisons non soumises au régime cellulaire, le paragraphe final de l'article 613 est simplement modifié. Aux termes de l'article 8, paragraphe 2, « le juge d'instruction aura le droit de prescrire l'interdiction de communiquer pour une période de dix jours ; il pourra la renouveler, mais pour une période de dix jours seulement ».

La durée de la mise au secret ne dépassera donc jamais vingt jours. Les magistrats instructeurs ne sauraient oublier que, même ainsi limitée, cette mesure aura toujours un caractère grave. Aussi ne devra-t-elle être prescrite que lorsque les circonstances l'exigeront impérieusement. Il vous en sera d'ailleurs rendu compte, conformément à l'article 613 *in fine* du Code d'instruction criminelle, et vous ne manquerez pas, Monsieur le Procureur général, d'appeler, le cas échéant, mon attention sur les conditions dans lesquelles les juges exerceraient la faculté qui leur est laissée.

Toutefois, il ne me paraît plus nécessaire que ma chancellerie continue à recevoir l'état mensuel prévu par les circulaires des 10 février 1819, 6 décembre 1840, 13 mars 1896 et par la décision du 6 décembre 1876. Cet état sera donc, désormais, supprimé.

Même après le délai de vingt jours, les nécessités de l'information peuvent exiger qu'il n'y ait aucune communication entre deux ou plusieurs co-inculpés. Les ordres que le juge d'instruction donnerait pour éviter entre les individus poursuivis à raison de la même infraction une entente essentiellement préjudiciable à la manifestation de la vérité ne sauraient être considérés comme un renouvellement illégal de l'interdiction de communiquer.

L'article 8 ne réglemente pas le droit de visite. A cet égard, il n'est en rien innové par la loi nouvelle. Les magistrats continueront à se conformer aux instructions contenues dans la circulaire du 21 août 1866 qui reproduit en note celle du 24 juillet 1866 émanant du Département de l'intérieur, sans qu'il y ait à distinguer si la maison où est détenu l'inculpé est soumise ou non au régime cellulaire.

Mais, s'il leur appartient d'empêcher les visites de nature à compromettre les résultats de l'information, ils ne sauraient oublier que cette préoccupation doit toujours s'allier avec les sentiments d'humanité qui exigent que l'inculpé, présumé innocent jusqu'à sa condamnation définitive, ne soit pas isolé en quelque sorte du monde extérieur, complètement séparé des siens et privé des encouragements et des consolations pouvant apporter à son sort quelque adoucissement.

Vous exercerez sur ce point, Monsieur le Procureur général, le contrôle le plus vigilant. Vous ne manquerez pas d'examiner avec le plus grand soin les réclamations qui vous parviendraient et d'en référer à ma chancellerie toutes les fois qu'elles vous paraîtraient justifiées.

Des formalités prescrites à peine de nullité (art. 12).

L'article 12 énumère, par des renvois à plusieurs textes précédents, les formalités prescrites à peine de nullité de l'acte et de la procédure ultérieures.

En étudiant chacune des dispositions de la loi, j'ai pris soin de les indiquer au passage.

Je me contente de les rappeler purement et simplement :

1° Interdiction au juge d'instruction de concourir au jugement des affaires qu'il a instruites (art. 1er) ;

2° Obligation pour les magistrats, lors de la première comparution, d'avertir l'inculpé qu'il est libre de ne pas faire de déclarations (art. 9, § 2).

L'absence de la mention qui doit être faite de cet avis au procès-verbal équivaudrait au défaut d'avertissement ;

3° Défense d'interroger ou de confronter l'inculpé hors la présence de son conseil, sauf les exceptions prévues par l'article 7 et la renonciation expresse de l'inculpé à son droit (art. 9, § 2) ;

4° Obligation de mettre la procédure à la disposition du conseil la veille de chaque interrogatoire (art. 10, § 1er) ;

5° Obligation de donner immédiatement connaissance au conseil de toute ordonnance du juge (art. 10, § 2).

Circulaire relative à l'application de la loi du 2 avril 1901, modifiant l'article 200 du Code de justice militaire.

Paris, le 22 mai 1901.

Mon cher Général, la loi du 2 avril 1901, modifiant l'article 200 du Code de justice militaire, a décidé que la détention préventive doit être intégralement déduite de la durée de la peine prononcée, à moins que les juges n'aient ordonné, par disposition spéciale et motivée, que cette imputation n'ait point lieu ou qu'elle n'ait lieu que pour partie.

Aux termes de la même loi, « est réputé en état de détention préventive tout individu privé de sa liberté sous inculpation d'un crime ou d'un délit ».

J'ai été consulté sur le point de savoir à quel moment devait remonter la détention préventive.

Après examen, j'ai décidé que cette détention devait avoir son point de départ :

1° Pour les militaires, au jour où ils sont déposés dans les locaux disciplinaires du corps, étant sous le coup d'une plainte en conseil de guerre ;

2° Pour les jeunes soldats ou hommes des réserves insoumis, au jour de leur arrestation par la police ou la gendarmerie, ou de leur présentation volontaire lorsqu'ils sont placés en subsistance dans un corps de la garnison et déposés dans les locaux disciplinaires de ce corps ;

3° Pour les indigènes des territoires de commandement, au jour où ils sont écroués sur l'ordre de l'autorité militaire locale.

Vous remarquerez, d'ailleurs, en ce qui concerne les insoumis, que la mise en liberté provisoire, en abrégeant la détention préventive, pourrait avoir pour conséquence de prolonger la durée de la peine effective, si une condamnation était prononcée. Dans ces conditions, il conviendra de n'accorder la liberté provisoire que sur la demande de l'inculpé, conformément aux principes posés par l'article 113 du Code d'instruction criminelle.

Comme conséquence des dispositions contenues dans la loi du 2 avril précitée, tous les jugements, copies et extraits de jugements devront faire nettement ressortir, à l'avenir, la date à compter de laquelle les juges auront entendu faire courir le point de départ de leur sentence, afin que les autorités chargées d'assurer l'exécution de la peine puissent déterminer d'une façon précise l'époque de la libération du condamné.

Je vous invite à donner les ordres nécessaires pour assurer la stricte application des dispositions contenues dans la présente circulaire.

Général L. André.

Loi rendant applicable l'article 463 du Code pénal (relatif aux circonstances atténuantes) à tous les crimes et délits réprimés par les Codes de justice militaire de l'armée de terre et de l'armée de mer.

Paris, le 19 juillet 1901.

Le Sénat et la Chambre des députés ont adopté,

Le Président de la République promulgue la loi dont la teneur suit :

Art. 1er. Tous les tribunaux militaires, tant de l'armée de terre que de l'armée de mer, pourront, à l'avenir, mais seulement en temps de paix, admettre des circonstances atténuantes en faveur des inculpés de crimes ou délits pour lesquels les Codes de justice militaire, la loi du 15 juillet 1889 sur le recrutement et celle du 24 décembre 1896 sur l'inscription maritime ne les prévoient pas.

Si la peine prononcée par la loi est une de celles énumérées aux articles 7, 8 et 9 du Code pénal, elle sera modifiée ainsi qu'il est spécifié à l'article 463 dudit Code.

Les peines énumérées aux articles 7 et 8 emporteront, nonobstant toute réduction, la dégradation militaire.

Si la peine est celle de mort sans dégradation militaire, le conseil de guerre appliquera la peine des travaux publics pour une durée de cinq à dix années.

Si le coupable est officier, la peine sera la destitution et un emprisonnement d'une durée de cinq ans.

Si la peine est celle de la dégradation militaire, le conseil de guerre appliquera un emprisonnement de trois mois à deux ans et la destitution si le coupable est officier.

Si la peine est celle des travaux publics, le conseil de guerre appliquera un emprisonnement de deux mois à. cinq ans.

Dans le cas où la peine de l'emprisonnement est prononcée par les Codes de justice militaire et les lois militaires postérieures, le conseil de guerre est également autorisé à faire application de l'article 463 du Code pénal, sans que toutefois la peine de l'emprisonnement puisse être remplacée par une amende.

Si la peine est une autre que celle ci-dessus spécifiée, les tribunaux pourront lui substituer l'une des peines inférieures autres que l'amende.

Nonobstant toute réduction de peine par suite de circonstances atténuantes, la peine de la destitution sera toujours appliquée par le conseil de guerre dans les cas où elle est prononcée par les Codes de justice militaire.

Art. 2. Sont abrogées, dans les Codes de justice militaire pour l'armée de terre et pour l'armée de mer, dans les lois des 15 juillet 1889 et 24 décembre 1896, toutes les dispositions contraires à celles de la présente loi.

La présente loi, délibérée et adoptée par le Sénat et par la Chambre des députés, sera exécutée comme loi d'Etat.

Fait à Paris, le 19 juillet 1901.

ÉMILE LOUBET.

Par le Président de la République :

Le Président du Conseil,
Ministre de l'intérieur et des cultes,
Ministre de la guerre par intérim.

WALDECK-ROUSSEAU.

Le Ministre de la marine,
DE LANESSAN.

Circulaire relative aux devoirs imposés aux autorités militaires par l'article 99 du Code de justice militaire.

Paris, le 3 janvier 1902.

Mon cher Général, le rapporteur de la loi du 9 juin 1857 s'exprimait en ces termes au sujet du pouvoir conféré à l'autorité militaire, d'ordonner ou de refuser l'information : « ..... Si la plainte est fondée, si elle est grave, si elle intéresse l'honneur et le devoir militaires, si elle est portée par *un chef de corps*, il n'y aura jamais refus d'information : et si pareil abus se montrait, il appellerait l'intervention du Ministre de la guerre, chef de l'armée..... »

Ce document, qui reproduisait d'ailleurs à peu près textuellement les considérations de l'exposé des motifs sur le même objet, constitue le commentaire le plus autorisé de la loi, et trace leur devoir aux commandants de corps d'armée.

La justification de la juridiction militaire ou, pour mieux dire, *la condition nécessaire de son existence*, est que nul ne puisse même la soupçonner d'avoir fermé l'oreille à de justes sujets de plainte, d'avoir refusé de faire la lumière sur les faits graves et pertinents qui lui étaient dénoncés, ou d'avoir substitué aux formes de la justice le huis-clos d'une enquête disciplinaire.

Il faut, avec le même soin, éviter l'écueil opposé et, dans le but assurément louable de permettre à l'inculpé une publique et prompte justification, prendre garde de précipiter la procédure, de convoquer hâtivement le conseil de guerre, avant que l'information ait pu réunir des éléments sérieux de conviction, dans un sens ou dans l'autre.

On ne doit pas, en effet, perdre de vue qu'un arrêt passé en force de chose jugée a pour conséquence de clore définitivement l'affaire qu'il concerne et que, quelles que soient les charges nouvelles que des événements ultérieurs pourront mettre en évidence, l'article 137 du Code de justice militaire met désormais l'accusé à l'abri de toute poursuite.

L'intérêt de la société fait donc à l'autorité militaire le devoir strict de n'ordonner la mise en jugement que lorsque les investigations ont été complètes, que l'information n'a laissé dans l'ombre aucun point susceptible d'être élucidé par les moyens dont elle dispose ; et cette règle s'impose à la juridiction militaire avec d'autant plus de force que, devant les conseils de guerre, les personnes lésées par l'acte délictueux ou criminel ne sont pas admises à se porter partie civile et qu'ainsi leurs intérêts seraient irrémédiablement compromis par une mise en jugement prématurée.

J'appelle toute votre attention, mon cher Général, sur ces graves et délicates questions. La mission que le Code de justice militaire vous a confiée est aussi élevée que difficile et, comme le disait au Sénat l'illustre maréchal Pélissier, il n'est pas un des devoirs de sa profession qui engage à un plus haut degré la responsabilité du chef militaire.

Général L. ANDRÉ.

Circulaire relative à la notification, par les corps ou services, au Ministre de la guerre, des condamnations prononcées par les conseils de guerre à l'égard des officiers.

Paris, le 2 mai 1902.

Aux termes de l'article 151 du Code de justice militaire, le commissaire du gouvernement auprès d'un conseil de guerre est tenu d'adresser, dans les trois jours qui suivent celui où un jugement a été rendu définitif, un extrait dudit jugement au chef du corps ou du service dont faisait partie le condamné.

Désormais, chaque fois que ce condamné sera un officier ou assimilé, le chef de corps ou de service devra rendre compte au Ministre, immédiatement, sous le timbre de la direction de l'arme à laquelle il appartient, du jugement dont il s'agit.

———◆———

Circulaire interprétative de l'article 110 du Code de justice militaire en ce qui concerne le choix d'un défenseur pris parmi les militaires.

Paris, le 13 novembre 1902.

Aux termes de l'article 110 du Code de justice militaire, le défenseur doit être pris soit parmi les militaires, soit parmi les avocats et les avoués, à moins que l'accusé n'obtienne du président la permission de prendre pour défenseur un de ses parents ou amis.

Or, la question a été posée de savoir si un inculpé militaire peut être autorisé à choisir comme défenseur un militaire d'un corps non stationné dans la place où siège le conseil de guerre.

Il paraît difficile de poser à cet égard une règle absolue ; mais il est, en tout cas, deux points qu'il importe de ne pas perdre de vue, à savoir :

1° Le militaire qui assume la défense d'un inculpé ne peut, à moins qu'il n'ait été désigné d'office, être considéré comme étant de service. Si donc il n'appartient pas à la garnison, il ne peut accepter la mission qui lui est offerte qu'à la condition d'obtenir, au préalable, une permission de ses chefs et de voyager à ses frais ;

2° Si le défenseur est demandé pour assister l'inculpé à l'instruction, ce défenseur ne peut être choisi, suivant les dispositions impératives de l'article 3 de la loi du 8 décembre 1897, rendues applicables à la procédure devant les conseils de guerre par la loi du 15 juin 1899, que parmi les avocats inscrits au tableau ou admis au stage, ou parmi les avoués.

Général L. ANDRÉ.

Circulaire interprétative de la loi du 15 juin 1899, portant extension de certaines dispositions de la loi du 8 décembre 1897, sur l'instruction préalable, à la procédure devant les conseils de guerre.

Paris, le 29 janvier 1903.

La loi du 8 décembre 1897, rendue applicable par celle du 15 juin 1899 aux conseils de guerre, jugeant en temps de paix, dispose (art. 9) que l'inculpé ne peut être interrogé ou confronté par le magistrat instructeur qu'en présence de son conseil.

Cette mesure de protection serait vaine si, avant l'information et au cours de l'enquête préliminaire faite par l'officier de police judiciaire en vertu des articles 85 et 86 du Code de justice militaire, cet officier procédait à des interrogatoires ou confrontations.

Pour se conformer à l'intention manifeste du législateur, l'officier de police judiciaire doit se borner à recevoir les déclarations de l'inculpé après l'avoir averti qu'il est libre de ne pas en faire.

Mention de cet avertissement sera faite au procès-verbal.

Tous les chefs de corps ou services devront se conformer aux prescriptions ci-dessus.

Notification de diverses formules à employer dans le service de la justice militaire.

Paris, le 23 février 1903.

Les formules n°ˢ 28, 29, 30, 31, 32, 33, 34, 35 et 36 ci-après seront ajoutées à la série des formules jointes aux instructions du 28 juillet 1857 pour l'exécution du Code de justice militaire (1) (2).

Général L. ANDRÉ.

---

(1) Pour certaines de ces formules, le texte prescrit par la présente notification modifie celui des formules de mêmes numéros précédemment adressées aux parquets militaires. Les anciennes formules seront, s'il y a lieu, rectifiées à la main, conformément au nouveau texte.

(2) La formule n° 30 a été modifiée, et une formule n° 30 *bis* a été ajoutée, en exécution de la notification du 2 mai 1908 (voir page 282).

FORMULE N° 28.

RÉPUBLIQUE FRANÇAISE.

FORMAT :

Hauteur... 0ᵐ,387

Largeur... 0ᵐ,256

(A)

N°. { de la plainte :
{ du jugement

CONSEIL DE GUERRE

INVENTAIRE des pièces de la procédure suivie contre le inculpé de

du délit..........		
de l'ordre d'informer		
de la remise au rapporteur..........		
de la remise par le rapporteur......		
de l'envoi à l'état-major..........		
de la notification ...		
de la séance.......		

DATES

NOM DE L'AVOCAT

DEMANDÉ.	D'OFFICE.

RÉSULTAT DU JUGEMENT.

NUMÉROS d'ordre.	DÉSIGNATION DES PIÈCES.	TÉMOINS ET RENSEIGNEMENTS.

PIÈCES DE CONVICTION.

RÉCAPITULATION

DES FRAIS A LIQUIDER EN EXÉCUTION DE L'ARTICLE 27 DU DÉCRET DU 1ᵉʳ SEPTEMBRE 1899.

	francs
§ 1ᵉʳ. Transport des pièces à conviction.....................	
§ 2 et § 3. Vacations d'experts et taxes des témoins civils..........	
§ 4. Frais de garde des scellés.....	
§ 5. Indemnités aux témoins milit.	
§ 6. Port de lettres..........	
§ 7.	
§ 8. Prime de capture............	
§ 9. Extrait du casier judiciaire....	
§ 10. Frais de procédure..........	
TOTAL des frais......	

AMENDES.

Amende prononcée...............	
Décimes additionnels (en France)...	
ENSEMBLE...........	

Certifié au nombre de

Audience du ....

L'Officier d'administration Greffier du Conseil,

CERTIFIÉ VÉRITABLE le présent relevé.

L'Officier d'administration Greffier du Conseil,

(A) {
Gouvernement militaire de (Paris-Lyon).
Région de corps d'armée (France).
Division militaire ou d'occupation.
Brigade d'occupation.
Colonie.
}

RELEVÉ DES DÉPENSES
A COMPRENDRE DANS LA LIQUIDATION DES FRAIS
DE JUSTICE EN CAS DE CONDAMNATION.

NUMÉROS d'ordre.	
	I. FRAIS ORDONNÉS PAR L'OFFICIER DE POLICE JUDICIAIRE OU LE RAPPORTEUR.
	II. FRAIS ORDONNÉS PAR LE COMMISSAIRE DU GOUVERNEMENT.
	III. FRAIS ORDONNÉS PAR LE PRÉSIDENT.
	Autres frais divers................................
	TOTAL des frais.....................
	OBSERVATIONS.

FORMULE Nº 29.

MANDAT DE DÉPOT
contre.

NOTA. — Mettre exacte-
ment les noms, prénoms,
qualité, âge, et la nature
de l'inculpation.

RÉPUBLIQUE FRANÇAISE.

FORMAT :
Hauteur 0ᵐ,247
Largeur 0ᵐ,190

CONSEIL DE GUERRE PERMANENT
D (1)
séant à

Nous (2),
rapporteur près le conseil de guerre permanent
de (1)   mandons et ordonnons à tous
huissiers ou agents de la force publique de conduire en la (3)   d
en se conformant à la loi,

SIGNALEMENT :
Taille   mètre
          centimètres.
Front
Nez
Yeux
Bouche.
Menton
Sourcils
Cheveux
Visage

Inculpé· d

enjoignons à l'agent principal de ladite
de recevoir et retenir en dépôt jusqu'à nouvel
ordre.
Requérons tout dépositaire de la force publique de prêter main-forte pour l'exécution du
présent mandat, s'il en est requis par le porteur
d'icelui; à l'effet de quoi nous l'avons signé et
scellé de notre sceau.
Fait au parquet du conseil de guerre, à
le

(1) Du gouvernement militaire de (Paris-Lyon); de la ᵉ région de
corps d'armée (France); de la division militaire ou d'occupation; de la
brigade d'occupation; de la colonie.
(2) Nom et grade.
(3) Prison militaire ou maison de justice.

CONSEIL DE GUERRE

PERMANENT

d (1)

séant à

—

CABINET

DU RAPPORTEUR

RÉPUBLIQUE FRANÇAISE.

FORMULE N° 30.

Format :

Hauteur .... 0^m,210
Largeur .... 0^m,135

le   19

DEMANDE

*de désignation d'un avocat d'office dans le cas prévu par .a loi
du 15 juin 1899.*

Art. 3 de la loi du 8 décembre 1897.)

Le (2)   , rapporteur
près le Conseil de guerre d
prie Monsieur le (3)
de vouloir bien désigner d'office un conseil à (4)

inculpé

sous mandat de dépôt à la   . d

lequel en a fait la demande.

Le Rapporteur,

(1) Du gouvernement militaire de (Paris-Lyon) ; de la   région de corps d'armée
(France); de la division militaire ou d'occupation ; de la brigade d'occupation; de la
colonie.
(2) Grade et nom.
(3) Le bâtonnier de l'ordre des avocats *ou* le président du tribunal.
(4) Nom et grade de l'inculpé.

CONSEIL DE GUERRE
PERMANENT
d (1)
séant à

RÉPUBLIQUE FRANÇAISE.

FORMULE N° 30 bis.

Format :
Hauteur... 0ᵐ.210
Largeur .. 0ᵐ.135

le   19 .

DEMANDE

de désignation d'un avocat d'office dans le cas prévu par l'article 109, paragraphe 3, du Code de justice militaire.

Le (2)   , président
du Conseil de guerre d
prie Monsieur le (3)
de vouloir bien désigner d'office un défenseur à (4)

inculpé d

appelé à comparaître devant ledit Conseil le
à   heures

Le Président,

(1) Du Gouvernement militaire de (Paris-Lyon); de la   ᵉ région de corps d'armée (France) ; de la division militaire ou d'occupation; de la brigade d'occupation ; de la colonie.
(2) Grade et nom.
(3) Le bâtonnier de l'ordre des avocats *ou* le président du tribunal.
(4) Nom et grade de l'inculpé.

FORMULE N° 31.

PROCÈS-VERBAL
de première comparu-
tion devant le rap-
porteur dans le cas
prévu par la loi du
15 juin 1899 (art. 7
de la loi du 8 dé-
cembre 1897).

RÉPUBLIQUE FRANÇAISE.

FORMAT :
Hauteur......... 0ᵐ,320
Largeur......... 0ᵐ,214

CONSEIL DE GUERRE PERMANENT

D (1)

séant à

PROCÈS-VERBAL DE PREMIÈRE COMPARUTION

L'an mil   , le   du
mois d   , à   heure du   ,

Devant nous (2).   . rapporteur
près le conseil de guerre, assisté de (3)
greffier.

NOM DE L'AVOCAT

En notre cabinet, au conseil de guerre, a comparu le ci-après dénommé,

Lequel, enquis de ses nom, prénoms, âge, profession, lieu de naissance, demeure, ainsi que
des autres énonciations touchant son état civil
et sa famille, a fourni les indications suivantes :

Nom :
Prénoms :
Surnoms :
Qualité :

Profession d   , âgé de   ans,
demeurant avant son entrée au service   ,
né le   18   à   ,
arrondissement d   , département d   ,
fils d   et d   .

Classe de   . subdivision d   . ayant
tiré au sort dans le canton d   , département d   , le n°   .

---

(1) Du gouvernement militaire de (Paris-Lyon); de la   ᵉ région de
corps d'armée (France); de la division militaire d   (Alger—
Oran—Constantine).
(2) Nom et grade.
(3) Nom et grade du greffier *ou* du commis-greffier.

Après avoir ainsi constaté l'identité du comparant, nous lui avons fait connaître les faits qui lui sont imputés, lui avons déclaré qu'en conséquence il est instruit à son égard, du chef d'avoir, le   19   , à

et nous l'avons invité à nous faire ses déclarations, après l'avoir averti qu'il était libre de ne pas en faire.

L'inculpé a fait les déclarations suivantes (ou a dit ne pas vouloir faire de déclarations) :

Avant de clore, nous avons avisé l'inculpé qu'il a le droit de choisir un conseil parmi les avocats inscrits au tableau ou admis au stage, et qu'à défaut de choix, il lui en sera désigné un d'office.

L'inculpé à déclaré :

Lecture faite à l'inculpé du présent procès-verbal, il a déclaré ses réponses fidèlement transcrites, qu'il y persiste et a signé avec nous et avec le greffier.

FORMULE Nº 32.

PROCÈS-VERBAL
d'interrogatoire ou de confrontation d'urgence, par le rapporteur, dans le cas prévu par la loi du 15 juin 1899 (art. 7 de la loi du 8 décembre 1897).

(1) Gouvernement militaire ;
Région de corps d'armée (intérieur) ;
Division militaire (Algérie) ou Colonie.
(2) Nom et grade.
(3) Lieu où s'est fait l'interrogatoire.

RÉPUBLIQUE FRANÇAISE.

FORMAT :
Hauteur......... 0ᵐ,320
Largeur......... 0ᵐ,214

CONSEIL DE GUERRE PERMANENT
D (1)
séant à

PROCÈS-VERBAL D'INTERROGATOIRE
ou
DE CONFRONTATION.

L'an mil neuf cent   , le
à   heures du   , nous (2)
rapporteur près le conseil de guerre, assisté de
(2)   , greffier, en (3)

avons fait comparaître (*ou* amener) devant nous,
à l'effet de l'interroger (*ou* de le confronter),
l'inculpé ci-après dénommé, lequel, enquis de ses
nom, prénoms, âge, profession, lieu de naissance, demeure, ainsi que des autres énonciations
touchant son état civil et sa famille, a fourni
les indications suivantes :

Nom :
Prénoms :
Surnoms :
Qualité :

Profession de   , âgé de   ans,
demeurant avant son entrée au service
né le   1   , à
arrondissement d   , département d
fils d   et d
Classe de   ; subdivision d   , ayant
tiré au sort dans le canton d   , département d   , le nº

Après avoir ainsi constaté l'identité du comparant, nous lui avons fait connaître les faits qui lui sont imputés, lui avons déclaré qu'en conséquence il est instruit à son égard, du chef d'avoir le (A)

et l'avons averti que :

Vu l'urgence résultant de ce que le sieur indiqué comme témoin utile (*ou* comme victime) serait en danger de mort;

Ou : Vu l'urgence résultant de ce qu'il existe des indices sur le point de disparaître, à savoir (*mentionner les indices*);

Ou : Attendu que le délit étant flagrant, nous nous sommes transporté sur les lieux;

Nous avons procédé à son interrogatoire (*ou* à sa confrontation avec le témoin ci-après dénommé) dans les conditions prévues par l'article 7 de la loi du 8 décembre 1897.

(A) Si l'inculpé a déjà comparu et si c'est au cours de l'instruction que, en présence de l'un des trois cas visés par l'article 7 de la loi du 8 décembre 1897, le rapporteur a jugé nécessaire de l'interroger ou de le confronter hors de la présence de son conseil ou sans que celui-ci ait été dûment avisé, remplacer la première partie de la formule par une rédaction telle que la suivante :

« Avons fait amener devant nous l'inculpé N..., dont la première comparution est constatée par procès-verbal du   et l'avons averti que   (le reste comme ci-dessus.) »

CABINET
DU RAPPORTEUR.

RÉPUBLIQUE FRANÇAISE.

FORMULE N° 33.

FORMAT :
Hauteur......... 0m,210
Largeur......... 0m,135

AVIS

d'interrogatoire ou de confrontation de l'inculpé dans le cas prévu par la loi du 15 juin 1899.

(Art. 9 de la loi du 8 décembre 1897.)

L'inculpé   sera interrogé
ou confronté, le
à   heure
Me   , son conseil, en est avisé
par la présente convocation ; s'il ne pouvait ou
ne devait s'y rendre, il est prié de vouloir bien
le faire savoir.

La procédure sera mise la veille à sa disposition.

A   , le   19   .

Le Rapporteur,

RÉPUBLIQUE FRANÇAISE.

FORMULE Nº 34.

FORMAT :
Hauteur........ 0ᵐ,210
Largeur........ 0ᵐ,135

AVIS

de libre communication avec le conseil dans le cas prévu par la loi du 15 juin 1899.

(Art. 8 de la loi du 8 décembre 1897.)

L'agent principal de la (2)
de
est prévenu que le conseil de l'inculpé

est Mᵉ
avocat.

Au parquet du conseil de guerre, le

Le Rapporteur,

(1) Du gouvernement militaire de (Paris-Lyon); de la région de corps d'armée (France); de 'a division milita re d (Alger—Oran—Constantine).
(2) Prison militaire *ou* ma son de justice.

RÉPUBLIQUE FRANÇAISE.

FORMULE N° 35.

FORMAT :
Hauteur............ 0ᵐ320
Largeur.......... 0ᵐ314

CONSEIL DE GUERRE PERMANENT
D (1)
séant à

PROCÈS-VERBAL D'INTERROGATOIRE ET DE CONFRONTATION

L'an mil neuf cent   , le
Après avoir été extrait de la (2)
de
Devant nous (3),   , rapporteur, assisté de (4)   , a été
amené à notre cabinet, l   , dont la
première comparution est constatée par procès-
verbal du
Mentionnons que Mᵉ   , dûment appelé par notre lettre recommandée expédiée le
, dont le récépissé postal est
annexé et avisé par la même lettre de la mise à
sa disposition de la procédure (5)
Le défenseur étant présent, nous avons interrogé (ou confronté) comme il suit l'inculpé : ou
(si le défenseur ne s'est pas présenté) : le défenseur ne s'était pas présenté, nous avons passé
outre et procédé comme il suit à l'interrogatoire
(ou à la confrontation) de l'inculpé
Ou bien (si l'inculpé a renoncé à l'assistance
de son conseil) : constatons que l'inculpé nous a
déclaré renoncer expressément au droit qui lui
est accordé de n'être interrogé (ou de n'être
confronté) avec tous ses témoins qu'en présence
de son conseil ou lui dûment appelé et l'avons
interrogé (ou confronté) comme il suit :
Demande :
Réponse :

(1) Du gouvernement militaire de (Paris-Lyon); de la, ᵉ région de
corps d'armée (France); de la division militaire *ou* d'occupation; de la
brigade d'occupation; de la colonie.
(2) Prison militaire *ou* maison de justice.
(3) Nom et grade.
(4) Nom et grade du greffier *ou* du commis-greffier.
(5) Si, pour accélérer l'instruction, l'inculpé a consenti, à la suite
d'une comparution, à ce qu'un interrogatoire ou une confrontation
eussent lieu le même jour ou le lendemain, sur simple avis donné à lui
et à son conseil, au lieu d'exiger que son conseil soit de nouveau convoqué vingt-quatre heures à l'avance et par lettre missive, remplacer
cette formule par la suivante :
« Mentionnons que, du consentement exprès de l'inculpé, Mᵉ   ,
conseil de celui-ci, a été dûment avisé, lors de la comparution du
. que le présent interrogatoire (ou la présente confrontation).
aurait lieu sans que le rapporteur fût tenu de convoquer le conseil
vingt-quatre heures à l'avance et par lettre missive.
« Le défenseur étant présent, nous avons interrogé   ou (le
défenseur ne s'était pas présenté) : nous avons passé outre et interrogé
. »

CONSEIL DE GUERRE

PERMANENT

d (1)

séant à

CABINET DU RAPPORTEUR.

RÉPUBLIQUE FRANÇAISE.

FORMULE N° 36.

FORMAT :
Hauteur............ 0^m,210
Largeur .... 0^m,135

AVIS

d'ordonnance rendue dans le cas prévu
par la loi du 15 juin 1899.

(Art. 10 de la loi du 8 décembre 1897.)

En exécution de l'article 10, paragraphe 2, de la loi du 8 décembre 1897, il est immédiatement donné connaissance à M^e avocat-conseil d   , que M. (2) rapporteur, vient de rendre, en date de ce jour, , une ordonnance de

A   , le   19   .

Le Greffier,

(1) Du gouvernement militaire de (Paris-Lyon) ; de la   e région de corps d'armée (France) ; de la division militaire *ou* d'occupation ; de la brigade d'occupation ; de la colonie.
(2) Grade et nom.

*Notification de modifications au modèle n° 5 bis de procès-verbal
d'interrogatoire au corps et de solutions pour l'application
de la circulaire du 29 janvier 1903, au sujet de l'interprétation de la loi du 15 juin 1899.*

Paris, le 23 février 1903.

Comme conséquence des prescriptions de la circulaire du
29 janvier 1903, au sujet de l'interprétation de la loi du 15 juin
1899, le modèle n° 5 *bis*, joint à la circulaire du 23 juin 1875,
sera remplacé, dans les cas prévus par ladite loi, c'est-à-dire
en temps de paix, par le modèle n° 5 *ter* ci-après, qui servira
également pour consigner les déclarations des témoins entendus
par l'officier de police judiciaire.

Le modèle n° 5 *bis* restera valable en dehors du temps de
paix ; mais il y aura lieu de supprimer toute la partie finale, à
partir de « quand les témoins auront été entendus.... », les déclarations des témoins n'ayant pas, dans les enquêtes des officiers de police judiciaire, à être communiquées à l'inculpé.

Les officiers de police judiciaire devront, dans l'application
de la circulaire du 29 janvier 1903, s'inspirer des principes suivants :

1° L'officier de police judiciaire, pour laisser à l'inculpé toute
liberté de ne présenter sa défense que devant le rapporteur et
sous les garanties prévues par la loi du 8 décembre 1897, ne doit
faire aucun acte tendant à provoquer, directement ou indirecte-
ment, son aveu.

Par suite, non seulement il doit l'avertir formellement qu'il
est libre de ne pas faire de déclarations ; mais, si l'inculpé a
déclaré ne pas vouloir en faire, l'officier de police judiciaire
doit s'abstenir de lui faire subir un interrogatoire, ou de le soumettre à des confrontations autres que celles qui seraient nécessaires pour constater son identité au cas où celle-ci serait contestée.

En effet, aux termes de l'article 3 de la loi du 8 décembre
1897, on doit d'abord constater l'identité de l'inculpé et cette
formalité, indispensable pour servir de base à la procédure,
notamment quand il s'agit d'un inculpé d'insoumission ou de
désertion, peut, en cas de contestation, nécessiter l'audition de
témoins en présence de l'inculpé pour déclarer que celui-ci est
bien le nommé N.... ; mais il y aurait confrontation, au sens
légal du mot et, par suite, abus, si l'on voulait faire attester par
un témoin que l'individu qui lui est présenté est bien celui qu'il
a vu dans telle ou telle circonstance se rapportant au délit.

De même, si l'officier de police judiciaire peut et doit, nonobstant le refus de l'inculpé de faire des déclarations, procéder,
conformément au paragraphe 2 de l'article 86 du Code de jus-

tice militaire, à la constatation du corps du délit et de l'état des lieux, il ne saurait, sous ce prétexte, mettre, par exemple en cas de meurtre, l'inculpé en présence de la victime, ou le conduire sur le lieu du crime ; car, même en s'abstenant d'interroger sur place l'inculpé, il y aurait sûrement là un moyen détourné d'obtenir de lui des aveux spontanés, ou tout au moins de provoquer de sa part des manifestations, des mouvements parfois aussi significatifs qu'un aveu.

Par contre, il est évident que lorsque l'officier de police judiciaire procède, conformément au paragraphe 4 de l'article 86 du Code de justice militaire, à des saisies de pièces à conviction, opérations qui, aux termes de l'article 39 du Code d'instruction criminelle visé dans cet article, doivent être faites *en présence de l'inculpé*, celui-ci, même quand il a refusé de faire des déclarations, peut être appelé à assister à la saisie et qu'on peut lui « présenter les objets saisis à l'effet de les reconnaître et de les parapher s'il y a lieu ». Ces formalités sont, au contraire, obligatoires et tout refus de l'inculpé de s'y associer doit être mentionné au procès-verbal ;

2° Tout en appliquant, chaque fois qu'il sera possible, les principes posés par l'article 3 de la loi du 8 décembre 1897, les officiers de police judiciaire ne doivent pas perdre de vue que les garanties accordées à la défense ne sauraient avoir pour conséquence de faire disparaître la preuve matérielle d'un crime ou d'un délit, et que ladite loi a prévu elle-même, à son article 7, trois cas où le juge d'instruction peut procéder à un interrogatoire immédiat ou à des confrontations, savoir, « si l'urgence résulte soit de l'état d'un témoin (ou d'une victime) en danger de mort, soit de l'existence d'indices sur le point de disparaître, ou encore s'il s'est transporté sur les lieux en cas de flagrant délit ».

L'autorisation accordée par la loi de déroger dans ces cas aux règles normales de l'instruction doit d'autant plus s'appliquer aux actes de la police judiciaire militaire, qu'en matière de justice militaire la nécessité d'un ordre d'informer, préalable à l'information proprement dite, retarde nécessairement pendant un temps plus ou moins long l'ouverture de cette information.

Il doit donc être entendu que, dans les cas dont il s'agit, l'officier de police judiciaire pourra procéder à un interrogatoire immédiat ou à des confrontations, nonobstant le refus de l'inculpé de faire des déclarations ; mais il devra mentionner expressément au procès-verbal celui de ces trois cas qui aura motivé l'interrogatoire ou la confrontation.

Il va de soi que, lorsque l'inculpé a déclaré vouloir faire des déclarations, celui-ci peut être interrogé et même, s'il y consent, confronté avec les autres personnes appelées. Mais l'inculpé peut, par la suite, revenir sur son acceptation primitive, et, dès qu'il annonce qu'il ne veut plus faire de déclarations, le procès-verbal doit en faire mention et l'interrogatoire ou la confrontation doivent être aussitôt arrêtés ;

3° Les articles 8, 9 et 10 de la loi du 8 décembre 1897 n'étant applicables qu'à l'instruction proprement dite, dans aucun cas, au cours de l'enquête de l'officier de police judiciaire, l'inculpé ne peut être autorisé à se faire assister d'un défenseur. S'il est militaire, il peut, en dehors des interrogatoires, communiquer, verbalement ou par écrit, avec un conseil, dans les conditions générales où les visites et les correspondances lui sont permises selon le régime disciplinaire (liberté provisoire, consigne au quartier ou à la chambre, salle de police, prison ou cellule, ou, pour l'officier, arrêts simples, de rigueur ou de forteresse) que le chef de corps a cru devoir lui appliquer.

Recommandations générales applicables dans tous les cas.

En outre des recommandations ci-dessus, spéciales à l'application de la loi du 15 juin 1899, les officiers de police judiciaire devront, dans tous les cas, se conformer aux recommandations générales suivantes :

a) L'assistance d'un greffier n'est pas obligatoire dans les actes de police judiciaire ; mais il convient, autant que possible, d'en désigner un dans les enquêtes de la police judiciaire militaire, pour donner aux déclarations des témoins le caractère d'authenticité nécessaire en vue de l'application éventuelle de l'article 104 du Code de justice militaire, comme il sera dit ci-après ;

b) Quand il est désigné un greffier, le sous-officier appelé à remplir ces fonctions doit être âgé au moins de 25 ans et prêter serment.

L'officier de police judiciaire lui-même n'est pas assujetti à ces conditions : sa qualité d'officier suffit à lui donner le droit d'exercer la fonction, quel que soit son âge et sans serment, de même que les commissaires du gouvernement et les rapporteurs pris parmi les officiers en activité sont, par ce fait, dispensés du serment professionnel prescrit par l'article 25 du Code de justice militaire pour ceux qui proviennent des officiers en retraite ;

c) D'après la jurisprudence consacrée au sujet de l'interprétation de l'article 33 du Code d'instruction criminelle, qui, d'après l'article 86 du Code de justice militaire, est applicable aux officiers de police judiciaire militaire, ces officiers reçoivent, non des témoignages, mais de simples *déclarations*, destinées à faciliter plus tard les recherches de la justice.

Aussi, les personnes entendues pour fournir des renseignements n'ont pas à recevoir de *citation* légale entraînant, en cas de refus de comparaître ou de déposer, une pénalité quelconque.; elles doivent être appelées par un simple avis, à moins qu'il ne s'agisse de militaires à qui l'ordre peut être donné de comparaître et de témoigner, sous peine de punitions disciplinaires ;

d) De même, le serment — qui dans aucun cas ne doit être déféré à l'inculpé — n'est pas, en principe, obligatoire pour les témoins appelés devant les officiers de police judiciaire ; mais il convient, dans les actes de la police judiciaire militaire, de le demander aux témoins, et, lorsqu'il a été prêté, de le mentionner expressément au procès-verbal, à cause des dispositions spéciales de l'article 104 du Code de justice militaire, qui ne saurait s'appliquer qu'à des déclarations reçues par l'officier de police judiciaire dans les formes prescrites par l'article 102 dudit code (article 73, 75, 76, 78 du Code d'instruction criminelle), c'est-à-dire, notamment, sous la foi du serment et en présence d'un greffier (Commentaires de Foucher, n° 521) ;

e) En tout cas, même si les témoins n'ont pas prêté serment, ils doivent, conformément à l'article 33 précité du Code d'instruction criminelle, être invités à signer leurs déclarations et, en cas de refus, il doit en être fait mention.

Général L. ANDRÉ.

PROCÈS-VERBAL
des déclarations reçues par l'officier de police judiciaire dans les cas prévus par la loi du 15 juin 1899. (1)

Art. 85 et 86 du Code de justice militaire.

FORMULE N° 5 *ter.*
(feuille double).

FORMAT :
Hauteur. . . . 0ᵐ,320
Largeur. . . . 0ᵐ,214

(1) Corps ou service.
(2) Nom, prénoms, grade, corps ou service.
(3) Grade, nom et qualité du chef de corps ou de service.
(4) Grade, nom, prénoms, corps ou service.
(5) Indication du lieu où comparaît l'inculpé (ou le témoin) devant l'officier de police judiciaire.
(6) Résumer les faits reprochés à l'inculpé, avec la qualification légale qu'ils comportent.

L'an mil neuf cent   , le   à heure ,
Devant nous (2)
                                                          ,
agissant en vertu des articles 85 et 86 du Code de justice militaire et par délégation de M. le (3)
                              , comme officier de police judiciaire, assisté du (4)
                                                          ,
faisant fonctions de greffier (A) et à qui nous avons préalablement fait prêter serment de bien et fidèlement remplir ladite fonction, en la salle de (5)   , avons fait comparaître devant nous, à l'effet de recevoir ses déclarations, l'inculpé (ou le témoin) ci-après nommé, lequel, interpellé de déclarer ses nom, prénoms, âge, lieu de naissance, profession et domicile (A), a répondu se nommer   , né à   ,
le   , profession de   ,
demeurant avant son entrée au service à
et aujourd'hui   au   en garnison à   , (B)
(c)

Nous avons alors informé le susnommé qu'il était inculpé de (6)   et nous l'avons invité à nous faire ses déclarations, en l'avertissant qu'il était libre de ne pas en faire (D)

(A) Quand il s'agit d'un témoin, ajouter « et s'il est domestique, parent ou allié de l'inculpé et à quel degré ».

(B) Ajouter, pour les témoins, la réponse faite à la question A ci-dessus.

(c) Si l'identité de l'inculpé est contestée, mentionner ici les observations faites par l'officier de police judiciaire à l'inculpé au sujet des déclarations de celui-ci relativement à son état civil, les réponses de l'inculpé, et, s'il y a lieu, les déclarations des témoins entendus en présence de l'inculpé au sujet de son identité.

(D) Quand il s'agit d'un témoin, remplacer cette formule à la suite de l'interrogatoire par la formule suivante :
« Nous avons alors invité le témoin susnommé, hors de la présence de « l'inculpé et des autres témoins, à prêter le serment de dire toute la « vérité, rien que la vérité, et le témoin ayant prêté (ou ayant refusé « de prêter) ledit serment, nous l'avons invité à nous faire ses décla- « rations. » (Transcrire les déclarations faites, par demandes et répon- ses, ou mettre : le témoin a répondu ne pas vouloir faire de déclara- tions.)

Lorsque l'inculpé consent à faire des déclarations :

L'inculpé ayant dit vouloir faire des déclarations, nous l'avons interrogé comme il suit :

(Transcrire littéralement les déclarations faites par demandes et réponses) (E).

Lorsque l'inculpé a refusé de faire des déclarations :

L'inculpé ayant répondu ne pas vouloir faire de déclarations, nous avons clos le présent interrogatoire (F).

Lorsque l'inculpé a refusé de faire des déclarations ou d'être confronté, mais que, vu l'urgence, il est passé outre :

L'inculpé a répondu ne pas vouloir faire de déclarations (ou ne pas consentir à être confronté), mais :

Vu l'urgence résultant de ce que le sieur   indiqué comme témoin utile (ou comme victime) serait en danger de mort; ou vu l'urgence résultant de ce qu'il existe des indices sur le point de disparaître, à savoir : (mentionner les indices)
ou attendu que le délit étant flagrant, nous nous sommes transporté sur les lieux;

Nous avons passé outre et procédé comme il suit à l'interrogatoire de l'inculpé (ou à sa confrontation avec le témoin N...) (G).

(E) Si, au cours de l'interrogatoire, l'officier de police judiciaire juge qu'il y a lieu de confronter l'inculpé avec un témoin, mettre : « à ce « moment, nous avons informé l'inculpé, que nous jugions utile de le « confronter avec le témoin N... en l'avertissant qu'il était libre de « ne pas consentir à cette confrontation.

« L'inculpé ayant consenti, nous avons procédé comme il suit à la « confrontation (ou l'inculpé ayant déclaré ne pas consentir à cette « confrontation, nous avons clos son interrogatoire). »

(F) Si, au cours d'un interrogatoire ou d'une confrontation, l'inculpé revient sur son consentement primitif, clore aussitôt le procès-verbal ou la confrontation par une formule analogue :

« L'inculpé ayant à ce moment dit ne plus vouloir faire de déclara-« tions (ou ne plus consentir à la confrontation), nous avons clos le « présent interrogatoire. »

(G) Le témoin confronté doit préalablement avoir été invité à prêter, hors de la présence de l'inculpé et des autres témoins, le serment mentionné à l'observation D.

Code.   8

Formule de clôture de tout interrogatoire d'inculpé ou de témoin :

Lecture faire au comparant de son interrogatoire, il a déclaré ses réponses être fidèlement transcrites, qu'il y persiste et il a signé avec nous et le greffier (H).

(Signatures.)

(H) Si le comparant ne sait pas signer, terminer le procès-verbal par la formule : « et nous avons signé avec le greffier, le comparant ayant « déclaré ne savoir signer ».

Si le comparant fait des observations au sujet de ses déclarations, les mentionner, et, s'il refuse de signer, clore le procès-verbal par la formule : « et nous avons signé avec le greffier, le comparant ayant « refusé de signer ».

Nota. — Cette formule, ainsi que celle des autres procès-verbaux de l'enquête judiciaire, ne sera pas fournie par le ministère de la guerre.

Décret du 5 mai 1903 réorganisant le conseil de guerre de la division d'occupation de Tunisie.

RAPPORT AU PRÉSIDENT DE LA RÉPUBLIQUE FRANÇAISE.

Monsieur le Président,

Lors de l'expédition de Tunisie, il avait été constitué dans le corps d'opérations, en vertu de l'article 33 du Code de justice militaire modifié par la loi du 18 mai 1875, un certain nombre de conseils de guerre, ayant la composition, la compétence et le mode de procédure prévus par ce code pour les conseils de guerre aux armées.

Au moment de la transformation du corps d'opérations en division d'occupation, en 1883, ces conseils de guerre ont été réduits à un seul siégeant à Tunis et qui, depuis cette époque, a continué à fonctionner dans les mêmes conditions.

Il en résulte que, bien que les opérations militaires soient depuis longtemps terminées en Tunisie, les troupes de ce pays se trouvent, sous le rapport de la justice militaire, dans une situation anormale relativement défavorable.

En effet, en vertu des règles applicables aux conseils de guerre aux armées, les militaires y sont jugés par un conseil composé seulement de cinq membres et où trois voix suffisent à entraîner la condamnation, tandis qu'en France et en Algérie, les conseils comprenant sept membres, cinq voix sur sept sont nécessaires pour prononcer la culpabilité.

De plus, les inculpés peuvent, en Tunisie, être traduits directement et sans instruction préalable devant le conseil de guerre, ce qui, le cas échéant, rend beaucoup plus difficile le rôle du défenseur.

La composition et les formes de procédure spéciales instituées pour les conseils de guerre aux armées, par la loi du 18 mai 1875, ont eu pour but de renforcer l'action de la justice militaire, en temps de guerre, dans les troupes qui sont en présence de l'ennemi, et l'on conçoit que ces mesures puissent être maintenues pendant quelque temps dans la période d'occupation succédant aux opérations militaires ; mais on sortirait assurément de l'esprit de la loi si, dans un pays aussi pacifié que la Tunisie et en l'état de nos rapports avec le gouvernement beylical, on prolongeait indéfiniment ce régime exceptionnel.

Depuis longtemps l'article 7 de la loi du 27 mars 1883, portant organisation de la juridiction française en Tunisie, a posé le principe que « les règles de procédure et d'instruction criminelle déterminées par les lois, décrets et ordonnances en vigueur en Algérie, seront applicables aux juridictions instituées en Tunisie ».

Conformément à ce principe, j'estime qu'il y aurait lieu de décider que, désormais, le conseil de guerre de la division d'occupation de Tunisie aura la même composition que les conseils de guerre permanents établis dans les divisions militaires de l'Algérie et appliquera les mêmes formes de procédure et d'instruction.

Toutefois, le commissaire du gouvernement et le rapporteur à désigner pour constituer le parquet du conseil dans sa nouvelle composition pourront continuer à être pris parmi les officiers de la division, conformément à l'article 34 du Code de justice militaire, ce qui permettra d'effectuer sans aucune dépense la réforme proposée.

Cette réforme paraît, d'ailleurs, pouvoir être réalisée par un simple décret par analogie avec les décrets des 4 octobre 1889 et 6 janvier 1901, qui ont réglé l'organisation de la justice militaire dans les colonies.

J'ai, en conséquence, l'honneur de soumettre à votre approbation le décret ci-joint.

Veuillez agréer, Monsieur le Président, l'hommage de mon respectueux dévouement.

Le Ministre de la guerre,
Général L. ANDRÉ.

DÉCRET.

Le Président de la République française,

Vu le Code de justice militaire pour l'armée de terre ;

Vu l'article 7 de la loi du 27 mars 1883, portant organisation de la juridiction française en Tunisie ;

Sur le rapport du Ministre de la guerre,

Décrète :

Art. 1er. Le conseil de guerre de la division d'occupation de Tunisie aura, désormais, la même composition que les conseils de guerre permanents établis dans les divisions militaires de l'Algérie.

Les mêmes règles de procédure y seront observées, tant pour l'instruction que pour le jugement.

Toutefois, les dispositions des articles 34 et 35 du Code de justice militaire continueront à être appliquées pour la désignation des membres du conseil et du parquet.

Art. 2. Le Ministre de la guerre est chargé de l'exécution du présent décret.

Fait à Paris, le 5 mai 1903.

ÉMILE LOUBET.

Par le Président de la République :

Le Ministre de la guerre,
Général L. ANDRÉ.

Décret relatif à l'organisation du service de la justice militaire dans les troupes coloniales.

Paris, le 23 octobre 1903.

RAPPORT AU PRÉSIDENT DE LA RÉPUBLIQUE FRANÇAISE.

Monsieur le Président,

D'après l'article 11 de la loi du 7 juillet 1900, portant organisation des troupes coloniales, le service de la justice militaire dans ces troupes doit être organisé par décret rendu sur le rapport du Ministre de la guerre après entente avec le Ministre des colonies.

Au moment du passage des troupes coloniales au ministère de la guerre, ce service a été provisoirement réglé par un décret du 6 janvier 1901, se bornant à laisser, sous certaines réserves, les troupes stationnées aux colonies continuer à relever des juridictions organisées dans ces pays par le décret du 4 octobre 1889. Mais, en même temps, les ministères de la guerre, des colonies et de la marine constituaient une commission interministérielle chargée de procéder à l'étude approfondie, nécessaire pour asseoir sur des bases définitives la réorganisation des deux services de la justice militaire et de la justice maritime dans les colonies. Cette commission ayant conclu à la séparation des deux juridictions, d'un côté, le ministère de la marine a préparé un décret portant règlement d'administration publique destiné à être substitué au décret du 4 octobre 1889 sur l'application du Code de justice maritime aux colonies ; d'un autre côté, les ministères de la guerre et des colonies se sont entendus pour la rédaction d'un décret organisant, à l'usage des troupes coloniales et des autres justiciables du Code de l'armée de terre aux colonies, des conseils de guerre et des conseils de revision permanents, analogues à ceux qui fonctionnent dans les circonscriptions territoriales de la métropole.

C'est ce second décret que j'ai l'honneur de vous soumettre, en vous priant, si vous voulez bien l'approuver, de le revêtir de votre signature.

Veuillez agréer, Monsieur le Président, l'hommage de mon respectueux dévouement.

Le Ministre de la guerre,
Général L. ANDRÉ.

DÉCRET.

Le Président de la République française,

Vu la loi du 7 juillet 1900, portant organisation des troupes coloniales ;

Vu le Code de justice militaire pour l'armée de terre ;

Vu le décret du 6 janvier 1901, organisant provisoirement le service de la justice militaire pour les troupes coloniales ;

Vu la loi du 25 mars 1873 qui règle la condition des déportés à la Nouvelle-Calédonie ;

Vu le décret du 26 mai 1903 portant organisation du groupement des forces militaires stationnées aux colonies ;

Sur le rapport du Ministre de la guerre, après entente avec le Ministre des colonies.

Décrète :

TITRE PREMIER.

De l'organisation du service de la justice militaire dans les troupes coloniales.

CHAPITRE 1er.

DISPOSITIONS GÉNÉRALES.

Art. 1er. Le Code de justice militaire pour l'armée de terre est applicable à toutes les troupes coloniales, européennes et indigènes, énumérées dans les articles 4 et 5 de la loi du 7 juillet 1900, ainsi qu'à la gendarmerie coloniale et aux auxiliaires indigènes de ce corps.

Ce Code est également applicable aux milices indigènes visées par l'article 19 de ladite loi, dans le cas prévu par le paragraphe 3 de cet article.

Art. 2. Les troupes coloniales tenant garnison en France et en Algérie sont justiciables des conseils de guerre et des conseils de revision permanents établis dans les circonscriptions territoriales où elles sont stationnées.

Art. 3. Les troupes coloniales et les troupes de l'armée de terre stationnées aux colonies et dans les pays de protectorat autres que la Tunisie relèvent des conseils de guerre et des conseils de revision organisés conformément aux dispositions du chapitre suivant.

CHAPITRE II.

DES CONSEILS DE GUERRE ET DES CONSEILS DE REVISION PERMANENTS DANS LES COLONIES ET DANS LES PAYS DE PROTECTORAT.

Art. 4. Pour l'application de la justice militaire dans les colonies ainsi que dans les pays de protectorat autres que la Tunisie, il est établi des conseils de guerre et des conseils de revision permanents, dont le nombre, le siège et le ressort sont fixés conformément au tableau annexé au présent décret.

Art. 5. Les conseils de guerre et les conseils de revision établis conformément à l'article précédent exercent toutes les attributions dévolues aux conseils de guerre et aux conseils de revision dans les circonscriptions territoriales, à l'égard de tous les individus de leur ressort qui sont justiciables de ces tribunaux en vertu du Code de justice militaire pour l'armée de terre, de la loi du 9 août 1849 sur l'état de siège et de la loi du 24 mars 1897 relative aux hommes exclus de l'armée.

Art. 6. Dans chacun des groupes de colonies institués par le décret du 26 mai 1903, les attributions dévolues par le Code de justice militaire aux généraux commandant les circonscriptions territoriales sont exercées comme il suit :

1° La police judiciaire militaire est exercée sous l'autorité du commandant supérieur des troupes, qui est tenu de transmettre toutes les plaintes des chefs de corps ou de service et tous les rapports des officiers de police judiciaire au gouverneur général ou au gouverneur de la colonie principale du groupe ; celui-ci peut aussi prescrire d'office au commandant supérieur des troupes de faire établir une plainte ou de commettre un officier de police judiciaire militaire pour une affaire déterminée ;

2° Pour les justiciables autres que ceux visés au paragraphe 3° ci-après, l'ordre d'informer est donné par le gouverneur général ou le gouverneur de la colonie principale du groupe dans lequel le crime ou le délit a été commis, ou dans lequel l'inculpé a été arrêté, ou dans lequel se trouve la garnison du corps ou détachement de l'inculpé.

Le gouverneur général ou le gouverneur de la colonie principale ne statue qu'après avoir pris l'avis du gouverneur de la colonie dans laquelle le crime ou le délit s'est produit, et, en outre, s'il s'agit d'un militaire, du commandant supérieur des troupes.

Lorsqu'il donne l'ordre d'informer, le gouverneur général ou le gouverneur de la colonie principale désigne en même temps le conseil de guerre du groupe devant lequel aura lieu la poursuite et il adresse l'ordre d'informer au commissaire rapporteur près ce conseil, qui procède à l'instruction. Le gouverneur qui a donné l'ordre d'informer prend également des mesures pour faire mettre l'inculpé à la disposition du commissaire rapporteur.

Lorsque l'instruction est terminée, le commissaire rapporteur adresse son rapport, avec ses conclusions, au gouverneur dont émane l'ordre d'informer, qui, après avis des autorités mentionnées au deuxième alinéa du présent paragraphe, prononce sur la mise en jugement.

L'ordre de mise en jugement est transmis au gouverneur de la colonie où siège le conseil de guerre, qui saisit le conseil et fait assurer l'exécution du jugement par l'autorité civile ou militaire compétente ;

3° Pour les officiers du grade de colonel et au-dessus, ainsi que pour les commandants supérieurs des troupes, quel que soit leur grade, l'ordre d'informer est donné, sur la plainte adressée par le gouverneur général ou le gouverneur de la colonie principale et après avis du Ministre des colonies, par le Ministre de la guerre, qui désigne le conseil de guerre des colonies ou de la métropole devant lequel aura lieu la poursuite et qui prononce ensuite sur la mise en jugement.

Art. 7. Les conseils de guerre permanents des colonies sont composés conformément aux dispositions des articles 33, 34 et 35 du Code de justice militaire pour l'armée de terre.

Les membres des conseils sont nommés et remplacés par le gouverneur de la colonie où siège le conseil de guerre, sur la proposition du commandant des troupes de cette colonie. Les juges sont désignés d'après un tableau des officiers et des sous-officiers en service dans cette colonie, qui sont susceptibles de siéger au conseil de guerre. Ce tableau est établi de manière que les juges soient pris d'abord parmi les officiers et sous-officiers employés dans la place où siège le conseil et ce n'est que dans le cas où, après application du paragraphe 6 de l'article 35 du même code, il y aurait dans cette place insuffisance de militaires des grades requis qu'il est fait appel aux officiers et sous-officiers en service dans les autres places de la colonie.

Les commissaires rapporteurs peuvent être pris dans le commissariat des troupes coloniales ; des officiers d'administration du service de la justice militaire peuvent être aussi désignés, comme greffiers, par le Ministre de la guerre.

En cas d'impossibilité absolue de constituer dans la colonie le conseil de guerre appelé à juger un officier, le gouverneur en avise le gouverneur général ou le gouverneur de la colonie principale du groupe, qui fait envoyer dans la colonie, pour composer le conseil, des officiers d'autres colonies du groupe, ou qui renvoie l'inculpé devant un autre conseil de guerre du groupe.

S'il n'est pas possible de constituer le conseil dans le groupe de colonies, il en est rendu compte au Ministre de la guerre, qui traduit l'inculpé devant le conseil de guerre d'une circonscription territoriale de la métropole.

Lorsque, dans le cas prévu au paragraphe 3° de l'article précédent, le Ministre de la guerre a donné l'ordre de mise en jugement et a envoyé l'inculpé devant un conseil de guerre permanent des colonies, il nomme le président et les juges du conseil de guerre, conformément à l'article 8 du Code de justice militaire, sur la proposition du gouverneur général ou du gouverneur de la colonie principale du groupe où se forme le conseil.

Art. 8. Les conseils de guerre des colonies appliquent à tous leurs justiciables, Français ou indigènes, les lois du 2 avril 1901 sur la déduction de la détention préventive et du 19 juillet 1901 sur l'application des circonstances atténuantes, dans les cas prévus par ces lois.

Toutefois, même en dehors du temps de paix, la loi du 19 juillet 1901 peut être appliquée aux militaires indigènes des corps coloniaux ou des milices indigènes.

De plus, la loi du 15 juin 1899 sur l'instruction préalable est appliquée aux justiciables des colonies de la Martinique, la Guadeloupe et la Réunion.

Art. 9. Dans chaque groupe de colonies, le greffe du conseil de guerre ou de l'un des conseils de guerre établis au siège du gouvernement général ou dans la colonie principale du groupe est chargé de centraliser les archives judiciaires de tous les conseils de guerre du groupe.

Art. 10. Les conseils de revision permanents dans les colonies sont composés conformément aux dispositions de l'article 41 du Code de justice militaire pour l'armée de terre.

Les membres des conseils sont nommés et remplacés par le gouverneur de la colonie où se forme le conseil, sur la proposition du commandant des troupes de cette colonie dans les conditions prévues par le paragraphe 2 de l'article 7 ci-dessus, sans toutefois que les grades des juges puissent être abaissés au-dessous des grades fixés par l'article 41 du Code de justice militaire.

En cas d'impossibilité absolue de constituer dans la colonie le conseil de revision, il y est pourvu par le gouverneur général ou le gouverneur de la colonie principale du groupe ou, à défaut, le recours est porté, sur l'ordre du Ministre de la guerre, devant le conseil de revision de la métropole.

CHAPITRE III.

DES CONSEILS DE GUERRE ET DES CONSEILS DE REVISION DANS LES COLONIES DÉCLARÉES EN ÉTAT DE SIÈGE ET DANS LES PLACES DE GUERRE DES COLONIES ASSIÉGÉES OU INVESTIES.

Art. 11. Lorsqu'une colonie est déclarée, en tout ou en partie, en état de siège, l'article 43 du Code de justice militaire, ainsi que toutes les autres dispositions dudit code et de la loi du 9 août 1849 visant les territoires en état de siège, sont applicables aux conseils de guerre et de revision permanents auxquels ressortit la colonie.

Dans ce cas, le gouverneur peut, selon que la colonie est ou non pourvue de tribunaux militaires, soit prescrire le déplacement de ces tribunaux, soit constituer provisoirement dans la colonie des conseils de guerre et un conseil de revision spéciaux, dont les fonctions cessent dès que l'état de siège est levé dans les conditions prévues par le paragraphe 3 de l'article 44 du Code de justice militaire. De plus, le gouverneur et le commandant des troupes de la colonie exercent respectivement les attributions conférées par les articles 6 et 7 précédents au gouverneur général ou au gouverneur de la colonie principale du groupe et au commandant supérieur des troupes.

Art. 12. Lorsque, dans une colonie, une place de guerre est assiégée ou investie, toutes les prescriptions du Code de justice militaire visant les places dans cette situation lui sont intégralement applicables.

CHAPITRE IV.

DES CONSEILS DE GUERRE ET DES CONSEILS DE REVISION DANS LES TROUPES D'OPÉRATIONS AUX COLONIES OU DANS LES PAYS DE PROTECTORAT.

Art. 13. Lorsque des troupes coloniales ou d'autres troupes de l'armée de terre sont appelées à exécuter des opérations de guerre aux colonies ou dans les pays de protectorat, toutes les dispositions du Code de justice militaire pour l'armée de terre relatives à la composition des conseils de guerre et de revision aux armées et à la procédure devant ces conseils leur sont intégralement applicables.

Le Ministre de la guerre, après entente avec le ministère des colonies, donne, s'il y a lieu, conformément à l'article 33 du Code de justice militaire, l'ordre de constituer, dans le corps d'opérations, les conseils de guerre et les conseils de revision spéciaux prévus par les chapitres I et II du titre II dudit code, ou désigne, conformément à l'article 42 du même code, les conseils de guerre et conseils de revision permanents des colonies ou de la métropole auxquels seront rattachées les troupes d'opérations, soit à défaut de tribunaux d'armée, soit en cas d'impossibilité de composer ces conseils faute de militaires du grade requis, soit pour juger les officiers du corps d'opérations échappant par leur grade à la compétence des tribunaux d'armée.

En cas d'urgence, le gouverneur général ou le gouverneur de la colonie principale du groupe où se forme le corps d'opérations donne, après avis du commandant supérieur des troupes, par délégation du Ministre de la guerre et à charge d'en rendre compte dans le plus bref délai possible, l'ordre de placer les troupes en opérations sous le régime de la justice militaire aux armées.

TITRE II.

Compétence spéciale des tribunaux militaires aux colonies.

Art. 14. En outre des catégories de justiciables énoncées à l'article 5 précédent, les conseils de guerre et les conseils de revision permanents établis dans les colonies sont appelés à juger aux colonies :

1° Les personnels de l'administration des colonies, non assimilés aux militaires qui, en vertu de lois ou décrets spéciaux, sont justiciables des conseils de guerre ;

2° Les condamnés à la déportation et leurs complices, dans les cas où ils sont justiciables des conseils de guerre en vertu des articles 2 et 3 de la loi du 25 mars 1873.

En cas de condamnation, le conseil de guerre applique aux uns et aux autres les pénalités du Code de justice militaire pour l'armée de terre, dans les conditions prévues à l'article 8 précédent.

DISPOSITIONS ABROGÉES ET TRANSITOIRES.

Art. 15. Sont abrogés :

Les décrets des 20 août 1879 et 24 août 1888, relatifs à la compétence spéciale des conseils de guerre au Gabon et à Diégo-Suarez ;

Le décret du 6 janvier 1901, organisant provisoirement le service de la justice militaire pour les troupes coloniales ;

Et, généralement, toutes les dispositions contraires au présent décret.

Art. 16. A partir de la promulgation du présent décret, toutes les affaires nouvelles concernant les catégories de justiciables visées par les articles 5 et 14 du présent décret seront jugées conformément à ce décret.

Les affaires concernant ces justiciables qui étaient engagées devant les conseils de guerre ou de revision permanents précédemment organisés dans les colonies en vertu des décrets du 4 octobre 1889 et du 6 janvier 1901 seront poursuivies conformément aux dispositions desdits décrets.

Art. 17. Les Ministres de la guerre et des colonies sont chargés, chacun en ce qui le concerne, de l'exécution du présent décret.

Fait à Paris, le 23 octobre 1903.

ÉMILE LOUBET.

Par le Président de la République :

Le Ministre de la guerre,   *Le Ministre des colonies,*

Général L. ANDRÉ.   GASTON DOUMERGUE.

TABLEAU des conseils de guerre et des conseils de revision permanents établis dans les colonies.

CONSEILS DE REVISION. Siège (1).	CONSEILS DE GUERRE FORMANT LE RESSORT DU CONSEIL DE REVISION.	
	Siège (1).	Colonies formant le ressort du conseil de guerre.
1 Martinique.......	2 Martinique	Martinique. Guadeloupe et dépendances. Guyane.
1 Sénégal.........	2 Sénégal et Guinée.... 2 Côte d'Ivoire et Dahomey............. 2 Sénégambie, Niger et territoires militaires de l'Afrique occidentale............. 2 Congo et Tchad	Afrique occidentale française. Congo français ....
1 Nouv^lle-Calédonie.	2 Nouvelle-Calédonie ...	Nouvelle-Calédonie et dépendances............ Etablissements français de l'Océanie.
1 Madagascar......	2 Madagascar.......... 1 Réunion.............	Madagascar et dépendances. Mayotte et dépendances. Réunion.
1 Indo-Chine.......	2 Cochinchine, Cambodge et Laos ...... 2 Annam et Tonkin.....	Indo-Chine.

NOTA. — Pour les colonies de Saint-Pierre et Miquelon, de l'Inde française et de la côte française des Somalis, la juridiction appartient aux conseils de guerre de la métropole désignés par le Ministre de la guerre et au conseil de revision de Paris.

(1) Dans chaque groupe de colonies, le gouverneur général ou le gouverneur de la colonie principale fixe, après entente avec le commandant supérieur des troupes, la localité des colonies indiquées dans cette colonne où siégeront les conseils de guerre ou le conseil de revision.

*Instruction pour l'application du décret du 23 octobre 1903,
relatif à l'organisation du service de la justice militaire dans
les troupes coloniales.*

Paris, le 23 octobre 1903.

La présente instruction a pour but d'appeler l'attention des
autorités militaires et coloniales sur les principales innovations
que comporte le décret du 23 octobre 1903, relativement à l'organisation du service de la justice militaire dans les troupes coloniales, en indiquant les dispositions de détail à prendre pour
l'application de ce décret.

CHAPITRE Ier.

DISPOSITIONS GÉNÉRALES.

Art. 1er. L'article 1er pose le principe, résultant de la loi du
7 juillet 1900, que le Code de justice militaire pour l'armée de
terre est applicable à toutes les troupes coloniales, européennes
et indigènes.

Art. 2. L'article 2 consacre la règle, déjà appliquée, que les
troupes coloniales en garnison dans la métropole relèvent des
conseils de guerre et des conseils de revision permanents établis dans les circonscriptions territoriales où elles sont stationnées.

Ces troupes sont, sous le rapport de la justice militaire,
placées sous le même régime que les autres troupes de la circonscription. Leurs officiers et sous-officiers concourent à la
formation des conseils de guerre et de revision permanents et
c'est au général commandant la région de corps d'armée (ou au
général commandant la division en Algérie et en Tunisie) qu'il
appartient de donner l'ordre d'informer ainsi que l'ordre de
mise en jugement et de nommer les juges des conseils de guerre,
dans les cas où ces attributions ne sont pas réservées au Ministre
de la guerre.

Conformément à l'instruction du 3 août 1901 (Guerre, *Bulletin officiel*, p. 82), les plaintes concernant les militaires placés
sous les ordres du commandant du corps d'armée des troupes
coloniales doivent d'abord être transmises à cet officier général
qui les adresse, avec son avis, au commandant de la circonscription territoriale intéressée et qui est tenu par ce dernier
officier général au courant des solutions intervenues. Lorsque
le commandant de la circonscription territoriale a rendu un
refus d'informer ou une ordonnance de non-lieu, il appartient
au commandant du corps d'armée des troupes coloniales d'in-

fliger, s'il y a lieu, telle punition disciplinaire qu'il juge convenable.

Les militaires des troupes coloniales détachés au service de la marine, autre que ceux visés par le paragraphe 2 de l'article 108 du Code de justice maritime (1) relèvent également des conseils de guerre et des conseils de revision permanents établis dans les circonscriptions territoriales où ils sont stationnés, sous réserve de l'application, en cas de complicité, des articles 105 du Code de justice maritime et 78 du Code de l'armée de terre. Les plaintes en conseil de guerre concernant ces militaires sont adressées par les autorités maritimes au général commandant la circonscription territoriale correspondante, qui avise le Ministre de la marine des solutions intervenues.

Art. 3. L'article 3 dispose que les troupes coloniales et les autres troupes de l'armée de terre stationnées aux colonies et dans les pays de protectorat autres que la Tunisie relèveront de conseils de guerre et de conseils de revision spéciaux organisés dans les colonies.

Toutefois, ainsi qu'il est indiqué dans l'annotation du tableau joint au décret, les colonies de Saint-Pierre et Miquelon, de l'Inde française et de la côte française des Somalis et dépendances seront rattachées à des conseils de guerre permanents de la métropole et au conseil de revision de Paris. Les conseils de guerre désignés pour exercer la juridiction sur ces colonies seront : le conseil de guerre de la 11e région pour Saint-Pierre et Miquelon, et celui de la 15e région pour l'Inde française et la côte française des Somalis. Le cas échéant, les justiciables de ces colonies qu'il y aurait lieu de poursuivre seront renvoyés en France par les soins du gouverneur, pour être mis à la disposition du général commandant la 11e ou la 15e région, qui recevra tous les renseignements recueillis dans la colonie sur l'inculpation et qui donnera l'ordre d'informer, puis, s'il y a lieu, l'ordre de mise en jugement, devant le conseil de guerre de la région. En cas de renvoi après recours en revision, le conseil de revision de Paris désignerait un autre conseil de guerre de la métropole pour être saisi de l'affaire.

On remarquera que, dans l'article 3, ainsi que dans la suite du décret, les pays de protectorat autres que la Tunisie ont été, sous le rapport de la justice militaire, traités exactement comme les colonies. On ne saurait, en effet, assimiler les protectorats coloniaux aux protectorats réguliers, tels que la Tunisie, où fonctionne un véritable gouvernement local sous le contrôle de la

____

(1) Les militaires ou les assimilés aux militaires appartenant à l'armée de terre mis à la disposition de la marine soit *pour une expédition ou un service d'outre-mer*, soit pour la garnison des bâtiments de l'Etat, sont soumis aux juridictions maritimes.

France et où les troupes d'occupation doivent avoir des conseils de guerre spéciaux analogues aux conseils de guerre aux armées. Les protectorats coloniaux étant administrés directement par les autorités françaises au même titre que la colonie à laquelle ils sont rattachés, les troupes qui y sont stationnées peuvent, tant qu'elles n'ont pas d'opérations de guerre à exécuter, être soumises au régime judiciaire normal.

CHAPITRE II.

DES CONSEILS DE GUERRE ET DES CONSEILS DE REVISION PERMANENTS DANS LES COLONIES ET DANS LES PAYS DE PROTECTORAT.

Art. 4 et tableau annexe. Conformément à l'article 4, il sera établi, pour l'application de la justice militaire dans les colonies et protectorats coloniaux autres que Saint-Pierre et Miquelon, l'Inde française et la côte française des Somalis, un certain nombre de conseils de guerre et des conseils de revision permanents dont le tableau annexé au décret donne la nomenclature et le ressort.

Ces tribunaux ont été répartis d'après le groupement fixé par le décret du 26 mai 1903 pour les forces militaires stationnées aux colonies. Dans chacun des groupes organisés en vertu de ce décret, il y aura un conseil de revision et plusieurs conseils de guerre. Les colonnes 1 et 2 du tableau indiquent les colonies où ces conseils devront être établis, le soin de fixer dans ces colonies le siège des divers conseils étant laissé aux gouverneurs généraux ou aux gouverneurs des colonies principales, après entente avec le commandant supérieur des troupes.

Il doit être entendu que, lorsque la colonne 2 indique plusieurs colonies, il appartient également au gouverneur général ou au gouverneur de la colonie principale de choisir celles de ces colonies où les conseils devront être établis. Par exemple, dans le groupe de l'Afrique occidentale, où il est prévu deux conseils de guerre à établir dans les colonies de la Sénégambie, du Niger et des territoires militaires de l'Afrique occidentale, le gouverneur pourra établir un conseil de guerre dans la Sénégambie et un dans le troisième territoire militaire, de même qu'il pourra mettre dans le Sénégal les deux conseils prévus pour le Sénégal et la Guinée.

Il doit être également entendu que, quels que soient les sièges fixés pour les divers conseils de guerre de chaque groupe, chacun de ces conseils aura compétence sur tout l'ensemble du groupe, sans avoir son ressort strictement limité aux colonies secondaires indiquées dans la colonne 2 du tableau. Par suite, pour reprendre l'exemple précédent, les deux conseils de guerre établis dans la Sénégambie, le Niger et les territoires militaires, bien que devant généralement être désignés pour le jugement des inculpés de ces pays, pourront être appelés à juger également des inculpés de la Guinée, du Congo ou du Tchad, si le gouverneur général croit devoir leur en déférer, ou si le conseil de révision du groupe leur renvoie, après cassation, une affaire concernant un inculpé de ces colonies.

Les gouverneurs généraux ou les gouverneurs des colonies principales, ainsi que les conseils de revision des groupes, auront ainsi plus de marge pour la désignation des conseils de guerre à saisir.

Les gouverneurs généraux ou les gouverneurs des colonies principales devront rendre compte au Ministre de la guerre, par l'entremise du Ministre des colonies, des sièges qu'ils auront fixés, après entente avec les commandants supérieurs, pour le conseil de revision et les divers conseils de guerre de leur groupe. S'ils étaient plus tard amenés à modifier ces fixations, ils pourraient le faire, sauf à n'user de cette faculté qu'en cas de nécessité réelle et à en rendre compte aussitôt, mais à la condition expresse de rester dans les limites fixées par les colonnes 1 et 2 du tableau, c'est-à-dire, par exemple pour l'Afrique occidentale, de ne pas mettre le conseil de revision hors du Sénégal et de laisser deux conseils de guerre dans le Sénégal et la Guinée, deux dans la Côte d'Ivoire et le Dahomey, etc. Dans le cas contraire, si l'on voulait par exemple établir trois conseils de guerre dans la Sénégambie, le Niger et les territoires militaires de l'Afrique occidentale, en n'en laissant qu'un pour la Côte d'Ivoire et le Dahomey, il serait nécessaire de provoquer une modification du décret.

Art. 5. L'article 5 spécifie que les conseils de guerre et de revision permanents établis dans les colonies exerceront toutes les attributions dévolues aux tribunaux similaires des circonscriptions territoriales à l'égard des diverses catégories de justiciables des conseils de guerre.

On signalera, comme conséquences de cette assimilation des conseils de guerre coloniaux aux conseils de guerre des circonscriptions territoriales de la métropole, les suivantes :

1° Dans les cas prévus par l'article 61 du Code de justice militaire, un justiciable des conseils de guerre métropolitains ayant commis un délit aux colonies ou ayant été arrêté dans une colonie pourra être jugé par un des conseils de guerre auxquels ressortit la colonie et, réciproquement, un justiciable des conseils de guerre coloniaux pourra être poursuivi devant un conseil de guerre métropolitain dans le ressort duquel il aurait commis son crime ou délit, ou aurait été arrêté ;

2° Par modification aux prescriptions de l'article 19 de l'ancien décret du 4 octobre 1889, la reconnaissance de l'identité des individus condamnés, soit par les conseils de guerre coloniaux, soit par les conseils métropolitains, qui, après évasion ou contumace, auront été repris, soit en France, soit dans une colonie, devra être faite conformément aux principes posés à l'article 180 du Code de justice militaire pour l'armée de terre, c'est-à-dire par le conseil de guerre auquel ressortit le corps dont fait partie le condamné ou, si celui-ci n'appartient à aucun corps, par le conseil de guerre qui a prononcé la condamnation, ou, si ce conseil a cessé ses fonctions, par le conseil métropolitain ou colonial dans le ressort duquel le condamné a été repris.

L'article 5 spécifie également que la compétence normale des conseils de guerre et de revision coloniaux s'étend à tous les individus de leur ressort qui sont déclarés justiciables des conseils de guerre et de revision, soit par le Code de justice militaire (1), dont les dispositions du livre II sont entièrement applicables aux tribunaux coloniaux, soit par la loi du 9 août 1849 sur l'état de siège, soit par la loi du 24 mai 1897 relative aux exclus.

On verra à l'article 14 ci-après que les tribunaux militaires des colonies auront, de plus, compétence sur certaines catégories spéciales de justiciables.

Art. 6. L'article 6 détermine par quelles autorités seront exercées, aux colonies, les attributions judiciaires conférées dans la métropole aux généraux commandant les circonscriptions territoriales.

D'après le décret du 4 octobre 1889, ces attributions étaient exercées par « les gouverneurs des colonies où étaient établis les conseils ». Ces fonctionnaires nommaient les membres des conseils de guerre et de revision et donnaient les ordres d'informer et de mise en jugement pour tous les inculpés militaires jusqu'au grade de lieutenant-colonel inclus.

Le nouveau décret apporte à cette situation les modifications suivantes :

1° Comme on le verra à l'article suivant, les gouverneurs des colonies où sont formés les conseils de guerre et les conseils de revision continueront à nommer les membres de ces conseils, mais sur la proposition du commandant des troupes de la colonie ;

---

(1) En vertu de ce code (art. 56, 4e alinéa du § 1°), la compétence des tribunaux militaires des colonies s'étend de droit aux personnes des agents et agents comptables du commissariat et du service de santé des troupes coloniales, qui, d'après le décret du 11 juin 1901, sont militaires bien que les grades de ces agents ne correspondent pas à ceux de la hiérarchie militaire. Lors de la revision de ce décret, qui est à l'étude, on spécifiera quelle doit être la composition du conseil de guerre pour juger les agents des divers grades, afin d'éviter qu'on compose le conseil comme pour le jugement des simples soldats, en vertu de l'article 18 du Code de justice militaire.

2° Les ordres d'informer et de mise en jugement seront donnés dans chaque groupe de colonies par le gouverneur général ou le gouverneur de la colonie principale du groupe, qui ne statuera qu'après avoir pris l'avis du gouverneur de la colonie où le crime ou délit a été commis et, en outre, s'il s'agit d'un militaire, du commandant supérieur des troupes ;

3° Les pouvoirs des gouverneurs, en ce qui concerne la composition des conseils de guerre, et des gouverneurs généraux ou des gouverneurs des colonies principales, en ce qui concerne la délivrance de l'ordre d'informer et de mise en jugement, resteront d'ailleurs limités, comme précédemment, aux justiciables non-militaires et aux militaires d'un grade inférieur à celui de colonel, sauf toutefois ceux qui exerceront les fonctions de commandants supérieurs des troupes.

Pour les colonels, les officiers généraux et les commandants supérieurs des troupes, quel que soit leur grade, le Ministre de la guerre prononcera, au vu de la plainte du gouverneur général ou du gouverneur de la colonie principale et après avis du Ministre des colonies, sur l'ouverture de l'instruction et sur la mise en jugement, et nommera les juges des conseils de guerre quand il aura décidé de faire juger l'inculpé aux colonies.

En effet le nouveau décret ne prescrit plus de renvoyer en France tous les inculpés du grade de colonel et au-dessus ; il laisse au Ministre de la guerre le soin de désigner le conseil de guerre des colonies ou de la métropole devant lequel auront lieu les poursuites.

Les commandants des détachements stationnés dans les colonies secondaires seront soumis à la règle générale ;

4° L'article 6 spécifie, en outre, que la police judiciaire militaire sera exercée sous l'autorité du commandant supérieur des troupes, mais que celui-ci sera tenu de transmettre toutes les plaintes des chefs de corps ou de service et tous les rapports des officiers de police judiciaire au gouverneur général ou au gouverneur de la colonie principale, qui pourra aussi lui prescrire d'office de faire établir une plainte ou de commettre un officier de police judiciaire militaire pour une affaire déterminée.

On fera remarquer, au sujet de la police judiciaire, que cette partie de la procédure militaire devant être régie désormais, comme les autres, par le Code de l'armée de terre, les chefs de corps et de service pourront, en vertu de l'article 85 de ce code modifié par la loi du 18 mai 1875, déléguer leurs pouvoirs à l'un des officiers sous leurs ordres, ce qu'ils ne pouvaient pas faire sous l'empire du Code de justice maritime.

En dehors de ce cas de délégation prévu par la loi, il ne faudra pas perdre de vue que, d'une manière générale, les pouvoirs judiciaires ne peuvent pas se déléguer et que, notamment, les ordres d'informer et de mise en jugement doivent, à peine de nullité, porter la signature des gouverneurs qualifiés pour les signer ou de leurs remplaçants légaux en cas d'absence ou d'intérim. Ainsi un secrétaire général des colonies ne pourrait pas plus signer des actes de cette nature par délégation que le chef d'état-major d'un corps d'armée dans la métropole.

Au Congo, les attributions judiciaires conférées par les articles 6 et 10 du décret aux gouverneurs des colonies secondaires seront exercées par le commissaire général du gouvernement.

En résumé, les gouverneurs généraux et les gouverneurs des colonies principales seront, en quelque sorte, les chefs de service de la justice militaire dans leur groupe, comme le sont les commandants de corps d'armée de la métropole dans leur région. Il est d'ailleurs entendu que, dans l'exercice des pouvoirs judiciaires militaires qui leur sont attribués conformément aux dispositions ci-dessus, les gouverneurs généraux et les gouverneurs des colonies principales agiront comme les délégués du Ministre de la guerre, qui est le chef suprême de la justice militaire, et qu'ils lui serviront d'intermédiaires dans tous ses rapports avec les parquets des tribunaux militaires permanents des colonies.

Les pièces, rapports et demandes émanant de ces tribunaux seront transmis au Ministre de la guerre dans la forme prévue par l'article 7 du décret du 9 novembre 1901, de même que le Ministre de la guerre adressera, par l'entremise du Ministre des colonies et des gouverneurs généraux ou des gouverneurs des colonies principales, toutes les instructions ou observations qu'il aurait à envoyer aux commissaires rapporteurs ou commissaires du gouvernement près les conseils de guerre et de revision coloniaux.

Il va de soi que, sous le rapport de la discipline, les commissaires rapporteurs et commissaires du gouvernement, ainsi que les greffiers et les autres militaires attachés aux divers conseils, relèveront du commandant des troupes de la colonie où siège leur conseil.

Cet officier tiendra les feuillets du personnel des commissaires rapporteurs et des commissaires du gouvernement, qui tiendront ceux des greffiers attachés à leurs parquets, et il sera chargé de présenter aux commandants supérieurs ou aux inspecteurs généraux toutes les propositions pour l'avancement concernant les militaires de tout grade détachés auprès des divers conseils de la colonie. Ces propositions seront établies selon les règles générales fixées par l'instruction du 1er juillet 1901 mise à jour, les commissaires rapporteurs près les conseils de guerre et les commissaires du gouvernement près les conseils de revision faisant fonctions de chefs de service pour le personnel de leurs parquets respectifs. Lorsque les livrets de propositions seront remis, soit par les commandants supérieurs, soit par les inspecteurs généraux, aux gouverneurs, pour être transmis au Ministre de la guerre, les gouverneurs des colonies où siègent les conseils de guerre et les conseils de revision et les gouverneurs généraux ou les gouverneurs des colonies principales des groupes ajouteront aux notes des commissaires rapporteurs et des commissaires du gouvernement leur appréciation sur la valeur de ces officiers au point de vue de leurs fonctions judiciaires.

Art. 7. D'après l'article 7, les conseils de guerre permanents des colonies seront composés conformément à l'article 33 du Code de l'armée de terre, c'est-à-dire que, pour le jugement des inculpés non-militaires et des militaires jusqu'au grade de lieutenant-colonel inclus, ils seront, comme précédemment, composés de cinq membres, d'après le tableau de l'article 33, avec un commissaire rapporteur, et que, pour les colonels et les officiers généraux si le Ministre fait juger aux colonies un officier de ces grades, ils seront composés de sept membres désignés d'après le tableau de l'article 10, avec un commissaire du gouvernement et un rapporteur distincts.

Vu le nombre restreint d'officiers dont on dispose dans certaines colonies, il n'a pas paru possible d'adopter dans tous les cas, pour les conseils de guerre coloniaux, la composition à sept membres, en vigueur pour la France, l'Algérie et la Tunisie; mais il doit être entendu que, lorsque le conseil sera composé seulement de cinq membres, il aura, en temps normal, exactement la même compétence, les mêmes attributions et appliquera la même procédure que les conseils de guerre à sept membres des circonscriptions territoriales de la métropole, sauf application du paragraphe 4° de l'article 156 du Code pour le prononcé des peines, et que les règles spéciales de procédure fixées par les articles 71, 153, 154, 156 (paragraphes autres que le 4°), 157 et 158 ne seront appliquées que dans les cas prévus par ces articles (aux armées, dans l'état de guerre et dans l'état de siège).

Les membres des conseils de guerre, juges, commissaires rapporteurs, substituts, greffiers et commis-greffiers, seront pris, conformément au principe posé dans l'article 34 du Code, parmi les officiers et sous-officiers employés dans la colonie où se formera le conseil ; toutefois, il a été prévu que des officiers d'administration du service de la justice militaire pourraient être désignés par le Ministre de la guerre comme greffiers auprès de certains conseils.

Il a été dit plus haut que la désignation sera faite par le gouverneur de la colonie où siège le conseil, sur la proposition du commandant des troupes de cette colonie. Il appartiendra donc à cet officier de proposer au gouverneur les officiers ou les commissaires des troupes coloniales du grade ou rang au moins de capitaine, à désigner comme commissaires rapporteurs, ainsi que les capitaines, lieutenants ou sous-lieutenants à désigner comme substituts et les sous-officiers à désigner comme greffiers ou commis-greffiers. Ces officiers et sous-officiers, tout en continuant à compter à leurs corps, en seront détachés pour remplir ces fonctions judiciaires et n'auront pas d'autre service. On s'efforcera de les laisser dans leur emploi aussi longtemps que possible, en maintenant s'il se peut les substituts comme commissaires rapporteurs, afin de leur assurer une compétence réelle.

Quant aux juges, ils seront pris à tour de rôle, d'après un tableau dressé par le commandant des troupes et approuvé par le gouverneur, en laissant au moins en fonctions pendant six mois ceux qui seront désignés pour faire partie du conseil permanent appelé à juger les hommes de troupe.

Comme l'indique l'article 7 du décret, ce tableau doit être établi de manière que les juges soient pris d'abord parmi les officiers et sous-officiers employés dans la place où siège le conseil et qu'on ne fasse appel aux officiers et sous-officiers des autres places de la colonie que dans le cas où, après avoir usé de la faculté prévue au paragraphe 8 de l'article 35 du Code (1), il y aurait dans la place où siège le conseil, insuffisance de militaires des grades requis.

Le tableau devra donc comporter deux parties :

Première partie. — Officiers des divers grades et sous-officiers en service dans la place où siège le conseil ;

Deuxième partie. — Officiers des divers grades et sous-officiers en service dans les autres places de la colonie.

---

(1) Ce paragraphe dispose que, s'il n'y a pas un nombre suffisant d'officiers des grades requis pour la composition normale du conseil, « il y est suppléé en descendant dans la hiérarchie, même jusqu'au grade inférieur à celui de l'accusé, si cela est nécessaire, mais sans que plus de deux juges puissent être pris dans cette catégorie ».

Il paraît devoir être interprété comme ne s'appliquant qu'aux *officiers*, c'est-à-dire qu'on peut prendre des officiers de grades moins élevés que ceux prévus par les tableaux des articles 33 ou 10, selon que le conseil doit être formé à cinq ou sept membres, et même, si l'accusé est un officier, en prenant deux des juges parmi des officiers du grade immédiatement inférieur au sien. Par suite, sauf dans le cas prévu pour les places assiégées à l'article 45 du Code, on ne saurait jamais désigner un sous-officier pour juger un officier.

L'article 7 du décret vise également le cas exceptionnel où il n'y aurait pas, dans la place où siège le conseil, de sous-officiers susceptibles d'être désignés pour le jugement d'un non-militaire ou d'un homme de troupe ; on ferait alors appel aux sous-officiers des autres places dans la colonie.

On remarquera que l'article 35 du Code permet également d'abaisser le grade des commissaires rapporteurs jusqu'au grade immédiatement inférieur à celui de l'accusé, si l'on n'en trouve pas qui soient, conformément à l'article 16 du Code, d'un grade ou rang au moins égal à celui de l'accusé.

On portera dans la première partie le plus grand nombre possible des officiers des différents grades employés dans les corps et services de la place et remplissant les conditions de nationalité et d'âge requises par l'article 22 du Code, en n'exceptant que ceux qui ne pourraient pas, sans nuire au service, siéger régulièrement au conseil lorsque leur tour les y appellerait (1).

On y inscrira aussi un nombre suffisant de sous-officiers, choisis parmi ceux remplissant les conditions requises par l'article 22 et reconnus aptes, d'après leur instruction et leur expérience, à exercer les fonctions de juges.

Les officiers et les sous-officiers seront rangés sur le tableau par grade, dans l'ordre de l'ancienneté, en rayant, au fur et à mesure des mutations, les officiers et sous-officiers partis et en intercalant à leur rang d'ancienneté ceux désignés pour les remplacer.

C'est d'après ce tableau que se feront normalement les désignations des juges, et, bien que le décret ne fasse pas une obligation de le suivre strictement à moins d'empêchement reconnu, comme le prévoit l'article 19 du Code pour les conseils de guerre de la métropole, il conviendra, afin d'éviter tout soupçon d'arbitraire dans la composition des conseils, d'y prendre, tant pour les nominations initiales que pour les remplacements périodiques ou accidentels, les juges des divers grades dans l'ordre où ils sont inscrits, en établissant par exemple deux tours :

L'un pour la désignation des membres du conseil de guerre permanent appelé à juger les hommes de troupe, membres qui doivent rester en fonctions six mois au moins, s'il est possible ;

L'autre, pour les remplacements accidentels nécessités, soit par l'empêchement d'un juge pour cause de maladie, d'absence, de service ou pour l'une des causes spécifiées à l'article 24 du Code, soit par la modification du conseil permanent en vue du jugement d'un officier, cas où les remplaçants désignés n'ont à siéger qu'une fois.

La deuxième partie du tableau, qui ne servira généralement que pour les remplacements nécessités par des circonstances exceptionnelles, comportera également tous les officiers des autres places de la colonie susceptibles de venir siéger sans inconvénient grave pour le service, afin d'éviter qu'on soit obligé de faire appel aux officiers des autres colonies du groupe, alors

---

(1) Rien ne s'oppose à ce que les officiers d'état-major figurent, comme les autres, sur le tableau et le fait qu'un de ces officiers aurait eu, dans l'exercice de ses fonctions, à étudier le dossier d'une affaire, ou même aurait proposé à son chef d'émettre tel ou tel avis, ne saurait le faire exclure du conseil de guerre, comme ayant connu de l'affaire en qualité d'*administrateur*, si l'inculpé n'était pas sous ses ordres directs.

qu'il y en aurait de disponibles dans la colonie même. On y ajoutera quelques sous-officiers, si cela paraît nécessaire.

Sur cette seconde partie, les officiers et sous-officiers, au lieu d'être rangés par ancienneté, pourront l'être d'après leur éloignement du siège du conseil, et, afin de réduire les frais de déplacement, on pourra prendre plusieurs fois de suite dans les garnisons les plus rapprochées, en ne recourant aux plus éloignées qu'en cas d'insuffisance des autres, sans s'astreindre à faire, à tour de rôle, participer tous les officiers du tableau au remplacement.

Le tableau de désignation des juges étant ainsi établi par le commandant des troupes et approuvé par le gouverneur, lorsque celui-ci recevra un ordre de mise en jugement du gouverneur général ou du gouverneur de la colonie principale, il en avisera le commandant des troupes, qui, s'il y a des remplacements à effectuer dans la composition normale du conseil, lui rendra compte des motifs de ces remplacements et lui soumettra des propositions en conséquence.

S'il est nécessaire de faire appel au gouverneur général ou au gouverneur de la colonie principale pour compléter le conseil, celui-ci désignera, sur la proposition du commandant supérieur, les officiers des autres colonies à envoyer à cet effet, sans qu'il y ait de tableau spécial ni de tour à établir pour ce service exceptionnel, ou bien il déférera, par un nouvel ordre de mise en jugement motivé, l'inculpé à un autre conseil de guerre du groupe.

Il va de soi que, pour éviter ces difficultés, les gouverneurs généraux ou les gouverneurs des colonies principales devront, au moment de la délivrance de l'ordre d'informer et de la désignation du conseil à saisir, se préoccuper de choisir un conseil qui, d'après le grade de l'accusé ou les circonstances de la cause, puisse être constitué dans la colonie où il siège. S'ils voyaient *a priori* impossibilité de constituer le conseil dans le groupe de colonies, ils devraient s'abstenir de donner l'ordre d'informer et en rendre compte au Ministre de la guerre, en lui envoyant le dossier, pour que celui-ci fasse traduire l'inculpé devant un conseil de guerre de la métropole. Le Ministre, dans ce cas, après avoir désigné ce conseil, en aviserait le gouverneur général ou le gouverneur de la colonie principale, pour que l'inculpé soit dirigé sur la région correspondante, et il transmettrait le dossier au général commandant la circonscription intéressée, qui donnerait d'office l'ordre d'informer, puis statuerait sur la mise en jugement.

MARCHE GÉNÉRALE DE LA PROCÉDURE RÉSULTANT DES ARTICLES 6 ET 7.

Comme conséquence des principes des articles 6 et 7 du nou-

veau décret et afin d'éviter toute perte de temps, la marche
générale de la procédure pour les affaires militaires sera la suivante :

Lorsque, dans un corps, un crime ou délit se sera produit, le
chef de corps, conformément à l'article 85 du Code, procédera ou
fera procéder, soit par un des officiers sous ses ordres, soit par
un des officiers de police judiciaire mentionnés à l'article 84, à
l'information préalable réglementée par les articles 86 et suivants
et adressera la plainte, appuyée des actes et procès-verbaux des
officiers de police, par la voie hiérarchique (1) au commandant
des détachements de troupes de la colonie. Celui-ci soumettra le
dossier au gouverneur de la colonie où le crime ou délit a été
commis, afin que ce fonctionnaire y consigne son avis, et il
l'adressera ensuite au commandant supérieur des troupes.

Le commandant supérieur, après avoir formulé son avis,
transmettra le dossier au gouverneur général ou au gouverneur
de la colonie principale, qui prononcera le refus ou l'ordre d'informer.

Si le gouverneur général ou le gouverneur de la colonie principale donne l'ordre d'informer, il désignera le conseil de guerre
devant lequel aura lieu la poursuite et adressera directement
l'ordre au commissaire rapporteur près le conseil saisi, en avi-
sant le commandant supérieur des troupes pour que celui-ci
prenne les mesures nécessaires pour faire mettre l'inculpé à la
disposition du commissaire rapporteur.

Le commissaire rapporteur procédera à l'instruction, et, lorsque celle-ci sera terminée, il l'enverra, avec ses conclusions, au
gouverneur de la colonie où le crime ou délit s'est produit pour
que celui-ci formule son avis. Ce gouverneur transmettra le
dossier au commandant supérieur des troupes, qui, après avoir
inscrit à son tour son avis, l'adressera au gouverneur général
ou au gouverneur de la colonie principale du groupe. Celui-ci

---

(1) Si le commandant supérieur des troupes, dont l'avis personnel
est seul obligatoire, juge utile d'avoir pour s'éclairer l'avis de certaines
autorités intermédiaires entre lui et les auteurs des plaintes, il lui
appartiendra de prescrire, par un ordre permanent, quelles sont les
autorités hiérarchiques qui devront, au passage, annoter les plaintes.
Il conviendra que, dans la détermination de ces autorités, le commandant supérieur réduise leur nombre au minimum strictement nécessaire,
car tous les officiers ayant émis un avis officiel sur une plainte se
trouvent en vertu de l'article 24, § 4° du Code, exclus des conseils
appelés à juger l'affaire et il importe, surtout pour des officiers de
grades élevés, dans les colonies où se formeront les conseils de guerre et
les conseils de revision, de ne pas multiplier les officiers empêchés de
siéger. Il pourrait même dans certaines colonies, être utile de ne pas
demander l'avis du commandant des détachements si celui-ci était président d'un conseil de guerre ou du conseil de revision.
Les autorités hiérarchiques n'ayant pas à formuler d'avis se bor-
neront alors à mettre « vu et transmis » sur le dossier.

statuera alors sur la mise en jugement, et, s'il la prononce, il enverra l'ordre au gouverneur de la colonie où siège le conseil, qui, sur la proposition du commandant des détachements de troupes de cette colonie, désignera les membres du conseil et transmettra l'ordre de mise en jugement au commissaire rapporteur en ordonnant de convoquer le conseil et en fixant le jour et l'heure de la réunion, dans les conditions prévues par les articles 109 et 111 du Code de justice militaire.

Après le jugement, le commissaire rapporteur rendra compte au gouverneur de la colonie où siège le conseil dans les conditions prévues par l'article 149 du Code, et ce gouverneur fera procéder à l'exécution du jugement (1) conformément à l'article 151, à moins qu'il ne juge utile de suspendre l'exécution comme il est prévu à l'article 150. Dans ce cas, il devrait aviser d'urgence le gouverneur général ou le gouverneur de la colonie principale du groupe, qui, après avis du commandant supérieur des troupes, déciderait si l'exécution doit suivre son cours ou s'il y a lieu d'en référer au Ministre de la guerre, par l'entremise du Ministre des colonies. Toutes les fois que la peine capitale aura été prononcée en dehors de l'état de siège ou de l'état de guerre, l'exécution ne devra pas avoir lieu sans que le Ministre de la guerre ait été consulté dans ces conditions.

Art. 8. On appellera, au sujet de l'application de l'article 8, l'attention sur les points suivants :

Loi du 2 avril 1901. — Dans tous les cas, l'article 200 du Code de justice militaire doit être appliqué tel qu'il a été modifié par la loi du 2 avril 1901.

Lorsque les juges veulent que la déduction de la détention préventive n'ait point lieu ou n'ait lieu que pour partie, ils doivent l'ordonner par une disposition spéciale et *motivée*, insérée dans le jugement : l'absence de motifs de cette décision pourrait être une cause de cassation.

Même lorsque les prévenus n'auront pas été incarcérés dans une prison et auront été seulement détenus dans les locaux disciplinaires d'un corps en attendant le jugement ou l'exécution de la peine, la durée de cette détention devra être déduite, à moins de décision contraire du tribunal, en vertu du paragraphe final du nouvel article 200 du Code, qui spécifie que : « Est réputé en état de détention préventive tout individu *privé de sa liberté* sous inculpation d'un crime ou d'un délit ».

Loi du 19 juillet 1901. — Cette loi ne doit, conformément à

---

(1) Une instruction du 13 novembre 1903, page 257 du présent ouvrage, donne les règles à suivre pour l'exécution des peines des militaires condamnés aux colonies.

son article 1er, être appliquée qu'en temps de paix et seulement aux délits pour lesquels le Code de justice militaire et la loi de recrutement ne prévoient pas de circonstances atténuantes.

Par suite, lorsqu'il s'agit de délits pour lesquels le Code de justice militaire fixe des peines spéciales en cas d'admission des circonstances atténuantes, la peine doit être abaissée conformément aux fixatons de ce Code et non d'après l'échelle de la loi du 19 juillet 1901.

Par exception à la règle générale, le paragraphe 2 de l'article 7 du décret prévoit que cette loi pourra, même en dehors du temps de paix, être appliquée aux militaires indigènes des corps coloniaux ou des milices indigènes. Il a paru, en effet, utile d'adoucir la rigueur des pénalités du Code de justice militaire en faveur des indigènes à cause de leur connaissance imparfaite de notre législation.

Dans le même ordre d'idées, comme la peine des travaux publics n'est encourue que pour des délits militaires et comme, devant être subie en Algérie, elle entraînerait, appliquée aux indigènes, un transport en dehors de leur pays constituant une aggravation de la pénalité, il conviendra d'éviter autant que possible de prononcer cette peine contre les indigènes.

Si, selon le crime ou le délit commis, la peine ne peut pas, en vertu de la loi du 19 juillet 1901, être abaissée à l'emprisonnement et si le tribunal ne peut prononcer que les travaux publics, le gouverneur chargé de faire exécuter le jugement devra, préalablement à l'exécution, adresser au Ministre de la guerre, par l'intermédiaire du Ministre des colonies, une demande de commutation en un emprisonnement dont la durée serait, par analogie avec les dispositions de l'article 197 du Code de justice militaire, fixée à la moitié du temps de travaux publics infligé.

Loi du 15 juin 1899. — Cette loi ne sera, pour le moment, appliquée qu'aux justiciables des colonies de la Martinique (1), de la Guadeloupe et de la Réunion (2), où la loi du 8 décembre 1897 est applicable en vertu de son article 14.

On se conformera, pour son application, aux circulaires et solutions des 20 juin 1899 (Voir page 186), 28 janvier 1903

_____

(1) La loi n'étant pas applicable à la Guyane, les conseils de guerre de la Martinique, qui ont la Guyane dans leur ressort, n'auront pas à l'appliquer quand il s'agira d'un inculpé de cette colonie.

(2) Tous les justiciables de la Réunion doivent être envoyés devant le conseil de guerre de cette colonie, qui appliquera la loi du 15 juin 1899 et l'on ne devra, dans aucun cas, les envoyer devant un des conseils de Madagascar où la loi n'est pas applicable.

Notamment si, après recours en revision, une affaire concernant un justiciable de la Réunion devait être envoyée devant un autre conseil, on ne pourrait pas désigner l'un des conseils de Madagascar et on devrait renvoyer l'affaire devant un conseil de guerre de la métropole, afin que l'inculpé puisse bénéficier de la loi.

(Vol. 59⁴, page 44), 29 janvier 1903 (Voir page 202), et 23 février 1903 (Voir page 216) (1).

Si, par la suite, la loi du 8 décembre 1897 était déclarée applicable dans d'autres colonies que la Martinique, la Guadeloupe et la Réunion, il doit être entendu que la loi du 15 juin 1899 n'y serait également appliquée que si elle faisait l'objet d'une promulgation spéciale. En effet, les conditions particulières de fonctionnement de la justice militaire dans certaines colonies pourraient empêcher que l'on étendît aux inculpés militaires le bénéfice accordé par la loi de 1897 aux inculpés civils. D'une part, les localités où siégeront les conseils de guerre pourront être dépourvues d'avocats ou d'avoués, ou n'en posséder qu'un petit nombre auxquels on serait obligé d'imposer une tâche excessive, puisque, d'après les déclarations faites au Sénat lors de la discussion de la loi du 15 juin 1899, les militaires désignés comme défenseurs d'office ne peuvent pas être admis à assister les prévenus dans l'instruction. D'autre part, les officiers de police judiciaire étant déjà, d'après la jurisprudence, sans droit de forcer les témoins à comparaître, si, par surcroît, ils étaient, comme conséquence de la loi du 15 juin 1899, obligés d'avertir les inculpés qu'ils peuvent se refuser à faire des déclarations ou à être confrontés, les informations préalables aux corps risqueraient de ne plus rien donner et on serait obligé de citer tous les témoins devant le conseil, ce qui entraînerait des frais et des retards considérables dans les colonies étendues.

Il doit être entendu que, conformément aux circulaires des 31 décembre 1899 et 22 décembre 1900 (Guerre), la loi du 5 août 1899-11 juillet 1900 sur le casier judiciaire et la réhabilitation de droit sera également appliquée aux condamnés militaires dans les colonies où elle aura été promulguée.

Art. 9. S'il y a au siège du gouvernement général ou dans la colonie principale du groupe plusieurs conseils de guerre, il appartiendra au gouverneur général ou au gouverneur de la colonie principale de désigner celui de ces conseils qui sera chargé de centraliser les archives judiciaires de tous les conseils de guerre du groupe. Naturellement, le conseil ainsi désigné ne devra pas être déplacé à moins de nécessité absolue.

Art. 10. Comme précédemment, les conseils de revision des colonies ne comprendront que trois juges ; mais ceux-ci seront désignés conformément à l'article 41 du Code de justice militaire pour l'armée de terre. Ils devront, par suite, être pris : le président, parmi les colonels et les lieutenants-colonels, sous réserve qu'il sera d'un grade au moins égal à celui de l'accusé ;

---

(1) Les recommandations générales figurant dans la 2ᵉ partie de cette circulaire devront être observées par tous les officiers de police judiciaire militaire aux colonies.

les deux autres membres, parmi les chefs de bataillon, d'escadron ou majors ; sans que les grades des juges puissent être abaissés au-dessous de ces fixations.

Le commissaire du gouvernement devra être un officier ou un commissaire des troupes coloniales du grade ou rang au moins de capitaine ; les substituts pourront être pris soit parmi les officiers, soit dans le commissariat des troupes coloniales sans limitation de grade.

La désignation des membres des conseils de revision aura lieu comme il a été dit à l'article 7 pour les conseils de guerre. On devra établir pour les juges du conseil de revision un tableau analogue à celui des juges des conseils de guerre.

S'il y a un conseil de guerre établi dans la même place, le tableau du conseil de revision, ne devant comprendre que des officiers âgés de 30 ans accomplis, sera naturellement distinct de celui du conseil de guerre, mais il pourra comporter des officiers figurant sur le tableau du conseil de guerre, sous la réserve que la désignation pour l'un des conseils rendra indisponible pour l'autre. D'ailleurs, en vertu des articles 31 et 34 du Code, aucun officier ayant fait partie du conseil de guerre pour le jugement d'une affaire ne peut siéger au conseil de revision pour la même affaire.

Bien que, conformément aux errements antérieurs, on ait maintenu dans le nouveau décret des conseils de revision spéciaux pour les colonies, il paraît intéressant d'étudier si l'on ne pourrait pas rattacher toutes les colonies au conseil de revision de Paris afin d'assurer, dans les possessions d'outre-mer comme dans la métropole, l'unité de jurisprudence et d'éviter les erreurs d'interprétation du Code que peuvent commettre des conseils de revision composés, comme cela a lieu forcément aux colonies, d'officiers de grades peu élevés et changés fréquemment.

MM. les gouverneurs généraux et gouverneurs des colonies principales devront examiner cette question, de concert avec les commandants supérieurs, et, après avoir suivi attentivement pendant un an le fonctionnement des nouveaux conseils de revision, ils feront connaître au Ministre de la guerre, par l'intermédiaire du Ministre des colonies, dans un rapport motivé adressé à la suite de l'inspection générale de 1904, leur avis au sujet du maintien ou de la suppression du conseil de revision de leur groupe.

CHAPITRE III.

DES CONSEILS DE GUERRE ET DES CONSEILS DE REVISION DANS LES COLONIES DÉCLARÉES EN ÉTAT DE SIÈGE ET DANS LES PLACES DE GUERRE DES COLONIES ASSIÉGÉES OU INVESTIES.

Art. 11. Dans le décret du 4 octobre 1889, on avait prévu que, dans le cas d'état de siège, les attributions judiciaires des gouverneurs passaient au « commandant de l'état de siège ». Il en serait résulté qu'après avoir proclamé l'état de siège, comme l'article 3 de la loi du 9 août 1849 lui en donne le droit, le gouverneur aurait, en quelque sorte, abdiqué entre les mains du commandant des troupes et se serait affranchi de toute responsabilité au sujet des conséquences de l'état créé par lui.

Il n'a pas paru possible de maintenir une disposition de cette nature.

Si l'état de siège a pour effet de faire passer à l'*autorité militaire* tous les pouvoirs dont l'autorité civile était revêtue pour le maintien de l'ordre et de la police et d'étendre la compétence des conseils de guerre aux crimes et délits contre la sûreté de l'Etat, contre la Constitution et contre l'ordre et la paix publics, dont l'autorité militaire juge utile de se saisir, il s'agit de savoir qui, aux colonies, représente l'*autorité militaire* sous ce rapport ?

Or, d'après la loi du 7 juillet 1900, les gouverneurs ont, *sous leur haute autorité*, les commandants des troupes ; d'autre part, d'après le décret, on leur donne la direction supérieure de la justice militaire ; il semble donc qu'en cas d'état de siège, c'est entre les mains du gouverneur que doivent être centralisées les pouvoirs spéciaux dévolus par la loi de 1849 à l'autorité militaire, et le fait que c'est le gouverneur qui se donnera lui-même ces pouvoirs ne saurait y faire obstacle, puisque la situation est la même dans les places fortes, lorsque le commandant de la place déclare l'état de siège en vertu de la loi du 10 juillet 1791.

L'article 11 du décret maintient, en conséquence, dans l'état de siège, aux autorités coloniales les pouvoirs judiciaires qui leur sont dévolus en temps normal, mais en faisant exercer, respectivement, par le gouverneur de la colonie en état de siège et par le commandant des détachements de troupe de cette colonie, les attributions conférées par les articles 6 et 7 au gouverneur général ou au gouverneur de la colonie principale du groupe et au commandant supérieur des troupes.

De plus, par analogie avec ce qui se passe dans les places assiégées ou investies, les gouverneurs des colonies en état de siège auront le droit soit de déplacer les tribunaux militaires dont la colonie serait pourvue, soit de créer ceux qui seraient nécessaires à la colonie pour que le service de la justice militaire y soit assuré d'une manière rapide et autonome, sans avoir à recourir aux conseils de guerre normaux siégeant dans d'autres colonies.

Art. 12. L'article 12 vise les places des colonies qui seront assiégées ou investies ; toutes les prescriptions du Code de justice militaire concernant les places dans cette situation doivent alors être intégralement appliquées et le commandant de la place doit avoir tous les pouvoirs judiciaires.

CHAPITRE IV.

DES CONSEILS DE GUERRE ET DES CONSEILS DE REVISION DANS LES TROUPES D'OPÉRATIONS AUX COLONIES OU DANS LES PAYS DE PROTECTORAT.

Art. 13. L'article 13 traite de l'organisation du service de la justice militaire dans les troupes qui sont appelées à exécuter des opérations de guerre aux colonies ou dans les pays de protectorat.

Dans ce cas l'on doit appliquer sans restriction toutes les dispositions du Code relatives à la compétence, à la composition des conseils de guerre et de revision aux armées et à la procédure devant ces conseils.

Conformément à l'article 33 du Code, il appartiendra au Ministre de la guerre de prescrire, s'il le juge utile, par arrêté rendu après entente avec le Ministre des colonies, la constitution dans le corps d'opérations, selon son effectif, de conseils de guerre de *détachement*, de *division*, de *corps d'armée* ou d'*armée*, ayant respectivement la compétence prévue par les articles 65, 66 et 67, et fonctionnant sous la direction exclusive des commandants des formations correspondantes.

Le Ministre de la guerre ordonnera aussi, s'il y a lieu, d'accord avec le Ministre des colonies, la création, au quartier général du commandant en chef, d'un conseil de revision dans les conditions fixées par les articles 38 à 51, à moins que le droit de recours n'ait été suspendu par décret rendu en conseil des Ministres, conformément au paragraphe 2 de l'article 71.

Le Ministre de la guerre peut, d'ailleurs, ne pas constituer de conseil de revision spécial dans les troupes d'opérations, en rattachant celles-ci, conformément à l'article 42, au conseil de revision permanent du groupe de colonies correspondant ou d'un groupe voisin. Il peut aussi ne pas y constituer de conseils de guerre spéciaux, en laissant le corps d'opérations sous la juridiction des conseils de guerre normaux du groupe ou en les rattachant à des conseils de guerre permanents des colonies ou de la métropole désignés à cet effet.

En tout cas, le Ministre de la guerre fixe, après entente avec le Ministre des colonies, les conseils de guerre permanents auxquels seront rattachées les troupes d'opérations soit quand il y aura impossibilité de constituer les tribunaux d'armée faute de juges du grade requis pour le jugement d'un officier (§ final de l'art. 35), soit pour juger les officiers échappant par leur grade à la compétence des tribunaux d'armée, par exemple les officiers supérieurs, si le corps d'opérations, étant inférieur à un corps d'armée, n'a qu'un conseil de détachement ou de division, qui, d'après l'article 65, n'est compétent qu'à l'égard des inculpés jusqu'au grade de capitaine inclus.

De plus, on a cru nécessaire de prévoir le cas d'urgence où, les opérations ayant dû être engagées inopinément, le Ministre de la guerre ne pourrait pas donner à temps les ordres ci-dessus ; dans ce cas, ces ordres seraient donnés par le gouverneur général ou le gouverneur de la colonie principale du groupe où se forme le corps d'opérations, après avis du commandant supérieur des troupes de ce groupe, par délégation du Ministre de la guerre, et à la charge d'en rendre compte le plus tôt possible.

Lorsque des inculpés d'un corps d'opérations doivent être jugés par un conseil de guerre permanent, le Code ne spécifie pas quelle est la procédure à suivre ; mais il paraît résulter de l'ensemble de ses dispositions que le commandant du corps d'opérations devra adresser la plainte, avec, s'il y a lieu, les actes de police judiciaire exécutés sur place, à l'autorité dont relève le conseil à saisir, en même temps qu'il fera mettre l'inculpé à sa disposition, et que c'est à cette autorité qu'il appartiendra de poursuivre l'affaire, en donnant l'ordre d'informer, puis, le cas échéant, l'ordre de mise en jugement, selon les formes de procédure normales.

Les Ministres de la guerre et des colonies ont examiné, au sujet de l'article 13, si, en l'état actuel, il y avait des colonies ou des pays de protectorat qui fussent susceptibles d'être placés sous le régime de la justice militaire aux armées, et il leur a paru que le régime normal pouvait être appliqué à toutes les colonies et tous les pays de protectorat, sauf aux troupes d'occupation en Crête et en Chine, qui resteront soumises aux règles actuelles (1).

En effet, en dehors de ces troupes, il n'y a, en ce moment, soumis au régime de la justice militaire aux armées que le territoire du Tchad, le 3e territoire militaire de l'Afrique occidentale et les protectorats de l'Indo-Chine.

Or, pour le *Tchad*, le décret du 5 juillet 1902 a dit formellement que ce pays « cesserait de constituer un territoire militaire » ; il doit donc être rattaché aux conseils de guerre permanents du Congo, sauf à placer un de ces conseils dans ce territoire.

En ce qui concerne les *territoires militaires de l'Afrique occi-*

---

(1) Les conseils de guerre aux armées formés dans les troupes d'occupation de la Crète et de la Chine seront maintenus.

Les recours en revision formés contre les jugements de ces conseils continueront à être portés devant le conseil de revision de Paris. En cas d'impossibilité de constituer dans ces troupes les conseils de guerre, et pour le jugement des officiers échappant par leur grade à la compétence de ces conseils, ces troupes seront rattachées au conseil de guerre permanent de la 15e région.

dentale, le décret les pourvoit, concurremment avec la Sénégambie et le Niger, de deux conseils de guerre permanents ; il
devient donc inutile de constituer des conseils spéciaux dans le
3ᵉ territoire ; il suffira d'y placer le siège de l'un de ces conseils de guerre permanents, lequel aura une compétence plus
étendue que le simple conseil de détachement que l'on pourrait
former dans les troupes peu nombreuses de ce territoire.

Quant à l'*Indo-Chine*, il y a lieu de remarquer que, si le commandant supérieur des troupes exerce les pouvoirs judiciaires à
l'égard des protectorats, il ne les a pas sur les autres troupes de
son commandement stationnées en Cochinchine.

Pour faire disparaître cette anomalie, ainsi que les différences
de traitement qui en résultent entre les inculpés des diverses
parties de la colonie, il a paru utile de centraliser désormais
tout le service de la justice militaire des troupes de l'Indo-Chine
entre les mains du gouverneur général, dans les conditions normales, ce qui permettra au commandant supérieur d'intervenir
par ses avis dans la procédure des affaires concernant non seulement les troupes des protectorats, mais encore celles de la Cochinchine.

Au surplus, si, après la promulgation du décret, le gouverneur général et le commandant supérieur des troupes de l'Indo-
Chine jugent qu'il y ait lieu de considérer telle ou telle partie
des troupes de la colonie comme étant en opérations, rien n'em-
pêchera, par un arrêté ministériel, de constituer dans ces troupes des conseils de guerre spéciaux relevant soit de leurs chefs
immédiats, soit du commandant supérieur des troupes de l'Indo-
Chine, tout en laissant les autres troupes relever des conseils
normaux.

TITRE II.

Compétence spéciale des tribunaux militaires aux colonies.

Art. 14 En outre de leur compétence normale, les conseils
de guerre et de revision des colonies doivent recevoir compétence sur deux catégories spéciales de justiciables, à savoir :

1° Les personnels de l'administration des colonies, tels que les
surveillants militaires de l'administration pénitentiaire (décret
du 20 novembre 1867) et les agents civils du commissariat et
comptables des matières des colonies (décret du 28 janvier 1903),
qui, quoique n'étant pas assimilés aux militaires, sont déclarés,
en vertu de lois et décrets spéciaux, justiciables des conseils de
guerre ;

2° Les condamnés à la déportation et leurs complices, lorsqu'ils sont justiciables des conseils de guerre en vertu des articles 2 et 3 de la loi du 25 mars 1873.

Pour les personnels de la 1re catégorie, il sera nécessaire que l'acte les ayant soumis à la juridiction militaire spécifie, comme l'a fait le décret du 28 janvier 1903 pour les agents civils du commissariat, quelle devra être la composition du conseil de guerre pour le jugement des agents des divers grades, ou fixe, sous ce rapport, une assimilation avec les grades militaires, qui puisse servir de base à la formation des conseils. Sinon, les conseils devraient être composés comme pour le jugement des simples soldats. (Art. 18 du Code de justice militaire.)

Il doit être entendu que, jusqu'à ce que la législation soit modifiée, les condamnés aux travaux forcés continueront à être jugés par les tribunaux maritimes spéciaux, constitués en vertu du décret du 4 octobre 1889 portant organisation de ces tribunaux dans les colonies affectées à la transportation, et que les troupes coloniales n'auront à intervenir dans le fonctionnement de cette juridiction que pour lui fournir, à défaut d'officiers des corps de la marine, ceux qui seront nécessaires pour constituer le tribunal maritime.

Le cas échéant, c'est le gouverneur de la colonie où se formera le tribunal qui désignera ces officiers, sur la proposition du commandant des détachements.

DISPOSITIONS ABROGÉES.

Art. 15. On doit considérer comme abrogées, à titre de dispositions contraires au nouveau décret :

1° Toutes les dispositions contraires du décret du 4 octobre 1889 sur l'application du Code de justice maritime aux colonies, lequel va d'ailleurs être prochainement abrogé par un nouveau décret préparé par le ministère de la marine ;

2° Tous les décrets antérieurs relatifs à la constitution des conseils de guerre dans les diverses colonies et les différents pays de protectorat coloniaux.

Art. 16. L'article 16 est relatif aux dispositions transitoires à adopter pour passer de l'ancienne organisation à la nouvelle.

Il dispose que, dès la promulgation du décret, toutes les affaires nouvelles concernant les catégories de justiciables visées aux articles 5 et 14 seront jugées conformément au décret, c'est-à-dire par les nouveaux conseils de guerre et conseils de revision organisés en vertu de ce décret, mais que les affaires engagées devant les anciens conseils seront poursuivies conformément aux décrets des 4 octobre 1889 et 6 janvier 1901.

Par les mots *dès la promulgation du décret*, on doit entendre à partir de la date à laquelle le décret se trouvera promulgué dans chaque colonie, date qui pourra être différente selon les colonies.

Il appartiendra aux gouverneurs généraux et aux gouverneurs

des colonies principales des groupes, dès que le décret sera promulgué au siège de leur gouvernement, de fixer, après entente avec les commandants supérieurs des troupes, les sièges des divers conseils conformément au tableau annexé au décret et d'inviter les gouverneurs des colonies où siégeront ces conseils à les constituer immédiatement. On pourra d'ailleurs maintenir, au titre de la nouvelle organisation, certains des conseils de guerre et de revision existants, en les reconstituant conformément aux nouvelles bases adoptées.

Il a été entendu avec le ministère de la marine qu'au fur et à mesure de l'extinction des affaires engagées devant les anciens conseils, ceux-ci seraient supprimés et que la partie de leurs archives concernant les justiciables visés aux articles 5 et 14 du décret, qui auront été jugés depuis la mise en vigueur du décret du 6 janvier 1901, seraient versées au ministère de la guerre, le restant des archives étant versé au ministère de la marine.

Chaque Département réglera la destination à donner à ses archives.

En ce qui concerne celles devant revenir à la guerre, il y aura lieu de prendre les mesures suivantes :

a) Pour les conseils de revision, on versera les archives aux greffes des nouveaux conseils de revision, c'est-à-dire que, si l'on maintient au titre de la nouvelle organisation les anciens conseils de revision siégeant à Fort-de-France, Saint-Louis, Nouméa, Tananarive et Saïgon, on versera :

Au conseil de revision de Fort-de-France, les archives des anciens conseils de revision de Basse-Terre (Guadeloupe) et Cayenne (Guyane) ;

Au conseil de revision de Tananarive, les archives de l'ancien conseil de revision de Saint-Denis (Réunion) ;

Au conseil de revision de Saïgon, les archives de l'ancien conseil de revision d'Hanoï.

b) Pour les conseils de guerre, on versera les archives aux greffes des nouveaux conseils de guerre désignés, conformément à l'article 9, pour centraliser dans chaque groupe les archives judiciaires des conseils de guerre du groupe. Par exemple, si l'on désigne, à cet effet, les conseils de guerre siégeant actuellement à Fort-de-France, Saint-Louis, Nouméa, Tananarive et Saïgon, en maintenant ces conseils au titre de la nouvelle organisation, on versera :

Au 1er conseil de guerre de Fort-de-France, les archives des anciens conseils de guerre de Basse-Terre et Cayenne ;

Au conseil de guerre de Saint-Louis, les archives des anciens conseils de guerre de Dakar, Kati et du Gabon ;

Au 1er conseil de guerre de Nouméa, les archives de l'ancien conseil de guerre de Taïti ;

Au conseil de guerre de Tananarive, les archives des anciens conseils de guerre de Diégo-Suarez et Saint-Denis (Réunion) ;

Au 1er conseil de guerre de Saïgon, les archives des anciens conseils de guerre d'Hanoï et du 2e conseil de guerre de Saïgon.

Les ordres pour le versement des archives devront d'ailleurs être donnés par les gouverneurs généraux ou les gouverneurs des colonies principales des groupes, qui rendront compte des mesures prescrites par eux au Ministre de la guerre.

DISPOSITIONS DIVERSES.

Les divers conseils de revision et conseils de guerre permanents constitués dans les colonies prendront le nom de la colonie où ils sont établis, par exemple :

Conseil de revision permanent de la Martinique, siégeant à....

1er conseil de guerre permanent du Sénégal, siégeant à..... (si l'on établit dans le Sénégal les deux conseils de guerre prévus pour le Sénégal et la Guinée).

Conseil de guerre permanent de la Sénégambie et du Niger, siégeant à.....

Conseil de guerre permanent du 3e territoire militaire de l'Afrique occidentale, siégeant à.....

Si les deux conseils de guerre prévus pour ces colonies sont placés, l'un dans le territoire de la Sénégambie et du Niger, l'autre dans le 3e territoire militaire de l'Afrique occidentale.

On se conformera, pour l'administration des conseils en ce qui concerne l'engagement et le payement des diverses dépenses des tribunaux militaires, les taxations des témoins, experts, interprètes et traducteurs, les primes de capture et les frais de justice, ainsi que pour les pièces périodiques à fournir au Ministre de la guerre (Direction du Contentieux et de la Justice militaire, Bureau de la Justice militaire), aux indications générales de l'instruction du 21 décembre 1899 sur les dépenses des tribunaux militaires et l'administration de ces tribunaux (Guerre, E. M., vol. 59[3]), mais en suivant pour la comptabilité les règles en usage dans les troupes coloniales.

Les formules à employer seront celles en usage pour les conseils de guerre métropolitains (modèles joints au volume 56 du Bulletin officiel du ministère de la guerre). Elles seront fournies par le Ministre de la guerre, à qui les demandes devront être adressées dans les conditions prévues par l'article 44 de l'instruction du 21 décembre 1899, précitée.

On fera observer, au sujet des amendes, qu'elles ne sont pas passibles des décimes additionnels et que le prix du timbre de quittance administrative des frais de justice ne doit pas être compris dans le décompte des frais de justice.

Personnellement, les officiers et militaires des divers grades détachés pour le service des tribunaux militaires coloniaux seront administrés et payés par leurs corps respectifs, les officiers comptant à l'état-major particulier de leur arme ou les officiers d'administration greffiers du service de la justice militaire détachés aux colonies étant administrés comme officiers sans troupe. Il doit être entendu que les commissaires du gouvernement et les commissaires rapporteurs, devant être pris parmi les officiers en activité, n'ont pas droit à l'indemnité judiciaire.

Instruction sur le mode d'exécution des peines prononcées contre les militaires appartenant à des corps stationnés aux colonies.

Paris, le 13 novembre 1903.

La présente instruction, qui abroge tous les documents antérieurs sur le même objet, a pour but de fixer dans quelles conditions les militaires des troupes coloniales ou des autres troupes de l'armée de terre, condamnés aux colonies, sont appelés à subir leur peine.

Art. 1er. Sont remis au service pénitentiaire colonial, qui est chargé de leur faire subir leur peine ou de les faire transférer sur leur destination pénale soit en France, soit dans les colonies, les militaires, condamnés aux colonies, appartenant aux catégories ci-après :

1º Tous les militaires européens ou indigènes condamnés à une peine entraînant l'exclusion de l'armée (1) ;

2º Les militaires indigènes et les militaires français originaires des colonies, condamnés à l'emprisonnement pour quelque durée que ce soit ;

---

(1) Sont exclus de l'armée, en vertu de l'article 4 de la loi du 15 juillet 1889 :

1º Les individus qui ont été condamnés à une peine afflictive et infamante (travaux forcés, déportation, détention, réclusion) ou à une peine infamante dans le cas prévu par l'article 177 du Code pénal (dégradation civique pour corruption de fonctionnaires) ;

2º Ceux qui, ayant été condamnés à une peine correctionnelle de deux ans d'emprisonnement et au-dessus, ont été, en outre, par application de l'article 42 du Code pénal, frappés de l'interdiction de tout ou partie de l'exercice des droits civiques, civils ou de famille ;

3º Les relégués collectifs.

De plus, en vertu du Code de justice militaire (art. 189 et 190), la dégradation militaire et le bannissement, qui emporte cette peine, entraînent l'incapacité absolue de servir dans l'armée à quelque titre que ce soit.

3° Les militaires autres que les indigènes ayant encouru soit pendant leur service, soit avant, soit depuis l'incorporation pour des faits antérieurs à celle-ci, une condamnation à l'emprisonnement d'une durée inférieure ou égale à six mois, n'entraînant pas l'envoi aux bataillons d'Afrique.

Toutefois, lorsqu'il y a, dans la colonie, une prison militaire, les condamnés des 2° et 3° catégories ci-dessus, ayant encouru des peines d'une durée inférieure à trois mois d'emprisonnement, peuvent, si la capacité de la prison le permet, subir leur peine dans cette prison par les soins de l'autorité militaire.

Art. 2. Sont dirigés par l'autorité militaire sur la France ou l'Algérie pour y subir leur peine :

1° Tous les militaires condamnés à la peine des travaux publics ;

2° Tous les militaires autres que les indigènes des colonies, condamnés à l'emprisonnement pour quelque durée que ce soit et qui doivent, lors de leur élargissement, être affectés à un bataillon d'infanterie légère d'Afrique (1) ;

3° Les militaires indigènes et étrangers provenant des corps spéciaux de l'Algérie et de la Tunisie, condamnés, pour quelque motif que ce soit, à plus de six mois d'emprisonnement ;

4° Tous les militaires européens condamnés pour des faits n'entraînant pas l'envoi aux bataillons d'infanterie légère d'Afrique à une peine d'emprisonnement de plus de six mois.

Toutefois, ceux des condamnés de cette catégorie auxquels, lorsque le jugement devient définitif, il ne reste plus, déduction faite de la détention préventive, que moins de six mois à subir, devront être maintenus dans la colonie pour y terminer leur peine. (Notification du 8 août 1905.)

Art. 3. Les militaires des 1re, 2e et 3e catégories indiquées à l'article précédent doivent être dirigés sur l'Algérie, s'ils peuvent être embarqués sur un paquebot faisant escale dans ce pays ; dans le cas contraire, ils sont dirigés sur la France et de là sur l'Algérie.

---

(1) Voir le décret du 8 septembre 1899-2 novembre 1902, concernant le recrutement des bataillons d'infanterie légère d'Afrique et l'instruction du 19 décembre 1899-12 novembre 1902, sur ces bataillons, art. 12, § B, ainsi conçu :

« Dans les régiments étrangers, dans les régiments de tirailleurs algériens et de spahis, dans les troupes sahariennes et dans les troupes indigènes aux colonies, les Français seuls et les militaires servant au titre français sont susceptibles d'être envoyés aux bataillons d'infanterie légère d'Afrique ; les étrangers ou les indigènes et les militaires servant au titre étranger ou indigène qui ont été condamnés sont renvoyés à leurs corps. »

« Les condamnés des corps spéciaux ci-dessus tombant sous le coup des §§ 3°, 4°, 6° et 7° du décret du 8 septembre 1899, sont placés dans les sections de discipline organisées pour ces corps. »

Les militaires de la 4e catégorie doivent être dirigés sur la France.

Les militaires condamnés aux colonies qui sont débarqués en Algérie ou en France sont remis à la gendarmerie du port de débarquement, qui provoque du général commandant la région les ordres relatifs à leur destination.

Le général commandant le 19e corps répartit ceux qui débarquent en Algérie entre les divers établissements pénitentiaires de l'Algérie.

Pour ceux qui débarquent en France, le général commandant la région les répartit, d'après la nature et la durée de la condamnation qu'ils ont à subir, déduction faite du temps de la traversée, entre les établissements pénitentiaires de la France et de l'Afrique, conformément aux règles générales posées par l'instruction du 10 décembre 1900 et par la circulaire du 21 septembre 1903 (Guerre) pour les hommes provenant des troupes coloniales de la métropole ; il dirige toujours sur l'Algérie les militaires de la 3 catégorie.

Art. 4. La proportion des condamnés ou des disciplinaires à admettre à bord des paquebots, pour le transport en France ou d'une colonie à l'autre, doit être telle qu'il y ait, au moins, à bord six rapatriés valides pour un condamné ou disciplinaire à transporter, afin qu'un tour de garde régulier de deux heures de jour et de deux heures de nuit puisse être assuré. Cette prescription est générale et ne souffre d'autre restriction que celle qui résulte de la nécessité de ne pas dépasser le maximum de disciplinaires ou de condamnés que certaines compagnies ont pu s'engager à transporter à bord du même navire.

Art. 5. Tout condamné militaire remis au service pénitentiaire colonial ou rapatrié doit être accompagné des pièces réglementaires (extrait du jugement et, s'il y a lieu, ordre de transfèrement), dont les autorités à qui il est successivement remis ou dont les commandants des bâtiments doivent exiger la remise, en même temps que celle de l'homme.

De plus, pour tout militaire condamné par un conseil de guerre aux colonies, il doit être établi, lors de sa condamnation, un avis d'écrou du modèle A. Cet avis, qui est joint à l'extrait de jugement, accompagne le condamné jusqu'au lieu de détention où il doit subir sa peine ; la formule finale est alors complétée et signée par le chef de l'établissement pénitentiaire et l'avis est adressé immédiatement, sans lettre d'envoi ni bordereau, au Ministre de la guerre (Direction du Contentieux et de la Justice militaire ; Bureau de la Justice militaire).

Art. 6. Les militaires non exclus de l'armée qui subissent leur peine dans des établissements du service pénitentiaire colonial sont entièrement administrés par ce service et sont soumis au même régime que les détenus civils ; toutefois ceux qui ont été condamnés pour délits militaires (art. 209 à 247 et 266 du Code de justice militaire) doivent être séparés des autres détenus.

Pour tous ces militaires, le chef de l'établissement doit adresser au Ministre de la guerre (Direction du Contentieux et de la Justice militaire ; Bureau de la Justice militaire) :

1° Mensuellement, un état de situation (modèle n° 2 de l'instruction du 10 décembre 1900 sur les établissements pénitentiaires ; Guerre) ;

2° Trimestriellement, un état de moralité (modèle n° 7 de la même instruction) ;

3° Quand il y a lieu, des états de proposition (modèle n° 8 de la même instruction) établis conformément à l'article 7 ci-après et accompagnés de notices individuelles (modèle n° 9).

Le chef de l'établissement adresse, en outre, le 1er de chaque mois, au commandant des troupes de la colonie, un état (modèle n° 10 de la même instruction) des détenus dont la peine doit expirer dans le courant du mois suivant. Cet état est destiné à permettre l'affectation, en temps utile, des détenus élargis à un corps de troupe, dans les conditions prévues par l'article 8 ci-après.

Art. 7. Des propositions pour une mesure de clémence peuvent être établies en faveur des individus condamnés par les conseils de guerre qui subissent leur peine aux colonies et qui s'en rendent dignes par leur bonne conduite :

a) Pour les individus condamnés à une peine supérieure à une année, quand ils en ont subi la moitié ;

b) Pour les individus condamnés à une peine d'une durée supérieure à six mois ou égale à un an, dès qu'ils ont subi trois mois de leur peine ;

c) Pour les individus condamnés à une peine d'une durée inférieure ou égale à six mois, quand ils ont subi un mois.

En ce qui concerne les condamnés de la catégorie a, ces propositions sont établies, en principe, deux fois par an. Les états doivent parvenir au Ministre de la guerre au plus tard le 1er octobre et le 1er avril de chaque année et comprendre les détenus qui, soit à la date du 1er janvier suivant, soit à celle du 14 juillet, se trouveraient avoir accompli au moins la moitié de leur peine.

Pour les condamnés des deux autres catégories, les propositions sont établies dès l'expiration du troisième ou du premier mois.

De plus, il peut être établi à toute époque de l'année des propositions de grâce en faveur des condamnés qui ont accompli un acte de courage ou de dévouement.

Des propositions de grâce peuvent aussi être établies à toute époque de l'année pour les condamnés atteints de maladies contagieuses ou incompatibles avec le régime pénitentiaire.

Ces diverses propositions doivent être revêtues de l'avis du gouverneur général ou du gouverneur de la colonie principale du groupe, et transmises par leurs soins au Ministre de la guerre (Direction du Contentieux et de la Justice militaire), par l'intermédiaire du Ministre des colonies.

Dans le cas où un condamné aurait, postérieurement à l'envoi de la proposition le concernant, commis une faute le rendant indigne d'une mesure de clémence, il y aurait lieu de ne pas lui notifier la décision gracieuse intervenue en sa faveur et d'adresser au Ministre de la guerre (Direction du Contentieux et de la Justice militaire) un rapport sur les faits qui ont motivé cette détermination. Le Ministre examinerait, alors, s'il convient de demander au chef de l'État de rapporter sa décision.

Art. 8. Lors de leur élargissement, les militaires qui ont subi leur peine dans une colonie et qui sont encore astreints au service sont remis au commandant des troupes de la colonie qui les affecte, ou les fait affecter, selon leur provenance, à un corps de leur arme d'origine, conformément aux règles suivantes :

1° Les hommes provenant de l'infanterie coloniale ou des sections de télégraphistes, de secrétaires d'état-major, de secrétaires et ouvriers du commissariat et d'infirmiers coloniaux, sont réintégrés dans des corps d'infanterie coloniale ;

2° Les hommes provenant de l'artillerie coloniale et des compagnies d'ouvriers et d'artificiers de cette arme sont réintégrés dans des corps d'artillerie coloniale ;

3° Les hommes des deux catégories précédentes ne doivent jamais être réintégrés dans leur corps d'origine et il convient d'éviter, autant que possible, de les affecter à un corps tenant garnison dans la même ville que le corps primitif.

Si ces conditions ne peuvent pas être remplies dans la colonie où l'homme est libéré, le commandant des troupes en réfère au commandant supérieur des troupes du groupe dont fait partie la colonie, qui prononce l'affectation de l'homme à un corps d'une autre colonie ou qui, à défaut, provoque une décision ministérielle d'affectation.

Les militaires de ces catégories ne sont incorporés dans des corps des colonies que pour une durée égale à la période de séjour colonial qu'il leur restait à parfaire au moment de leur condamnation, déduction faite du temps de la détention subie aux colonies. Si cette durée est inférieure à deux mois, l'homme est renvoyé en France ;

4° Les militaires qui proviennent d'une unité de discipline coloniale sont affectés à une autre unité de discipline du groupe de colonies ou, à défaut, sont renvoyés au dépôt d'Oléron pour être dirigés sur une autre unité de discipline ;

5° Les militaires indigènes, selon qu'ils proviennent d'un corps européen comportant des indigènes ou d'un corps indigène, sont réintégrés dans un corps de même nature que le corps primitif et autant que possible autre que celui-ci ; ceux qui viennent d'une section de discipline, ou qui ont été condamnés pour des faits de nature à motiver, aux termes du décret du 8 septembre 1899-2 novembre 1902 (Guerre), l'envoi aux bataillons d'infanterie légère d'Afrique, sont affectés à la section de discipline d'un corps de même nature et, s'il se peut, autre que le corps primitif ;

6° Les condamnés provenant de troupes métropolitaines détachées aux colonies sont affectés à un corps ou détachement métropolitain de même arme de la colonie, s'il y en a ; à défaut, ils sont renvoyés en France, où le général commandant la région où se trouve le port de débarquement provoque une décision ministérielle d'affectation ;

7° (1) Les militaires ayant encouru une condamnation à l'exécution de laquelle il aura été sursis par application de la loi du 28 juin 1904, sont réintégrés dans leur corps d'origine où ils sont changés d'unité et, si possible, de garnison dans la même colonie.

Art. 9. Les militaires condamnés aux colonies, qui ont subi leur peine en France ou en Algérie, sont réintégrés, lors de leur élargissement, dans un corps de troupe conformément aux règles générales fixées par la circulaire du 12 novembre 1902.

_____

(1) Alinéa ajouté par la notification du 1er août 1908, B. O., p. 1380.

MODÈLE A.

Art. 5 de l'instruction
du 13 novembre 1903.

AVIS D'ÉCROU.

Cet imprimé doit être
établi lors de toute con-
damnation prononcée
par un conseil de guerre
aux colonies. Il accom-
pagne le condamné jus-
qu'au lieu de détention
où il doit subir sa peine;
la formule est alors com-
plétée par le chef de l'é-
tablissement péniten-
tiaire et adressée immé-
diatement, sans lettre
d'envoi ni bordereau, au
Ministre de la guerre
(Direction du Conten-
tieux et de la Justice
militaire), par la voie
hiérarchique et par l'in-
termédiaire du Ministre
des colonies.

(A) Nom, prénoms, grade
et corps.
(B) Désignation de l'éta-
blissement pénitentiaire où
a été écroué le condamné.

JUSTICE MILITAIRE.

Le nommé (A)

condamné le   19   , par le

séant à

à la peine de

a été écroué le   19   .

à (B)

Fait à   , le   19   .

Le

A M. le Ministre de la guerre (Direction du Contentieux et de la
Justice militaire; Bureau de la Justice militaire).

*Circulaire relative aux vols, faux ou détournements
de fonds suivis de restitution.*

Paris, le 13 janvier 1904.

Dans des enquêtes judiciaires relatives à des affaires de vol,
de faux, de détournements de fonds, etc., il m'est arrivé parfois
de relever cette opinion que le caractère délictueux ou criminel
du fait disparaît lorsque le coupable, soit avec ses ressources
personnelles, soit avec l'aide d'une tierce personne, a pu désin-
téresser la victime de ses agissements frauduleux.

Cette conception est juridiquement fausse ; elle est, ce qui
est plus grave encore, démoralisante en ce sens qu'elle tend à
fausser la notion de justice ; à laisser croire que ceux-là seuls
qui n'ont pas les moyens de réparer pécuniairement le dom-
mage causé par leur faute encourent les rigueurs de la loi
pénale. Sans doute lorsque la restitution est faite *spontanément*,
c'est-à-dire sous la seule impulsion de la conscience, alors que,
le crime ou le délit étant encore ignorés ou leur auteur inconnu,
celui-ci n'est pas sous la menace imminente de poursuites
judiciaires, on peut admettre qu'elle atténue dans une large
mesure l'immoralité de l'acte, et que les juges prennent cette
circonstance en considération. Mais, dans tout autre cas, la
restitution ne saurait avoir pour effet que d'éteindre l'action
civile.

Je vous invite à porter ces observations à la connaissance des
chefs de corps et des chefs de service de votre commandement,
et plus spécialement des magistrats de votre parquet.

Général L. ANDRÉ.

———————————◆———————————

*Circulaire portant notification de l'extrait d'un arrêt de la Cour
de cassation annulant partiellement une ordonnance de non-
lieu rendue dans une affaire de faux en matière d'administration militaire et basée notamment sur le remboursement
spontané fait par l'inculpé.*

Paris, le 27 avril 1904.

Par une circulaire du 13 janvier 1904 (voir plus haut), je vous
ai fait connaître que, dans une accusation de vol, faux ou
détournements de fonds, la restitution ne saurait en aucune
façon effacer le caractère criminel ou délictueux de l'acte commis.

A l'appui de cette opinion, j'ai l'honneur de vous adresser

ci-après l'extrait d'un arrêt que vient de rendre la Cour de cassation dans un cas de l'espèce :

« Attendu que l'un des motifs de l'ordonnance de non-lieu susvisée (1) est ainsi conçu :

« Attendu que de l'enquête il résulte que si le fait matériel de faux imputé à ...X existe en raison de l'altération de la vérité dans les écritures, ce fait n'est pas appuyé : 1° du préjudice à autrui, condition indispensable du faux quel qu'il soit et établissant sa criminalité, et cela, par suite du remboursement spontané effectué à................. dans les conditions indiquées par l'instruction, des sommes sur lesquelles portait le faux ;

« Attendu que la loi n'exige pas, pour qu'il y ait crime de faux, que le préjudice soit consommé ou inévitable, qu'il suffit d'une simple éventualité et possibilité de préjudice, éventualité et possibilité qui existaient manifestement dans la cause ; qu'en effet, l'altération des écritures que X avait charge de tenir était de nature à porter préjudice à autrui ;

« Par ces motifs,

« Faisant droit aux réquisitions du Procureur général, annule, dans l'intérêt de la loi, le considérant susvisé ;

« Ordonne que le présent arrêt sera imprimé et qu'il sera transcrit à la suite de l'ordonnance de non-lieu partiellement annulée ;

« Ainsi jugé et prononcé par la Cour de cassation, Chambre criminelle, à son audience publique du dix mars mil neuf cent quatre. »

Général L. ANDRÉ.

Loi modifiant la loi du 26 mars 1891 sur l'atténuation et l'aggravation des peines. (Loi de sursis.)

Paris, le 28 juin 1904.

Le Sénat et la Chambre des députés ont adopté ;
Le Président de la République promulgue la loi dont la teneur suit :

Art. 1er. En temps de paix et en cas de condamnation à l'amende, à l'emprisonnement ou aux travaux publics, la loi du 26 mars 1891 est applicable, sous les réserves ci-après, aux condamnations prononcées contre des militaires, par les tribu-

---

(1) Il s'agissait d'une ordonnance de non-lieu rendue par le général commandant la Ne région, par application de l'article 108 du Code de justice militaire.

naux civils ou militaires, ainsi qu'aux condamnations prononcées par les tribunaux de la marine.

Art. 2. Lorsqu'une condamnation prononcée pour un crime ou délit de droit commun aura fait l'objet d'un sursis, la condamnation encourue dans le délai de cinq ans pour un crime ou délit militaire ne fera perdre au condamné le bénéfice du sursis que si le crime ou délit est punissable par les lois pénales ordinaires.

Art. 3. La condamnation antérieure prononcée pour un crime ou délit militaire non punissable d'après les lois pénales ordinaires ne fera pas obstacle à l'obtention du sursis, si l'individu qui l'a encourue est condamné pour un crime ou délit de droit commun.

Art. 4. Les crimes et délits prévus par les codes de justice militaire pour l'armée de terre et pour l'armée de mer ne constituent l'inculpé en état de récidive que s'ils sont punis par les lois pénales ordinaires.

Art. 5. Si, pour l'application des dispositions qui précèdent, un condamné doit, après libération définitive du service, purger une condamnation aux travaux publics, la peine restant à courir sera remplacée par un emprisonnement d'une durée moitié moindre dans une prison civile.

Art. 6. Sont abrogées toutes les dispositions contraires à celles de la présente loi.

La présente loi, délibérée et adoptée par le Sénat et par la Chambre des députés, sera exécutée comme loi de l'État.

Fait à Paris, le 28 juin 1904.

ÉMILE LOUBET.

Par le Président de la République :

Le Ministre de la guerre,
Général L. ANDRÉ.

Circulaire relative à l'application de la loi du 28 juin 1904, portant modification de la loi du 26 mars 1891 sur l'atténuation et l'aggravation des peines. (Loi de sursis.)

Paris, le 2 juillet 1904.

Le *Journal officiel* du 30 juin 1904 a publié la loi du 28 du même mois, étendant à la juridiction militaire le bénéfice de la loi du 26 mars 1891, dite loi de sursis.

Le texte en est trop précis pour donner lieu, chez les magistrats chargés de l'appliquer, à de sérieuses difficultés d'interprétation. Ils n'auront d'ailleurs, pour éviter toute erreur, qu'à se bien pénétrer que l'idée maîtresse qui domine toute la loi, à savoir que la répression des crimes et délits de droit commun, d'une part, celle des crimes et délits militaires d'autre part, relèvent de deux ordres d'idées tout différents et ne sauraient donc avoir de répercussion l'une sur l'autre. On ne concevrait pas, par exemple, que le fait de s'être endormi en faction, d'avoir violé ou forcé une consigne, etc., fît perdre à un militaire le bénéfice d'un sursis antérieurement obtenu pour homicide par imprudence ou pour abus de confiance.

Une difficulté vient toutefois de ce que certains crimes ou délits, qui constituent tout à la fois une violation de la loi commune et une violation de la loi militaire, doivent logiquement produire à certains égards les mêmes effets que les infractions de droit commun. Ce sont ces crimes et délits que caractérisent les articles 2, 3 et 4 de la loi nouvelle, en disant qu'ils sont « punissables par les lois pénales ordinaires ».

On doit entendre par là ceux des crimes et délits prévus par le titre II du livre IV du Code de justice militaire, qui, abstraction faite de la qualité militaire de leur auteur et des circonstances qui le rendent passible des peines spéciales édictées par ce Code, constituent un crime ou délit prévu et réprimé par le Code pénal.

Tel est, par exemple, le crime prévu par l'article 257 du Code de justice militaire et que punissent également les articles 145 et suivants du Code pénal.

Mais on ne doit pas considérer comme « punissables par les lois pénales ordinaires » les délits militaires que le Code pénal punit d'une peine de simple police ; car ces infractions ne constituent, au regard de la loi commune, que de simples contraventions. Ainsi l'injure que prévoit et punit l'article 471-11° du Code pénal et qui, si elle était adressée par un militaire à son supérieur, le ferait tomber sous le coup de l'article 224 du Code de justice militaire, ne saurait avoir pour effet, si elle est suivie de condamnation, ni de faire perdre au délinquant le bénéfice d'un sursis antérieurement obtenu, ni faire obstacle à l'obtention ultérieure d'un sursis pour condamnation de droit commun.

Un autre point doit aussi appeler l'attention. La loi du 26 mars 1891 est tout à la fois une loi de pardon et une loi de châtiment. Elle se manifeste sous ce dernier aspect par deux mesures de rigueur envers ceux qui, ayant bénéficié d'un sursis, encourent une nouvelle condamnation, avant l'expiration du délai de cinq ans ;

1° Elle défend au juge d'accorder un sursis pour cette condamnation ;

2° Elle fait revivre la condamnation précédente.

Il y a un lien étroit entre ces deux mesures qui ne doivent pas être séparées. Si donc il est spécifié par la loi que telle condamnation ne fait pas perdre le bénéfice d'un sursis antérieur, il faut en conclure que cette condamnation elle-même peut donner lieu à l'obtention d'un sursis et réciproquement.

Au surplus le tableau ci-après fait apparaître, dans leur ensemble, les divers cas qui peuvent se présenter et la solution qui doit être donnée pour chacun d'eux.

A. — CAS DANS LESQUELS LE SURSIS PEUT ÊTRE ACCORDÉ.

CONDAMNATION pour UN DÉLIT DE DROIT COMMUN.	CONDAMNATION POUR UN DÉLIT MILITAIRE puni par les lois pénales ordinaires.	CONDAMNATION POUR UN DÉLIT MILITAIRE non puni par les lois pénales ordinaires ou puni par elles d'une peine de simple police
Le sursis peut être accordé si, antérieurement, l'inculpé n'a subi ni condamnation pour crime ou délit de droit commun, ni condamnation pour crime ou délit militaire prévu et puni par les lois pénales ordinaires.	Le sursis peut être accordé si, antérieurement, l'inculpé n'a subi de condamnation ni pour crime ou délit de droit commun, ni pour crime ou délit militaire prévu ou non par les lois pénales ordinaires.	Le sursis peut être accordé si, antérieurement, l'inculpé n'a pas subi de condamnation pour crime ou délit militaire prévu ou non par les lois pénales ordinaires.

B. — CONDAMNATIONS QUI FONT PERDRE LE BÉNÉFICE D'UN SURSIS ANTÉRIEUREMENT ACCORDÉ.

CONDAMNATION POUR UN CRIME OU DÉLIT de droit commun.	CONDAMNATION pour UN CRIME OU DÉLIT MILITAIRE puni par les lois pénales ordinaires.	CONDAMNATION pour UN CRIME OU DÉLIT MILITAIRE non puni par les lois pénales ordinaires.
Fait perdre le bénéfice du sursis obtenu à raison d'une condamnation prononcée dans les cinq années antérieures, soit pour délit de droit commun, soit pour délit militaire puni par les lois pénales ordinaires.	Fait perdre le bénéfice du sursis obtenu à raison d'une condamnation prononcée dans les cinq années antérieures, soit pour délit de droit commun, soit pour délit militaire puni ou non par les lois pénales ordinaires.	Fait perdre le bénéfice du sursis obtenu à raison d'une condamnation prononcée dans les cinq années antérieures pour délit militaire punissable ou non par les lois pénales ordinaires.

Enfin l'article 4, relatif à la récidive, n'a fait que généraliser le principe déjà posé dans l'article 56 (dernier alinéa) du Code pénal, dont le sens a été fixé par la jurisprudence. Il demeure entendu que, pour l'application des règles édictées en la matière par les articles 56, 57 et 58 de ce Code, le fait qualifié crime par la loi militaire sera considéré comme simple délit s'il n'est puni par le Code pénal que de peines correctionnelles ; que le fait qualifié crime ou délit par le Code militaire ne donnera pas lieu à l'application des règles de la récidive, s'il n'est pas prévu par le Code pénal ou s'il n'est puni que de peines de simple police.

Général L. ANDRÉ.

Circulaire interprétative de l'article 200 du Code de justice militaire, modifié par la loi du 2 avril 1901.

Paris, le 18 juillet 1904.

L'examen des jugements rendus par les conseils de guerre a permis de remarquer que les membres de ces conseils, ainsi que les parquets militaires ne procédaient pas tous d'une façon uniforme à l'application des dispositions de l'article 200 (nouveau) du Code de justice militaire, en ce qui concerne l'imputation ou la non-imputation de la détention préventive sur la durée de la peine.

Aux termes de la loi du 2 avril 1901, la détention préventive doit toujours être intégralement déduite de la durée de la peine qu'a prononcée le jugement, à moins que les juges n'aient ordonné, par disposition spéciale et motivée, que cette imputation n'aura pas lieu ou qu'elle n'aura lieu que pour partie.

Si le conseil reste muet sur l'imputation de la détention préventive, celle-ci sera donc toujours déduite de la durée de la peine sans qu'il y ait lieu d'en faire mention dans le dispositif du jugement.

Si, au contraire, les juges ne veulent pas imputer la détention préventive sur la durée de la peine ou ne veulent l'imputer que pour partie, ils doivent alors motiver leur décision et en faire l'objet d'une question spéciale.

D'autre part, ainsi qu'il résulte de la jurisprudence de la Cour de cassation (arrêts des 18 mai, 24 juin 1893), lorsque le condamné a formé un recours en revision suivi d'une décision confirmative, il y a lieu, si le jugement ne contient aucune disposition excluant l'imputation de la détention préventive sur la durée de la peine, de comprendre dans l'imputation non seulement la détention préventive qui a précédé le jugement, mais encore celle qui s'écoule entre la condamnation prononcée et la condamnation devenue définitive.

Il importe, enfin, de ne pas perdre de vue que la détention préventive imputée doit être réputée accomplie en vertu du jugement et, par suite, être considérée comme interruptive du service militaire dans les conditions déterminées par l'article 41 de la loi sur le recrutement de l'armée.

Général L. ANDRÉ.

Circulaire relative à l'application de l'article 200 du Code de justice militaire, modifié par la loi du 2 avril 1901, aux militaires qui, par suite d'une nouvelle condamnation, perdent le bénéfice du sursis précédemment accordé en vertu de la loi du 28 juin 1904.

Paris, le 5 août 1904.

Les dispositions combinées de la loi du 2 avril 1901 (imputation de la détention préventive sur la durée de la peine) et de la loi du 28 juin 1904 (loi de sursis), ont fait naître la question de savoir si, lorsqu'une nouvelle condamnation a fait perdre à un militaire le bénéfice du sursis précédemment accordé et a fait ainsi revivre la première peine, la détention préventive subie avant le premier jugement doit être imputée sur la durée de cette peine. La question doit être résolue par l'affirmative ; mais il demeure entendu que, conformément à la circulaire du 18 juillet dernier, le temps ainsi passé en état de détention préventive ne comptera pas comme service militaire, puisque, en raison même de cette imputation, le militaire sera réputé avoir subi pendant ce temps la peine de l'emprisonnement en vertu d'un jugement (art. 41 de la loi du 15 juillet 1889).

Général L. ANDRÉ.

Notification d'une décision du conseil de revision, relative à l'application de la loi du 28 juin 1904 portant modification à la loi du 26 mars 1891 sur l'atténuation et l'aggravation des peines. (Loi de sursis.)

Paris, le 6 février 1905.

Sur un recours tendant à l'annulation d'un jugement en vertu duquel le conseil de guerre de..... a condamné les soldats C..... et S..... à six mois de prison pour désertion à l'étranger en temps de paix et basé sur la violation, pour fausse application, de l'article 3 de la loi du 28 juin 1904 en ce que ledit jugement a ordonné qu'il serait sursis à l'exécution de la peine prononcée, le conseil de revision a rendu, le 22 décembre 1904, la décision suivante :

« *En droit :*

« Attendu que la loi du 26 mars 1891, qui permet aux cours et tribunaux de surseoir à l'exécution des peines, ne s'applique qu'aux juridictions et aux crimes ou délits de droit commun ; — que les militaires ne pouvaient jamais obtenir le bénéfice de cette loi et que, par une juste réciproque, les condamnations pour crimes ou délits purement militaires ne pouvaient faire obstacle à l'obtention du sursis ;

« Attendu que la loi du 28 juin 1904 a rendu la loi du 26 mars 1891 applicable aux condamnations prononcées contre des militaires, même par des tribunaux militaires ; — qu'il résulterait de l'application pure et simple de cette règle qu'aucune distinction ne devrait plus exister entre les crimes ou délits de droit commun et les crimes et délits militaires ; que, par suite, le bénéfice du sursis pourrait être accordé quelle que soit la nature du crime ou du délit poursuivi, mais aussi que toute condamnation antérieure, quelle qu'elle fût, pour crime ou délit militaire aussi bien que pour crime ou délit de droit commun, mettrait obstacle à l'obtention du sursis ;

« Mais, attendu que la loi du 28 juin 1904 n'a pas rendu purement et simplement applicable aux crimes ou délits militaires le principe général posé dans la loi du 26 mars 1891 ; — qu'elle a spécifié, dans son article 1er, que cette application n'aurait lieu que sous certaines réserves ; — qu'en ce qui concerne les condamnations antérieures, ces réserves sont formulées dans l'article 3, aux termes duquel la condamnation antérieure prononcée pour un crime ou délit militaire non punissable d'après les lois pénales ordinaires ne fera pas obstacle à l'obtention du sursis, si l'individu qui l'a encourue est condamné pour un crime ou délit de droit commun ; — que cette exception doit nécessairement, et conformément aux principes généraux d'interprétation des lois, être interprétée d'une façon restrictive ; — qu'il en résulte donc que toute condamnation antérieure à l'emprisonnement ou à une peine plus forte, pour quelque crime ou délit que ce soit, met obstacle à l'obtention du sursis, sauf dans un seul cas, celui où la condamnation antérieure a été prononcée pour un crime ou délit purement militaire, et sous cette condition expresse que la condamnation nouvelle est motivée par un crime ou délit de droit commun ; — que, par suite, le sursis ne saurait être accordé si la condamnation nouvelle est basée soit sur un crime ou délit purement militaire, soit sur un crime ou délit militaire, mais punissable d'après les lois pénales ordinaires ;

« *En fait :*

« Attendu que, par jugement du conseil de guerre de ....., en date du 6 décembre 1904, les nommés C..... et S..... ont été condamnés, chacun, à la peine de six mois de prison, avec application de la loi de sursis, pour désertion à l'étranger en temps de paix ;

« Attendu qu'il résulte des pièces de la procédure que les susnommés ont été condamnés antérieurement :

« C....., le 12 mars 1903, par le conseil de guerre de la..... région de corps d'armée, à la peine de un an de prison, pour vol militaire et désertion à l'intérieur en temps de paix ;

« S....., le 11 janvier 1904, par le conseil de guerre de la ..... région de corps d'armée, à la peine de trois mois de prison, pour outrages par paroles envers un supérieur ;

« Attendu, en ce qui concerne le nommé C....., que, sans s'arrêter à la question de savoir si le fait de désertion a été couvert par la loi d'amnistie du 1er avril 1904, ce militaire n'en a pas moins été condamné pour vol militaire ;

« Attendu que ces condamnations antérieures, prononcées depuis moins de cinq ans, mettaient obstacle à l'obtention du sursis ;

« D'où il suit qu'en décidant qu'il serait sursis à l'exécution de la condamnation prononcée contre les nommés C..... et S....., le jugement attaqué a faussement appliqué les lois des 26 mars 1891 et 28 juin 1904, et a ainsi violé lesdites lois ;

« Par ces motifs, le conseil de revision annule à l'unanimité, par voie de retranchement et sans renvoi, le jugement dont est recours, mais seulement en ce qu'il a ordonné qu'il sera sursis à l'exécution de la peine prononcée contre les nommés C..... et S....., toutes les autres dispositions du jugement demeurant maintenues. »

. . . . , ...

Cette décision est conforme à l'interprétation donnée par la circulaire du 2 juillet 1904.

Maurice BERTEAUX.

———————————————

Circulaire relative à la mise en liberté des hommes condamnés avec le bénéfice de la loi du 28 juin 1904. (Loi de sursis.)

Paris, le 17 juin 1905.

La question s'est posée de savoir si, quand un pourvoi en revision a été formé par le commissaire du gouvernement contre un jugement prononcé avec le bénéfice de la loi du 28 juin 1904, le condamné doit rester incarcéré tant qu'il n'a pas été statué sur ce pourvoi. et *dans le cas même où la durée de la détention préventive serait égale ou supérieure à* celle de la peine prononcée.

Cette question doit être résolue par l'affirmative, puisqu'en principe la mise en liberté des hommes condamnés avec le bénéfice de la loi de sursis ne doit être effectuée qu'après l'expiration du délai de vingt-quatre heures imparti pour former le pourvoi en revision.

Maurice BERTEAUX.

Décret relatif aux recours formés contre les jugements des conseils de guerre et des tribunaux maritimes.

Paris, le 6 juin 1906.

RAPPORT AU PRÉSIDENT DE LA RÉPUBLIQUE FRANÇAISE,

Monsieur le Président,

L'article 44 de la loi du 17 avril 1906 (1) a substitué la cour de cassation aux conseils et tribunaux de revision pour prononcer sur les recours formés en temps de paix contre les jugements des conseils de guerre et tribunaux maritimes siégeant à l'intérieur du territoire, en Algérie et en Tunisie.

La Cour de cassation doit, en outre, même en temps de guerre, connaître des recours formés : 1° contre les jugements des tribunaux maritimes commerciaux prévus par l'article 11 de la loi du 10 mars 1891 sur les accidents et collisions en mer ; 2° contre les jugements des tribunaux maritimes spéciaux prévus par l'article 10 de la loi du 30 mai 1854 sur l'exécution des travaux forcés.

Les conditions dans lesquelles les jugements rendus sur la compétence et autres exceptions ou incidents soulevés au cours des débats devant le conseil de guerre ou le tribunal maritime pourront être déférés à la Cour de cassation restent déterminées par les articles 123 du Code de justice militaire et 153 du Code de justice maritime.

La loi a seulement fixé à trois jours francs le délai du pourvoi antérieurement fixé pour le recours devant les conseils de revision ; à vingt-quatre heures par les articles 141 et 143 du code de justice militaire ; 171 et 173 du code de justice maritime; 18 de la loi du 10 mars 1891 et 7 du décret du 4 octobre 1889.

Mais elle a laissé au pouvoir exécutif le soin, en attendant

---

(1) Voir page 9 du présent ouvrage.

qu'une loi ait adopté les modifications à l'organisation et au fonctionnement de la Cour de cassation qui seraient rendues nécessaires, de pourvoir à l'exécution immédiate des dispositions qui précèdent.

Il importe au plus haut point que les pourvois concernant les prévenus en matière militaire ou maritime soient jugés avec célérité. Mais l'organisation et le fonctionnement actuel de la chambre criminelle répondent à cette nécessité, sans qu'il soit besoin d'y apporter aucune modification, et permettent d'assurer l'exécution de l'article 44 précité sous les deux conditions suivantes :

1° Les dossiers et décisions attaqués devront être transmis sans aucun retard après les dix jours qui suivent la déclaration de pourvoi et directement au procureur général près la Cour de cassation, par les soins du commissaire du gouvernement près le conseil de guerre ou du commissaire rapporteur près le tribunal maritime ;

2° Les dossiers devront être accompagnés d'un inventaire des pièces.

Si vous voulez bien, Monsieur le Président, partager cette manière de voir, nous avons l'honneur de vous prier de revêtir de votre signature le projet de décret ci-annexé.

Veuillez agréer, Monsieur le Président, l'hommage de notre profond respect.

Le Président du Conseil,
Garde des sceaux, Ministre de la justice,
F. SARRIEN.

Le Ministre de la guerre,
Eugène ETIENNE.

Le Ministre de la marine,
Gaston THOMSON.

DÉCRET.

Le Président de la République française,

Vu l'article 44 de la loi du 17 avril 1906 ;

Sur le rapport du Président du conseil, Garde des sceaux, Ministre de la justice, du Ministre de la guerre et du Ministre de la marine,

Décrète :

Art. 1er. Toutes les fois qu'un pourvoi en cassation aura été formé par application de l'article 44 de la loi du 17 avril 1906, les commissaires du gouvernement près les conseils de guerre permanents tant de l'armée de terre que de l'armée de mer, les commissaires rapporteurs près les tribunaux maritimes permanents des arrondissements maritimes, les commissaires rapporteurs près les tribunaux maritimes commerciaux prévus par l'article 11 de la loi du 10 mars 1891, les commissaires rapporteurs près les tribunaux maritimes spéciaux prévus par l'article 10 de la loi du 30 mai 1854 transmettront directement au procureur général près la Cour de cassation, après les dix jours qui suivent la déclaration du pourvoi, les dossiers de procédure et une expédition des décisions frappées de pourvoi.

Art. 2. Chaque procédure envoyée à la Cour de cassation par application de l'article précédent sera accompagnée de l'inventaire des pièces prescrit par l'article 423 du Code d'instruction criminelle.

Art. 3. Le présent décret est applicable à l'Algérie, à la Tunisie. Il l'est également aux colonies de la Guyane et de la Nouvelle-Calédonie, mais seulement en ce qui concerne les tribunaux maritimes spéciaux prévus par la loi du 30 mai 1854.

Art. 4. Le Président du Conseil, Garde des sceaux, Ministre de la justice, le Ministre de la guerre et le Ministre de la marine sont chargés, chacun en ce qui le concerne, de l'exécution du présent décret.

Fait à Paris, le 6 juin 1906.

A. FALLIÈRES.

Par le Président de la République:

Le Président du Conseil,
Garde des sceaux, Ministre de la justice,

F. SARRIEN.

Le Ministre de la guerre,
Eugène ETIENNE.

Le Ministre de la marine,
Gaston THOMSON.

Circulaire relative à l'étendue du droit de délégation des pouvoirs d'officier de police judiciaire.

Paris, le 28 novembre 1906.

Depuis la mise en vigueur de la loi du 18 mai 1875 qui a modifié notamment l'article 85 du Code de justice militaire, les chefs de corps peuvent déléguer à l'un des officiers sous leurs ordres leurs pouvoirs d'officiers de police judiciaire.

Toutefois, a ajouté la circulaire du 23 juin 1875 relative à l'application de cette loi, « il importe d'user avec une grande réserve de ce droit de délégation et ce n'est qu'autant que les chefs de corps ne pourront agir *personnelle-ment* qu'il leur sera loisible d'y recourir en désignant, pour les sous-officiers et soldats, un officier du grade de capitaine au moins et pour les officiers le lieutenant-colonel ou, à défaut, un officier supérieur ».

Malgré cette recommandation la délégation est très fréquente et l'usage paraît s'être établi dans les corps de troupe de la confier à un capitaine.

Or, cette manière de procéder a donné lieu, parfois, à des difficultés qui ne se seraient pas produites si l'officier de police judiciaire avait été un officier supérieur.

Pour remédier à cet état de choses, le **Ministre** a décidé que le pouvoir du chef de corps, en ce qui concerne la police judiciaire, sera, à l'avenir, uniquement délégué à un officier supérieur dans les corps de troupe commandés par un colonel ou un lieutenant-colonel.

Lorsque le chef de corps ou d'établissement n'est que chef de bataillon, capitaine ou assimilé, il devra procéder lui-même à l'information préliminaire à moins d'une autorisation motivée de l'autorité militaire (officier général ou assimilé) dont il relève hiérarchiquement.

———————◆———————

Circulaire fixant le point de départ de l'exécution des condamnations contre lesquelles il a été formé un pourvoi en cassation suivi d'un arrêt de rejet.

Paris, le 9 janvier 1907.

Depuis la mise en vigueur de la loi du 17 avril 1906 qui a substitué, dans son article 44, la Cour de cassation aux conseils de revision pour prononcer sur les recours formés en temps de paix contre les jugements des conseils de guerre siégeant à l'intérieur du territoire, en Algérie et en Tunisie, dès qu'un arrêt de la cour intervient dans une affaire, le parquet du procureur général près ladite cour donne avis de la décision au commissaire du gouvernement près le conseil de guerre qui a statué.

Cet avis indique que le dossier sera renvoyé ultérieurement avec l'expédition de l'arrêt.

Or, il a été constaté que les condamnations maintenues par le rejet du pourvoi du condamné étaient mises parfois à exécution dès la réception de cet avis, qui n'a pour but que de faire connaître, sans délai, la solution de l'affaire aux intéressés et de permettre aux autorités compétentes de signaler l'intérêt qui peut s'attacher au renvoi immédiat du dossier.

Il importe, par suite, que les condamnations ne soient jamais exécutées avant que l'expédition de l'arrêt ait été reçue par le commissaire du gouvernement.

Notification d'un arrêt de la Cour de cassation interprétatif de la loi du 8 décembre 1897 rendue applicable, par la loi du 15 juin 1899, à l'instruction devant les conseils de guerre.

Paris, le 27 mars 1907.

Aux termes des articles 10 (§ 2) et 12 de la loi du 8 décembre 1897 rendue applicable, par la loi du 15 juin 1899, à l'instruction devant les conseils de guerre jugeant en temps de paix et siégeant à terre il doit, à peine de nullité, être donné immédiatement connaissance au conseil de l'inculpé de toute ordonnance du juge par l'intermédiaire du greffier.

Or, dans un arrêt du 14 février 1907, la cour de cassation a jugé que la transmission de la procédure opérée conformément aux dispositions de l'article 108 du code de justice militaire présente au fond les caractères d'une « ordonnance de juge ». Il est, par suite, indispensable que toutes les fois que le rapporteur transmet le dossier d'une procédure terminée au commissaire du gouvernement, le greffier donne immédiatement connaissance de cette transmission au conseil de l'inculpé.

Ci-dessous l'arrêt du 14 février 1907 :

« La Cour,

« Ouï. . . . .

. . . .

« Vu les articles 10 et 12 de la loi du 8 décembre 1897 rendus applicables, par la loi du 15 juin 1899, à l'instruction devant les conseils de guerre jugeant en temps de paix et siégeant à terre ;

« Attendu que l'article 10 de la loi du 8 décembre 1897 porte qu'il doit être immédiatement donné connaissance au conseil de l'inculpé de toute ordonnance du juge, par l'intermédiaire du greffier ;

« Attendu qu'aux termes de l'article 108 du Code de justice militaire pour l'armée de terre, lorsque l'instruction est terminée, le rapporteur transmet les pièces, avec son rapport et son avis, au commissaire du gouvernement, lequel les adresse immédiatement, avec ses conclusions, au général commandant la division ;

« Que la transmission des pièces au commissaire du gouvernement, réglée par l'article précité, a pour effet de dessaisir le rapporteur et de provoquer la décision du général chargé de prononcer sur la mise en jugement ; qu'il est essentiel, pour répondre au vœu de la loi du 8 décembre 1897, que le conseil de l'inculpé soit dûment averti de la clôture de l'instruction et du règlement prochain de la procédure ; qu'ainsi seulement il est mis en mesure de produire les observations qu'il juge utiles dans l'intérêt de la défense ; qu'il suit de. là que la transmission opérée conformément aux dispositions de l'article 108 du code de justice militaire présente au fond les caractères d'une « ordonnance de juge », visée dans l'article 10 de la loi de 1897 et que, par application dudit article, il doit en être immédiatement donné connaissance au conseil de l'inculpé ;

« Attendu que T..., a eu l'assistance d'un conseil au cours de l'instruction ; qu'il n'appert d'aucune pièce que la transmission du dossier ait été portée à la connaissance du conseil ; qu'aux termes de l'article 12 de la loi du 8 décembre 1897 l'ommission de cette formalité entraîne la nullité de l'acte de transmission et de la procédure ultérieure, et, par suite, celle de l'ordre de mise en jugement et du jugement lui-même ;

« Par ces motifs,

« Casse et annule le jugement du conseil de guerre permanent de la ᵉ région de corps d'armée en date du 4 janvier 1907, ensemble toute la procédure antérieure depuis et y compris l'acte de transmission des pièces par le rapporteur au commissaire du gouvernement ; et pour être procédé conformément à la loi, renvoie l'affaire et l'inculpé T..., en l'état où il se trouve devant le général commandant la ᵉ région de corps d'armée, à ce désigné par délibération spéciale prise en la chambre du conseil,

« Ordonne, etc...

« Ainsi jugé et prononcé. — Chambre criminelle. »

Circulaire dispensant de l'envoi aux bataillons d'Afrique les engagés et rengagés condamnés avec le bénéfice de la loi de sursis du 28 juin 1904.

Paris, le 27 juin 1907.

Conformément à l'article 66, 3ᵉ alinéa, de la loi du 21 mars 1905, tout militaire *engagé* ou *rengagé* qui, étant sous les drapeaux, subit une condamnation tombant sous le coup de l'article 5 de ladite loi doit être dirigé, *à l'expiration de sa peine*, sur un bataillon d'infanterie légère d'Afrique.

Cette mesure n'étant applicable qu'à l'expiration de la peine encourue, il y a lieu, quand la condamnation a fait l'objet d'un sursis en vertu de la loi du 28 juin 1904, de surseoir également, par voie de conséquence, à l'exécution de ladite mesure.

Circulaire prescrivant la notification à l'inculpé et à son défenseur des ordonnances visées dans l'article 10 de la loi du 8 décembre 1897, rendu applicable à l'instruction devant les conseils de guerre, en temps de paix, par la loi du 15 juin 1899.

Paris, le 27 juin 1907.

En exécution de l'article 108 du Code de justice militaire pour l'armée de terre, lorsque l'instruction est terminée, le rapporteur transmet les pièces avec son rapport et son avis au commissaire du gouvernement.

Par un arrêt du 14 février 1907 (inséré au *B. O.*, É. M., vol. 56 *bis*, p. 24), la Cour de cassation a jugé que cette transmission présente au fond les caractères d'une « ordonnance du juge » visée dans l'article 10, paragraphe 2, de la loi du 8 décembre 1897, et que, conformément audit article, rendu applicable par la loi du 15 juin 1899 à l'instruction devant les conseils de guerre en temps de paix, il doit en être immédiatement donné connaissance au conseil de l'inculpé.

Ainsi que l'a indiqué M. le Garde des sceaux dans la circulaire qu'il a adressée à MM. les procureurs généraux lors de la promulgation de la loi du 8 décembre 1897 (É. M., vol. 56 *bis*, p. 12) les ordonnances auxquelles l'article 10, paragraphe 2, de ladite loi fait allusion, sont celles qui ont un caractère juridictionnel et notamment les ordonnances de clôture du juge d'instruction.

En droit pénal militaire, les ordonnances de clôture (nonlieu ou mise en jugement) ne sont pas rendues par le rapporteur ; c'est le général commandant la circonscription qui est investi, à cet égard, des pouvoirs conférés au juge d'instruction du droit commun.

Toutes ordonnances ayant un caractère juridictionnel, et spécialement les ordonnances de clôture rendues par le général commandant la circonscription, doivent, comme la transmission du dossier par le rapporteur au commissaire du gouvernement, être portées sans délai à la connaissance du conseil de l'inculpé. C'est ce qui résulte tant de l'arrêt précité de la Cour de cassation que de la loi même du 8 décembre 1897.

Il ne suffit donc pas de notifier les ordres de mise en jugement aux accusés, ainsi que le prescrit l'article 109 du Code de justice militaire ; il faut, de plus, en vertu de la loi de 1897, les notifier aux défenseurs.

Il n'est légalement nécessaire d'informer des ordonnances de non-lieu que les défenseurs ; néanmoins, j'estime qu'il est convenable que l'autorité militaire en donne aussi connaissance, dans le plus bref délai, aux inculpés au moyen d'un simple avis verbal.

Notification d'un avis du comité du contentieux et de la justice militaire aux termes duquel le temps passé en détention préventive par un militaire condamné avec le bénéfice du sursis ne doit pas être déduit des années de service exigées par la loi.

Paris, le 28 août 1907.

Le comité du contentieux et de la justice militaire, consulté sur la question de savoir si, lorsqu'une condamnation a été prononcée avec le bénéfice de la loi de sursis, le temps passé en détention préventive doit être déduit des années de service exigées par la loi du 21 mars 1905, a émis l'avis suivant :

« Considérant que la détention préventive ne peut être réputée subie comme peine d'emprisonnement qu'à la condition que la durée de la peine prononcée par le jugement de condamnation soit imputée sur la durée de la détention préventive ;

« Considérant que cette imputation est nécessairement suspendue aussi longtemps que l'exécution de la peine elle-même par l'effet du sursis prévu par la loi du 26 mars 1891,

« Emet l'avis :

« Qu'il n'y a pas lieu de déduire des années de service exigées par la loi du 21 mars 1905 le temps passé en détention préventive par un militaire condamné tant que l'exécution du jugement de condamnation est suspendue à son égard en vertu de la loi du 26 mars 1891, et *a fortiori* lorsque, par l'expiration du délai prévu par le paragraphe 2 de l'article 1er de la même loi, la condamnation est comme non avenue. »

Le Ministre se rallie à cet avis.

Pour le Ministre :

Le Sous-Secrétaire d'État,

Henry CHÉRON.

Circulaire portant notification de l'extrait d'un arrêt de la Cour de cassation relatif au mode de constatation du délit d'insoumission commis par les hommes dispensés au titre de l'article 23 de la loi du 15 juillet 1889 qui n'ont pas obéi à l'ordre de route les rappelant à l'activité.

Paris, le 9 mars 1908.

Sur un pourvoi formé d'ordre de M. le garde des sceaux dans l'intérêt de la loi et du condamné contre un jugement en vertu duquel le conseil de guerre de la ° région de corps d'armée a condamné pour insoumission, par application des articles 75 et 73 de la loi du 15 juillet 1889, le nommé X..., dispensé de l'article 23 de la loi précitée, la Cour de cassation a, le 23 novembre 1907, rendu l'arrêt suivant :

« Attendu que par jugement du conseil de guerre de la 15e région de corps d'armée, séant à Marseille, en date du 30 août 1907, X..., de la classe de 1902, dispensé en vertu de l'article 23 de la loi du 15 juillet 1889 et rappelé à l'activité pour n'avoir pas satisfait aux prescriptions du décret du 23 novembre 1889, a été condamné à un an d'emprisonnement pour insoumission ;

« Attendu que l'annulation de ce jugement est demandée, tant dans l'intérêt de la loi que du condamné, à raison de cette circonstance, que l'une des conditions exigées par l'article 75 de la loi du 15 juillet 1889 pour que X.... fût en récidive, ferait défaut dans l'espèce ; qu'il est prétendu par le pourvoi que lorsque aucune punition disciplinaire n'a été prononcée à la suite du premier manquement constaté, le militaire en congé, rappelé en activité, qui ne se rend pas à la destination fixée par un nouvel ordre de route, ne peut être considéré comme en récidive au sens de la loi du 15 juillet 1889 ;

« Attendu que la loi précitée n'exige pas que le militaire en congé rappelé à l'activité auquel il est fait application des peines de l'insoumission ait été l'objet d'une punition disciplinaire pour n'avoir pas obéi aux prescriptions du paragraphe 1er de l'article 75 ; que c'est uniquement et exclusivement à la réitération d'un manquement à ces prescriptions que la loi a attaché les caractères de la récidive ; qu'il faut, mais qu'il suffit qu'un premier manquement ait été dûment constaté pour que le fait, par un militaire en congé, de ne pas répondre à un ordre de route individuel dans les conditions déterminées par l'article 73 de ladite loi, constitue le cas de récidive prévu par cette loi et rende applicables au délinquant, les peines de l'insoumission ;

« Qu'il importe peu, dès lors, que les documents produits établissent qu'aucune punition disciplinaire n'a été prononcée contre X..... Cette circonstance étant inopérante au point de vue de l'existence du délit d'insoumission ;

« Qu'il résulte de ce qui précède que le pourvoi devrait être rejeté.

« ....

« Déclare le pourvoi irrecevable. »

De ce qui précède, il y a lieu de conclure que les dispensés de l'article 23 qui n'ont pas obéi à leur ordre de route doivent, après un premier manquement constaté et sans qu'il soit nécessaire de leur infliger, au préalable, une punition disciplinaire pour n'avoir pas répondu à leur ordre d'appel, être déclarés insoumis dans les mêmes conditions que les jeunes soldats appelés.

Le Sous-Secrétaire d'Etat
au ministère de la guerre,
Henry CHÉRON.

Notification de modifications aux formules jointes à la notification du 23 février 1903. (Désignation des défenseurs à l'instruction et à l'audience.)

Paris, le 2 mai 1908.

La formule n° 30 jointe à la notification du 23 février 1903 (*B. O.*, vol. 56 *bis*, p. 38) comporte au renvoi (5) la prescription suivante :

« Si l'inculpé n'a pas demandé d'office un défenseur, biffer cette formule, mais lui en faire néanmoins désigner un, à raison des termes formels du paragraphe 2 de l'article 109 du Code de justice militaire qui doit être combiné avec la loi du 8 décembre 1897. »

Or, il est à remarquer, d'une part, que l'article 109 précité se rapporte à la désignation d'un défenseur pour le débat oral devant le conseil de guerre, alors que la loi du 8 décembre 1897 n'a trait qu'à l'instruction préalable faite par le magistrat instructeur.

D'autre part, il est de jurisprudence constante, en droit commun, qu'il ne doit être procédé d'office à la désignation d'un défenseur, au cours de l'instruction, que sur la demande expresse de l'inculpé. Cette jurisprudence est basée sur les termes mêmes du paragraphe 3 de la loi du 8 décembre 1897 rendue applicable aux conseils de guerre par la loi du 15 juillet 1899 et qui est ainsi conçu :

« Si l'inculpation est maintenue, le magistrat donnera avis à l'inculpé de son droit de choisir un conseil parmi les **avocats** inscrits au tableau ou admis au stage, ou parmi les avoués et, à défaut de choix, il lui en fera désigner un d'office *si l'inculpé le demande.* »

Il y a donc lieu de supprimer le renvoi (5) de la formule n° 30 qui devra, à l'avenir, être conforme au modèle ci-annexé.

La formule n° 30 *bis* ci-jointe, spéciale à la désignation d'un avocat dans les termes de l'article 109 du Code de justice militaire sera ajoutée à la série des modèles annexés à la notification du 23 février 1903.

Le Sous-Secrétaire d'État
au ministère de la guerre,
Henry Chéron.

Circulaire fixant la procédure à suivre à l'égard des insoumis qui ont prescrit ou sont sur le point de prescrire leur délit.

Paris, le 1er juin 1908.

La Cour de cassation, dans son arrêt du 21 décembre 1907 dont le texte est donné ci-dessous, a décidé que la prescription contre l'action publique résultant du délit d'insoumission est régie par l'article 638 du Code d'instruction criminelle, c'est-à-dire qu'elle est acquise par l'expiration du délai de trois ans à partir du jour où l'intéressé a été déclaré insoumis si, dans cet intervalle, il n'a été fait aucun acte d'instruction ou de poursuite.

« Attendu, décide cet arrêt, que X....., soldat réserviste de la classe de 1888, a été condamné par jugement du conseil de guerre de X....., en date du 22 octobre 1907, à quatre mois d'emprisonnement pour ne s'être pas rendu, hors le cas de force majeure et après un premier manquement constaté le 22 mars 1899, ni dans le mois qui a suivi, à la destination fixée par l'ordre de route individuel régulièrement notifié à son domicile légal ;

« Attendu qu'il a été fait application à X..... des articles 73 et 75 de la loi du 15 juillet 1889 ;

« Attendu que de la combinaison des articles susvisés il résulte que les deux éléments constitutifs du délit d'insoumission sont le fait, par tout homme appartenant à l'une des catégories spécifiées dans l'article 75 de ladite loi, de ne s'être pas rendu, le jour fixé, au lieu indiqué par les ordres d'appel ou affiches et le

---

(1) Le modèle n° 30 modifié et le nouveau modèle 30 *bis* se trouvent à la suite de la notification du 23 février 1903.

fait, après ce dernier manquement constaté, de n'être pas, hors
le cas de force majeure, arrivé à sa destination au jour fixé par
l'ordre de route individuel régulièrement notifié ni dans le mois
qui a suivi ; que le délit d'insoumission existe par la réunion de
ces deux éléments ;

« Attendu que le délit d'insoumission n'est pas un délit suc-
cessif ; qu'il ne faut pas confondre le délit d'insoumission avec
l'acte d'insoumission, lequel peut continuer pendant un temps
plus ou moins long, mais ne saurait exercer d'influence sur la
date originaire du délit et sur ses caractères légaux ;

« Que de ce qui précède il ressort que le délit d'insoumission
imputé à X..... a été irrévocablement consommé à l'expiration
du délai de grâce déterminé par l'article 73 de la loi du 15 juillet
1889, c'est-à-dire le 23 avril 1899 ;

« Attendu que l'article 73 de la loi du 15 juillet 1889 disposait
que la prescription contre l'action publique résultant de l'insoumission ne commençait à courir que du jour où l'insoumis
avait atteint cinquante ans, mais que la loi du 15 juillet 1889 a
été abrogée par la loi du 21 mars 1905 et que cette dernière loi
ne contient aucune disposition spéciale visant la prescription
du délit d'insoumission ; qu'il échet d'en conclure que la prescription contre l'action publique résultant de l'insoumission est
régie par l'article 638 du Code d'instruction criminelle et est
acquise lorsqu'il s'est écoulé un délai de trois années sans qu'il
ait été fait aucun acte d'instruction ou de poursuite depuis le
jour où le délit a été commis ;

« Attendu qu'il est de principe que, lorsqu'il n'est statué sur
un délit commis sous l'empire d'une loi qui déterminait la durée
de la prescription de ce délit que depuis la mise en vigueur d'une
autre loi qui a modifié la durée de la prescription de ce même
délit, celle de ces deux lois qui est la plus favorable au prévenu
doit lui être appliquée.

« Attendu que de l'examen des pièces de la procédure il ap-
paraît qu'il n'a été fait aucun acte d'instruction ou de poursuite
dans la période de trois années qui a suivi la date du 23 avril
1899 ; d'où il suit qu'en condamnant X...., par jugement du
22 octobre 1907, à quatre mois d'emprisonnement pour un délit
d'insoumission qui avait été commis le 23 avril 1899, le conseil
de guerre de X..... a violé les textes visés au moyen.

« Par ces motifs,

« Casse et annule le jugement du conseil de guerre de X.....
du 22 octobre 1907 ;

« Et attendu que le fait est prescrit, dit n'y avoir lieu à renvoi.

« Ordonne la mise en liberté de X.....

« Ordonne que le présent arrêt sera imprimé, qu'il sera

transcrit sur les registres du conseil de guerre de X..... et que mention en sera faite en marge du jugement annulé.

« Ainsi fait et prononcé, chambre criminelle. »

Comme conséquence de cet arrêt, il y aura lieu de se conformer aux prescriptions suivantes :

1° Les hommes dont le délit d'insoumission a été commis depuis plus de trois ans ou contre lesquels il n'a été fait (pendant trois ans comptés du jour où le délit a été commis ou du jour du dernier acte interruptif de prescription) aucun acte d'instruction ou de poursuite, seront renvoyés des fins de la poursuite s'ils sont en prévention de conseil de guerre et, s'ils sont en cours de peine, une proposition de grâce en leur faveur sera adressée au Ministre d'extrême urgence. Les jeunes soldats, les engagés et les rengagés seront munis d'une feuille de route et dirigés sur leur corps d'affectation. Les hommes des réserves devront être immédiatement convoqués pour accomplir la période d'instruction à laquelle ils ont manqué, conformément aux dispositions de l'article 26 de l'instruction du 20 mars 1906.

Les appelés seront tenus d'accomplir le temps de service auquel ont été assujettis les hommes de leur classe, sans pouvoir être retenus sous les drapeaux après l'âge de quarante-cinq ans.

2° Les hommes actuellement recherchés pour un délit d'insoumission commis depuis plus de trois ans ou contre lesquels il n'a été fait (pendant trois ans comptés du jour où le délit a été commis ou du jour du dernier acte interruptif de prescription) aucun acte d'instruction ou de poursuite, seront rayés des contrôles de l'insoumission ; ils feront l'objet d'un avis de radiation individuel (modèle n° 2 de l'instruction du 20 mars 1906) qui sera envoyé au Ministre ainsi qu'aux autorités chargées des recherches.

3° Il sera établi à l'égard de ces derniers un nouvel ordre d'appel et, le cas échéant, un nouvel ordre de route. Si hors le cas de force majeure ils ne rejoignent pas leur corps dans les délais légaux, ils seront de nouveau déclarés insoumis.

Toutefois les hommes ayant atteint l'âge de 45 ans ne seront astreints à aucun service, même dans les réserves.

4° A l'égard des insoumis dont le délit a été commis depuis moins de trois ans il conviendra, lorsque la prescription de l'action publique sera sur le point d'être acquise, de l'interrompre par un mandat de comparution ou d'amener établi par le rapporteur conformément à l'article 105 du Code de justice militaire.

A cet effet, la plainte (n°s 4 et 4 bis de l'instruction du 20 mars 1906) dressée par le commandant du bureau de recrutement sera transmise au général commandant la région à qui il appartiendra de délivrer l'ordre d'informer. Il ne sera pas rendu de jugement par défaut et le rapporteur, après avoir décerné le mandat de comparution ou d'amener, lequel aura pour effet d'interrompre la prescription, fera classer le dossier d'insoumission au greffe du conseil de guerre.

A ce sujet, il ne devra pas être perdu de vue que, d'après une jurisprudence constante en matière criminelle, des actes de poursuite ou d'instruction successivement renouvelés peuvent indéfiniment retarder l'accomplissement de la prescription.

Pour atteindre ce but, il sera ouvert dans chaque greffe un registre portant l'indication des noms et prénoms des insoumis ainsi que la date à laquelle ils auront été l'objet d'un acte interruptif de la prescription. Le rapporteur veillera au renouvellement de ces actes en temps opportun.

Si l'insoumis a été arrêté dans des conditions telles que la prescription lui serait acquise à très bref délai, le commandant de corps d'armée devra immédiatement rendre un ordre d'informer de façon à interrompre la prescription.

5° Les jugements rendus à l'égard des insoumis condamnés postérieurement au 21 mars 1906 (date de la mise en vigueur de la loi de recrutement) et qui avaient prescrit contre l'action publique seront déférés à la Cour de cassation dans l'intérêt de la loi et des condamnés.

A cet effet, il conviendra d'adresser au Ministre (Bureau de la Justice militaire) les dossiers de la procédure avec une expédition complète des jugements rendus.

> *Le Sous-Secrétaire d'Etat*
> *au ministère de la guerre,*
> Henry CHÉRON.

Circulaire prescrivant le changement de corps de tout militaire ayant encouru, devant l'un des conseils de guerre de la métropole, de l'Algérie ou de la Tunisie, une condamnation à l'exécution de laquelle il a été sursis par application de la loi du 28 juin 1904.

Paris, le 24 juillet 1908.

L'attention du Sous-Secrétaire d'Etat a été appelée sur les inconvénients que peut présenter la réintégration dans leur corps d'origine des militaires ayant encouru devant l'un des conseils de guerre de la métropole, de l'Algérie ou de la Tunisie, une condamnation à l'exécution de laquelle il a été sursis par application de la loi du 28 juin 1904.

Le militaire reconnu, par exemple, coupable de refus d'obéis-

sance, d'outrages ou de voies de fait envers un supérieur et
réintégré dans le corps auquel il appartenait au moment de
l'infraction sera, en effet, amené à se trouver en présence du
gradé auquel il n'aura pas obéi, qu'il aura outragé ou frappé.

Pour remédier à cet état de choses préjudiciable aussi bien
aux intérêts de la discipline qu'à ceux du condamné lui-même,
tout militaire ayant été l'objet d'une condamnation prononcée
avec le bénéfice du sursis sera, par les soins des gouverneurs
militaires et des généraux commandant les corps d'armée et la
division d'occupation de Tunisie, dirigé à l'avenir sur un corps
de son arme autre que celui dans lequel il servait précédemment
ou tenant garnison dans la même place que celui-ci. Dans le cas
où il ne se trouverait pas de corps remplissant ces conditions,
une décision ministérielle d'affectation sera provoquée.

> *Le Sous-Secrétaire d'Etat*
> *au ministère de la guerre,*
>
> Henry Chéron.

---

*Circulaire autorisant l'utilisation des anciens signalements n° 1
concernant les insoumis qui ont prescrit leur délit et qui ne
répondent pas à un nouvel ordre de route.*

> Paris, le 14 août 1908.

Les signalements n° 1, *concernant les insoumis qui ont prescrit leur délit,* que les autorités chargées des recherches ren-
voient aux commandants des bureaux de recrutement, en
échange des avis de radiation (art. 24 de l'instruction du
20 mars 1906), seront conservés par ces bureaux.

Si l'insoumis ne répond pas à sa nouvelle convocation, le
signalement sera complété dans la colonne « Observations » par
la mention : « Rayé des contrôles de l'insoumission le..... en
exécution des prescriptions de la circulaire du 1er juin 1908,
déclaré à nouveau insoumis le..... pour n'avoir pas obéi à un
ordre de route le convoquant le..... à..... » et retourné aux diverses autorités après avoir été daté et signé à nouveau.

> *Le Sous-Secrétaire d'Etat*
> *au ministère de la guerre,*
>
> Henry Chéron.

TABLE DES MATIÈRES

CONTENUES

DANS LE CODE DE JUSTICE MILITAIRE
ET SES ANNEXES.

———

LIVRE PREMIER.

DE L'ORGANISATION DES TRIBUNAUX MILITAIRES.

(Articles 1er à 52.)

Pages

DISPOSITIONS PRÉLIMINAIRES (Art. 1er).   3

TITRE Ier. — Des conseils de guerre et des conseils de revision permanents dans les circonscriptions territoriales (Art. 2 à 32).   4

CHAP. Ier. — Des conseils de guerre permanents dans les circonscriptions territoriales (Art. 2 à 25).   4

CHAP. II. — Des conseils de revision permanents dans les circonscriptions territoriales (Art. 26 à 32).   9

TITRE II. — Des conseils de guerre et des conseils de revision aux armées, dans les communes et dans les départements en état de siège et dans les places de guerre assiégées ou investis (Art. 33 à 50).   11

CHAP. Ier. — Des conseils de guerre aux armées (Art. 33 à 37).   11

CHAP. II. — Des conseils de revision aux armées (Art. 38 à 41).   13

CHAP. III. — Dispositions communes aux deux chapitres précédents (Art. 42).   13

CHAP. IV. — Des conseils de guerre dans les communes et les départements en état de siège et dans les places de guerre assiégées ou investies (Art. 43 à 46).   14

CHAP. V. — Des conseils de revision dans les communes et les départements en état de siège et dans les places de guerre assiégées ou investies (Art. 47 à 49).   15

CHAP. VI. — Dispositions communes aux deux chapitres précédents (Art. 50).   15

TITRE III. — Des prévôtés (Art. 51 et 52).   15

LIVRE II.

DE LA COMPÉTENCE DES TRIBUNAUX MILITAIRES.

(Articles 53 à 82.)

DISPOSITIONS GÉNÉRALES (Art 53 et 54).   16

TITRE Ier. — Compétence des conseils de guerre (Art. 55 à 71).   16

CHAP. Ier. — Compétence des conseils de guerre permanents dans les circonscriptions territoriales en état de paix (Art. 55 à 61).   16

Pages.

CHAP. II. — Compétence des conseils de guerre aux armées et dans les circonscriptions territoriales en état de guerre (Art. 62 à 69). 18

CHAP. III. — Compétence des conseils de guerre dans les communes et les départements en état de siège et dans les places de guerre assiégées ou investies (Art. 70). 19

CHAP. IV. — Disposition commune aux trois chapitres précédents (Art. 71). 20

TITRE II. — Compétence des conseils de revision (Art. 72 à 74). 20

TITRE III. — Compétence des prévôtés (Art. 75). 21

TITRE IV. — Compétence en cas de complicité (Art. 76 à 79). 21

TITRE V. — Des pourvois devant la Cour de cassation (Art. 80 à 82). 22

LIVRE III.

DE LA PROCÉDURE DEVANT LES TRIBUNAUX MILITAIRES.

(Articles 83 à 184.)

TITRE Ier. — Procédure devant les conseils de guerre (Art. 83 à 158). 23

CHAP. Ier. — Procédure devant les conseils de guerre dans les circonscriptions territoriales en état de paix (Art. 83 à 151). 23

Sect. Ire. — De la police judiciaire et de l'instruction (Art. 83 à 107). 23

Sect. II. — De la mise en jugement et de la convocation du conseil de guerre (Art. 108 à 112). 28

Sect. III. — De l'examen et du jugement (Art. 113 à 151). 29

CHAP. II. — Procédure devant les conseils de guerre aux armées, dans les communes, et les départements en état de siège et dans les places de guerre a·siégées ou investies (Art. 152 à 158). 36

TITRE II. — Procédure devant les conseils de revision (Art. 159 à 172). 38

TITRE III. — Procédure devant les prévôtés (Art. 173 et 174). ◄ 40

TITRE IV. — De la contumace et des jugements par défaut (Art. 175 à 179). 40

TITRE V. — Dispositions générales (Art. 180 à 184). 41

LIVRE IV.

DES CRIMES, DES DÉLITS ET DES PEINES.

(Article 185 à 277.)

TITRE Ier. — Des peines et de leurs effets (Art. 185 à 203). 42

TITRE II. — Des crimes, des délits et de leur punition (Art. 204 à 266). 46

CHAP. Ier. — Trahison, espionnage et embauchage (Art. 204 à 208). 46

CHAP. II. — Crimes ou délits contre le devoir militaire (Art. 209 à 216). 47

CHAP. III. — Révolte, insubordination et rébellion (Art. 217 à 225). 48

CHAP. IV. — Abus d'autorité (Art. 226 à 229). 50

CHAP. V. — Insoumission et désertion (Art. 230 à 243). 51

Sect. Ire. — Insoumission (Art. 230). 51

Sect. II. — Désertion à l'intérieur (Art. 231 à 234). 52

Sect. III. — Désertion à l'étranger (Art. 235 à 237). 53

Sect. IV. — Désertion à l'ennemi ou en présence de l ennemi (Art. 238 et 239). 53

Sect. V. — Dispositions communes aux sections précédentes (Art. 240 à 243). 53

Pages.

Chap. vi. — Vente, détournement, mise en gage et recel des effets
militaires (Art. 244 à 247).   54
Chap. vii. — Vol (Art. 248 et 249).   55
Chap. viii. — Pillage, destruction, dévastation d'édifices (Art. 250
à 256).   55
Chap. ix. — Faux en matière d'administration militaire (Art. 257
à 260).   57
Chap. x. — Corruption, prévarication et infidélité dans le service
et dans l'administration militaire (Art. 261 à 265).   58
Chap. xi. — Usurpation d'uniformes, costumes, insignes, décora-
tions et médailles (Art. 266).   59
TITRE III. — Dispositions générales (Art. 267 à 275).   59
Dispositions transitoires (Art. 276 et 277).   60

ANNEXES.

Textes des lois auxquelles renvoie le Code de justice militaire........   62
Instructions relatives à l'exécution du Code de justice militaire.....   90
Décret indiquant, selon le grade, le rang ou l'emploi de l'accusé, la
composition des tribunaux militaires pour le jugement des divers
individus qui, dans l'armée de terre, sont assimilés aux militaires,
aux termes des articles 10 et 13 du Code de justice militaire....... 102
Nomenclature alphabétique des crimes et délits militaires et des
peines qui y sont attachées..................................... 108
Extrait de la loi du 21 mars 1905 sur le recrutement de l'armée...... 116

DISPOSITIONS DIVERSES (1).

FORMULES ET MODÈLES.

Formule n° 1. Ordre d'informer....................................   120
—   1 bis. Déclaration qu'il n'y a pas lieu d'informer........   121
—   2. Cédule...   122
—   2 bis. Cédule...   123
—   2 ter. Original de signification de cédule..............   125
—   3. Cédule pour comparaître à l'audience.................   126
—   3 bis. Cédule pour comparaître à l'audience.............   127
—   3 ter. Original de signification de cédule..............   129
—   4. Mandat d'extraction   130
—   5. Procès-verbal d'interrogatoire.......................   131
—   5 bis. Procès-verbal de déclarations reçues par l'officier
de police judiciaire, en dehors du temps de paix...   181
—   5 ter. Procès-verbal dans les cas prévus par la loi du 15
juin 1899....................................   220
—   6. Procès-verbal d'information..........................   132
—   7. Commission rogatoire.................................   133
—   7 bis. Procès-verbal d'information établi en exécution de
commission rogatoire   134
—   8. Rapport sur l'affaire d   ....'   135
—   9. Transmission du rapport et des pièces de l'instruction.   136
—   10. Ordre de mise en jugement   137

(1) Voir la table chronologique des matières.

Pages.

Formule n° 10 *bis*. Ordonnance de non-lieu........................ 138
— 10 *ter*. Ordonnance de non-lieu et ordre de mise en jugement... 139
— 10 *quater*. Ordre de mise en jugement directe........... 182
— 11. Avis d'un ordre de mise en jugement............... 140
— 11 *bis*. Avis d'un ordre de mise en jugement........... 141
— 12. Liste des témoins................................. 142
— 13. Original de notification de l'ordre de mise en jugement et de la liste des témoins.................... 143
— 13 *bis*. Citation directe à comparaître à l'audience,...... 183
— 14. Avertissement pour le choix d'un défenseur.......... 144
— 15. Convocation des membres du conseil de guerre....... 145
— 16. Minute du jugement.............................. 147
— 16 *bis*. Expédition du jugement..................... 151
— 17. Extrait du jugement pour le Ministre de la guerre.... 155
— 18. Jugement exécutoire de condamnation.............. 157
— 19. Jugement exécutoire d'acquittement ou d'absolution.... 159
— 20. Jugement exécutoire.............................. 161
— 21. Jugement rendu dans le cours du mois............... 163
— 22. Recours en revision.............................. 166
— 23. Décision du conseil permanent de revision........... 167
— 24. Ordonnance enjoignant à un contumax de se présenter.. 169
— 25. Jugement par contumace......................... 171
— 26. Cédules (Prévôté).............................. 173
— 27. Jugement du tribunal de la Prévôté............... 174
— 28. Inventaire des pièces de la procédure.............. 203
— 29. Mandat de dépôt................................ 205
— 30. Demande de désignation d'un avocat d'office......... 206
— 30 *bis*. Demande de désignation d'un avocat d'office...... 207
— 31. Procès-verbal de première comparution............. 208
— 32. Procès-verbal d'interrogatoire ou de confrontation.... 210
— 33. Avis d'interrogatoire ou de confrontation.......... 212
— 34. Avis de libre communication avec le conseil.......... 213
— 35. Procès-verbal d'interrogatoire et de confrontation.... 214
— 36. Avis d'ordonnance rendue....................... 215

Bulletin n° 1. Bulletin individuel......................... 175

TABLE CHRONOLOGIQUE

Pages.

1857. 9 juin. Code de justice militaire pour l'armée de terre. 3

1857. 18 juill. Décret indiquant, selon le grade, le rang ou l'emploi de l'accusé, la composition des tribunaux militaires pour le jugement des divers individus qui, dans l'armée de terre, sont assimilés aux militaires, aux termes des articles 10 et 13 du Code de justice militaire.... 102

1857. 28 juill. Instructions relatives à l'exécution du Code de justice militaire. 90

1875. 23 juin. Circulaire relative à l'application de la loi du 18 mai 1875. 178

1899. 15 juin. Loi portant extension de certaines dispositions de la loi du 8 décembre 1897 sur l'instruction préalable à la procédure devant les conseils de guerre. 185

1899. 20 juin. Circulaire portant envoi d'instructions pour l'application de la loi du 15 juin 1899, relative à l'extension de la loi du 8 décembre 1897 sur l'instruction préalable à la procédure devant les conseils de guerre. 186

1901. 22 mai. Circulaire relative à l'application de la loi du 2 avril 1901 modifiant l'article 200 du Code de justice militaire. 197

1901. 19 juill. Loi rendant applicable l'article 463 du Code pénal (relatif aux circonstances atténuantes) à tous les crimes et délits réprimés par les Codes de justice militaire de l'armée de terre et de l'armée de mer. 198

1902. 3 janv. Circulaire relative aux devoirs imposés aux autorités militaires par l'article 99 du Code de justice militaire. 199

1902. 2 mai. Circulaire relative à la notification, par les corps ou services, au Ministre de la guerre, des condamnations prononcées par les conseils de guerre à l'égard des officiers. 201

1902. 13 nov. Circulaire interprétative de l'article 110 du Code de justice militaire en ce qui concerne le choix d'un défenseur pris parmi les militaires. 201

1903. 29 janv. Circulaire interprétative de la loi du 15 juin 1899, portant extension de certaines dispositions de la loi du 8 décembre 1897 sur l'instruction préalable à la procédure devant les conseils de guerre. 202

1903. 23 fév. Notification de diverses formules à employer dans le service de la justice militaire. 202

1903. 23 fév. Notification de modifications au modèle n° 5 bis de procès-verbal d'interrogatoire au corps et de solutions pour l'application de la circulaire

Pages.

du 29 janvier 1903 au sujet de l'interprétation de la loi du 15 juin 1899 216

1903. 5 mai. Décret réorganisant le conseil de guerre de la division d'occupation de Tunisie. 223

1903. 23 oct. Décret relatif à l'organisation du service de la justice militaire dans les troupes coloniales. 225

1903. 23 oct. Instruction pour l'application du décret du 23 octobre 1903, relatif à l'organisation du service de la justice militaire dans les troupes coloniales. 234

1903. 13 nov. Instruction sur le mode d'exécution des peines prononcées contre les militaires appartenant à des corps stationnés aux colonies 257

1904. 13 janv. Circulaire relative aux vols, faux ou détournements de fonds suivis de restitution 264

1904. 27 avril. Circulaire portant notification de l'extrait d'un arrêt de la Cour de cassation annulant partiellement une ordonnance de non-lieu rendue dans une affaire de faux en matière d'administration militaire et basée notamment sur le remboursement spontané fait par l'inculpé. 264

1904. 28 juin. Loi modifiant la loi du 26 mars 1891 sur l'atténuation et l'aggravation des peines (loi de sursis). 265

1904. 2 juill. Circulaire relative à l'application de la loi du 28 juin 1904, portant modification de la loi du 26 mars 1891 sur l'atténuation et l'aggravation des peines (loi de sursis) 266

1904. 18 juill. Circulaire interprétative de l'article 200 du Code de justice militaire, modifié par la loi du 2 avril 1901 269

1904. 5 août. Circulaire relative à l'application de l'article 200 du Code de justice militaire, modifié par la loi du 2 avril 1901 aux militaires qui, par suite d'une nouvelle condamnation, perdent le bénéfice du sursis précédemment accordé en vertu de la loi du 28 juin 1904 270

1905. 6 fév. Notification d'une décision du conseil de revision, relative à l'application de la loi du 28 juin 1904 portant modification à la loi du 26 mars 1891 sur l'atténuation et l'aggravation des peines (loi de sursis) 270

1905. 21 mars. Extrait de la loi sur le recrutement de l'armée. 116

1905. 17 juin. Circulaire relative à la mise en liberté des hommes condamnés avec le bénéfice de la loi du 28 juin 1904 (loi de sursis) 272

1906. 6 juin. Décret relatif aux recours formés contre les jugements des conseils de guerre et des tribunaux militaires. 273

1906. 28 nov. Circulaire relative à l'étendue du droit de délégation des pouvoirs d'officier de police judiciaire. 275

1907. 9 janv. Circulaire fixant le point de départ de l'extension des condamnations contre lesquelles il a été formé un pourvoi en cassation suivi d'un arrêt de rejet. 276

Pages.

1907. 27 mars. Notification d'un arrêt de la Cour de cassation interprétatif de la loi du 8 décembre 1897, rendue applicable, par la loi du 15 juin 1899, à l'instruction devant les conseils de guerre. 277

1907. 27 juin. Circulaire dispensant de l'envoi aux bataillons d'Afrique les engagés et rengagés condamnés avec le bénéfice de la loi de sursis du 28 juin 1904. 278

1907. 27 juin. Circulaire prescrivant la notification à l'inculpé et à son défenseur des ordonnances visées dans l'article 10 de la loi du 8 décembre 1897, rendu applicable à l'instruction devant les conseils de guerre, en temps de paix, par la loi du 15 juin 1899. 279

1907. 28 août. Notification d'un avis du comité du contentieux et de la justice militaire aux termes duquel le temps passé en détention préventive par un militaire condamné avec le bénéfice du sursis ne doit pas être déduit des années de service exigées par la loi. 280

1908. 9 mars. Circulaire portant notification de l'extrait d'un arrêté de la Cour de cassation relatif au mode de constatation du délit d'insoumission commis par les hommes dispensés au titre de l'article 23 de la loi du 15 juillet 1889 qui n'ont pas obéi à l'ordre de route les rappelant à l'activité. 281

1908. 2 mai. Notification de modifications aux formules jointes à la notification du 23 février 1903 (désignation des défenseurs à l'instruction et à l'audience). 282

1908. 1er juin. Circulaire fixant la procédure à suivre à l'égard des insoumis qui ont prescrit ou sont sur le point de prescrire leur délit. 283

1908. 24 juill. Circulaire prescrivant le changement de corps de tout militaire ayant encouru, devant l'un des conseils de guerre de la métropole, de l'Algérie ou de la Tunisie, une condamnation à l'exécution de laquelle il a été sursis par application de la loi du 28 juin 1904. 286

1908. 14 août. Circulaire autorisant l'utilisation des anciens signalements n° 1 concernant les insoumis qui ont prescrit leur délit et qui ne répondent pas à un nouvel ordre de route. 287

TABLE ALPHABÉTIQUE

A

Pages.

Abandon de poste. Punition applicable au cas d'.............. 47
Abus d'autorité. Punition applicable au cas d'.............. 50
Annulation de jugement............................... 41
Arrestation des militaires présents sous les drapeaux inculpés
  d'un crime ou d'un délit............................ 24
Atténuation et agravation des peines. (Voir : *Peines.*)
Audiences des conseils de guerre.............. 29 à 36- 97

C

Capitulations. Punition applicable au cas de............. ' 47
Cédules pour comparaître devant les conseils de guerre. (Voir :
  Citation devant les conseils de guerre.)
Changement de corps des hommes condamnés par un conseil de
  guerre avec le bénéfice de sursis..................... 286
Chefs de musique. Composition des tribunaux appelés à juger
  les.................................... 105
Circonstances atténuantes.
  Dispositions du Code de justice militaire relatives aux. 33- 100
  Loi rendant applicable aux crimes et délits militaires l'ar-
   ticle 463 du Code pénal relatif aux.............. 198
Citations devant les conseils de guerre............. 26-27, 42
Code de justice militaire.
  Dispositions diverses. (Voir : *Table chronologique.*)..... 293
  Instructions relatives à l'exécution du........... 90 à 102
  Modèles annexés au. (Voir : *Table des formules et modè-
   les.*)................................ 291- 292
  Textes des lois auxquelles renvoie le............ 62 à 90
Commissaires du gouvernement près les conseils de guerre. Fonc-
  tions des................................ 7, 29 à 36- 92
Commissions rogatoires......................... 26
Condamnations prononcées par les conseils de guerre à l'égard
  des officiers. Compte rendu à adresser au Ministre des. (Voir :
  Jugements.)
  Point de départ de l'exécution des condamnations contre
   lesquelles il a été formé un pourvoi en cassation suivi
   d'un arrêt de rejet...................... 276
Conseils de guerre.
  Compétence des............................ 16 à 18
  Compétence spéciale aux colonies................. 231
  Composition des tribunaux appelés à juger les officiers
   d'administration ou les chefs de musique. (Voir : *Offi-
   ciers d'administration — chefs de musique.*)........ 105
  Composition et nomination des membres des. 4 à 9, 102 à 107
  Dans les colonies et pays de protectorat......... 225 à 257
  De la division d'occupation de Tunisie. Réorganisation
   des.................................. 223
  Instruction préalable à la procédure devant les.. 185 à 197
  Procédure devant les....................... 23 à 36

Conseils de guerre aux armées.
Compétence des. . . . . 18 à   20
Composition et nomination des membres des. 11-   12
Procédure devant les. 36-   37
Conseils de guerre dans les places assiégées et dans les communes et départements en état de siège.
Compétence des. 19-   20
Composition et nomination des membres des.   14
Procédure devant les. 36-   37
Conseils de revision.
Compétence et procédure des. . . . . 20-38 à   40
Composition et nomination des membres des. 9-   10
Dans les colonies et les pays de protectorat. . . . . . 225 à   257
Conseils de revision aux armées.
Composition et nomination des membres des.   13
Conseils de revision dans les places de guerre assiégées et dans les communes et les départements en état de siège.   15
Convocations des conseils de guerre.   28
Corruption dans le service de l'administration militaire.
Peine applicable au cas de.   58
Contumace. Jugement par.   40
Crimes. Peines qui peuvent être appliquées par les tribunaux militaires en matière de.   42
Crimes et délits et peines qui y sont attachées. Nomenclature des. . . . . 108 à   115

D

Défenseurs devant les conseils de guerre.
Désignation d'office des. 94-   282
Dispositions du Code de justice militaire relatives aux. 28-   96
Défenseurs devant les conseils de guerre.
Dispositions relatives au choix par les inculpés de leurs. . 188-   201
Garanties accordées à la défense par la loi relative à l'instruction préalable à la procédure. . . . . 186 à   197
Dégradation civique.   77
Dégradation militaire.   43
Délais de pourvois en cassation.   35
Délégations de pouvoirs judiciaires.   275
Délits. Peines qui peuvent être appliquées par les tribunaux militaires en matière de. (Voir aussi : *Crimes et délits.*). . . .   42
Délits militaires et peines qui y sont attachées. Nomenclature des. . . . . 108 à   115
Dépositions des témoins absents à l'audience. (Voir : *Témoins absents.*)
Désertion. Dispositions du Code de justice militaire relatives à la. 52-   53
Destitution.   43
Destruction de registres, d'états, armes, bâtiments, magasins. Punition applicable au cas de. . . . . 55 à   57
Détention préventive. Conditions dans lesquelles elle est déduite de la durée de la peine. 45-   197
Détournement d'effets militaires. Punition applicable au cas de.   54
Droits civils, civiques et de famille.   80

E

Embauchage pour passer à l'ennemi. Punition applicable au crime d'.   46
Espionnage pour passer à l'ennemi. Punition applicable au crime d'.   46

F

Falsification de substances, matières, denrées ou liquides. Punition applicable au cas de. 58
Faux en matière d'administration militaire. Punition applicable au cas de. 57- 264
Flagrant délit. Action des officiers de police judiciaire en cas de. 24

H

Huis clos des débats des conseils de guerre. 98

I

Identité des condamnés évadés et repris. Reconnaissance de l'. . 41
Infidélité dans le service de l'administration militaire. Punition applicable au cas d'. 58
Insoumission des dispensés de l'art. 23 de la loi du 15 juillet 1889 rappelés à l'activité. 281
Insoumission. Punition applicable au cas d'. 51
    Procédure à suivre à l'égard des insoumis qui ont prescrit ou sont sur le point de prescrire leur délit. 283- 287
Instruction préalable de la procédure devant les conseils de guerre. (Voir : *Conseils de guerre.*)
Instructions judiciaires. Dispositions du Code de justice militaire. . . . . 23 à 28
Insubordination. Punition applicable au cas d'. 48
Interrogatoire des prévenus. (Voir : *Prévenus.*)

J

Jugements des conseils de guerre.
    Compte rendu à adresser au Ministre en ce qui concerne les officiers. 201
    Conditions de forme à remplir par les. 33- 97
    Prononcé et exécution des. . . . . 33 à 36
Jugements par contumace. (Voir : *Contumace.*)
Jugements par défaut. 41
Justice militaire.
    Code de. (Voir : *Code de justice militaire.*)
    Dans les troupes coloniales. Organisation du service de la. . . . . 225 à 257
    Formules à employer dans le service de la. (Voir : *Table des formules et modèles.*). 291- 292

O

Officiers d'administration (dispositions communes). Composition des tribunaux appelés à juger les. 105
Officiers de police judiciaire.
    Recommandations générales pour l'exercice des fonctions des. . . . . 216 à 219
    Rôle et attributions des. . . . . 23 à 28
Ordonnance de non-lieu. 28- 96
Ordre de mise en jugement. 28- 96
Ordre d'informer. 26
Outrages par paroles, gestes ou menaces envers un supérieur.
    Punition applicable au cas d. 50

P

Peines.
Loi et circulaires d'application sur l'atténuation ou l'ag-
gravation des. . . . . 265 à 272, 279- 280
Prononcées contre les militaires appartenant à des corps
stationnés aux colonies. Mode d'exécution des 257
Qui peuvent être appliquées par les tribunaux militaires
et jour à partir duquel elles commencent à courir. 42 à 46
Pièces à conviction. 24
Pillage de denrées, marchandises ou effets. Punition applica-
ble en cas de. 55
Plaintes contre les déserteurs. 25
Plaintes contre les insoumis de l'armée active. 25
Police judiciaire militaire. Personnels chargés d'exercer la.... 23
Port illégal d'uniformes, d'insignes et décorations. Punition ap-
plicable au cas de. 59
Pourvois en cassation. 23-35- 99
Pourvois en revision. (Voir : *Recours en revision.*)
Pouvoir discrétionnaire des présidents des conseils de guerre. . 31
Prescription du délit d'insoumission. (Voir : *Délai de prescrip-
tion.*)
Présidents des conseils de guerre. Action, pouvoir, fonction des.
29 à 36
Prévarication dans le service de l'administration militaire.
Punition applicable au cas de. 58
Prévenus. Interrogatoire par les rapporteurs près les conseils
de guerre. 26
Prévôtés. Juridiction, compétence et procédure des.... 15-21- 40
Procédure devant les conseils de guerre. . . . . 23 à 37
Procès-verbaux d'information. 26
Procès-verbaux d'interrogatoire. 26

R

Rapporteurs près les conseils de guerre. Fonction des.... 102- 103
Rebellion. Punition applicable au cas de. 48
Recel d'effets militaires.
Punition applicable au cas de. 54
Recours en revision. 34
Refus d'informer. 95
Refus d'obéissance. Punition applicable au cas de. 48
Revision des arrêts en jugement. 64
Révolte. Punition applicable au cas de. 48

S

Séances des conseils de guerre. (Voir : *Audiences des conseils
de guerre.*)
Serment des commissaires du gouvernement et des rapporteurs. 9
Sursis à l'exécution des peines. (Voir : *Peines.*)

T

Tableaux des officiers et sous-officiers qui peuvent être appelés
comme juges dans les conseils de guerre............. 8-10- 91
Témoins absents à l'audience des conseils de guerre. Lecture ou
traduction des dépositions des. 32

Trahison. Punition applicable au crime de.   46
Travaux publics. Mode d'exécution de la condamnation à la
    peine des.   43
Tribunaux militaires. Compétence des. . . . . 16 à   21

U

Usurpation d'uniformes, insignes, décorations. (Voir : *Port illégal d'uniformes*.)

V

Vente d'effets militaires. Punition applicable au cas de.   54
Violation d'une consigne. Punition applicable au cas de.   49
Violence envers une sentinelle. Punition applicable au cas de. .   49
Voies de fait envers un supérieur. Punition applicable au cas de.   50
Vols, faux ou détournements de fonds suivis de restitution. . . . 264

Paris et Limoges. — Imprimerie militaire Henri CHARLES-LAVAUZELLE.

Librairie militaire Henri CHARLES-LAVAUZELLE
Paris et Limoges.

Service des armées en campagne. Droits au commandement des officiers étrangers. Droit international. Convention internationale de Genève. Déclaration de Saint-Pétersbourg. Actes de la Haye. Historique des corps. (Volume arrêté à la date du 1er septembre 1903.) — In-8° de 160 pages, cartonné 1 50

Décrets du 20 octobre 1892 portant règlement sur le service intérieur: Infanterie, Cavalerie, Artillerie et Train des équipages (à jour au 15 janvier 1897).
TEXTE. 756 pages, broché, 5 fr.; relié toile 6 50
MODÈLES. 124 pages, broché, 1 fr.; relié toile 1 75

Règlement du 25 novembre 1889 sur le service de santé de l'armée à l'intérieur.
TEXTE (à jour en 1908). 568 pages, cartonné . . . . 4 »
MODÈLES. (Édition révisée et mise à jour jusqu'au 31 mars 1901.) 644 pages, broché, 5 fr.; relié toile gaufrée . . . . 6 »
MODÈLES. (Annexe au volume 81.) 122 pages, broché . . . . 1 »

Service de santé. Dispositions diverses. (Édition à jour jusqu'au 1er mai 1903.) 442 pages, avec modèles, cartonné . . . . 3 »

Instruction du 5 mai 1899 sur l'utilisation en temps de guerre des ressources du territoire national pour l'hospitalisation des malades et des blessés de l'armée. 338 pages, cartonné 3 75

Instruction du 6 mars 1901 pour l'établissement de la statistique médicale de l'armée. (Édition à jour au 1er février 1905. 100 p., broché, 1 fr.; relié toile 1 75

Service vétérinaire de l'armée (à jour en février 1905). 618 p., cart.. 4 50
Objets divers :
TOME I (à jour au 1er novembre 1905). 298 pages, cartonné 2 25
TOME II (à jour au 4 décembre 1905). 168 pages, cartonné 1 25

Objets divers. Dons et legs. Volume arrêté à la date du 15 novembre 1905. Cartonné 1 70

Objets divers. Vélocipédie. Automobilisme. Volume arrêté à la date du 10 juin 1905, 44 pages, cartonné 0 50

Objets divers. Logements concédés. (Volume arrêté à la date du 15 octobre 1904). 44 pages, cartonné 0 50

Situations d'effectif (modèles mis à jour jusqu'au 15 avril 1900). 94 pages, broché, 2 fr. 50; relié toile 3 50

Solde et revues (Décret du 29 mai 1890).
TEXTE (à jour en novembre 1907). 288 pages, cartonné . . . . 2 »
MODÈLES (à jour en août 1906). 408 pages, cartonné 3 50
Tarifs de solde. Décret du 27 décembre 1890 (à jour jusqu'en février 1908). 166 pages, cartonné . . . . 1 »

Instruction du 14 juin 1900 sur le service des subsistances militaires en temps de paix.
TEXTE. 324 pages, broché, 2 fr. 50; relié toile 3 50
MODÈLES. 376 pages, broché, 3 fr.; relié toile . . . . 4 »

SERVICE DES SUBSISTANCES MILITAIRES. — Notices concernant les différentes branches de ce service.
TOME Ier comprenant les notices nos 1 à 9 inclus (à jour en décembre 1901), 680 pages, broché . . . . 5 »
TOME II comprenant les notices nos 10 à 18 inclus (à jour en octobre 1902). 800 pages, cartonné . . . . 6 »

Le Catalogue général de la Librairie militaire est envoyé gratuitement à toute personne qui en fait la demande à l'éditeur Henri CHARLES-LAVAUZELLE.